河北省谷子产业发展报告

（2016—2020年）

● 刘　猛　李顺国　主编

中国农业科学技术出版社

图书在版编目(CIP)数据

河北省谷子产业发展报告.2016—2020年 / 刘猛，李顺国主编. --北京：中国农业科学技术出版社，2022.11

ISBN 978-7-5116-6068-8

Ⅰ.①河… Ⅱ.①刘…②李… Ⅲ.①谷子-作物经济-产业发展-研究报告-河北-2016-2020 Ⅳ.①F326.11

中国版本图书馆 CIP 数据核字(2022)第225277号

责任编辑 朱 绯
责任校对 李向荣
责任印制 姜义伟 王思文

出 版 者 中国农业科学技术出版社
北京市中关村南大街12号 邮编：100081
电 话 (010)82109707(编辑室) (010)82109702(发行部)
(010)82109709(读者服务部)
网 址 https://castp.caas.cn
经 销 者 各地新华书店
印 刷 者 北京建宏印刷有限公司
开 本 185 mm×260 mm 1/16
印 张 14 插页 8面
字 数 340千字
版 次 2022年11月第1版 2022年11月第1次印刷
定 价 68.00元

本书得到以下平台和项目支持

河北省谷子产业技术创新战略联盟
河北省杂粮研究实验室
河北省杂粮产业技术研究院
国家谷子高粱产业技术体系
河北省农林科学院现代农业科技创新工程
河北省农林科学院基本科研业务费试点经费

《河北省谷子产业发展报告（2016—2020年）》

编　委　会

顾　问： 王慧军　程汝宏

主　编： 刘　猛　李顺国

副主编： 赵　宇　董　立　张新仕　刘　斐

编　委（按拼音首字母排序）：

陈素省　程汝宏　崔纪菡　董　立

范光宇　贺新华　侯彩霞　冀彦忠

李　佳　李明哲　李顺国　刘　斐

刘　猛　刘恩魁　刘建军　刘秀丽

栾素荣　师志刚　宋月卿　田伯红

王根平　王桂荣　王晓明　夏雪岩

徐俊杰　杨润月　杨雁琴　张　婷

张文英　张晓磊　张新仕　赵　孝

赵　宇　赵文庆

前　言

谷子抗旱耐瘠、营养丰富、粮饲兼用、溢价能力突出，是河北省特色优势作物，谷子产业发展对新时期河北省巩固脱贫攻坚成果、推动乡村振兴与农业高质量发展具有重要现实意义。当前，中国经济已由高速增长阶段转向高质量稳定发展阶段，中国农业由产量导向型向质量导向型转变。在科技创新方面，育种专家培育出中矮秆、抗除草剂、宜机收谷子新品种，配套播种机、联合收获机可实现全程轻简化机械化生产；培育出高油酸、高冻融稳定性适合加工专用谷子新品系，为产业链延伸与多元化消费提供支撑；开发出小米面条、小米馒头、小米方便粥以及米糠油护肤品等丰富多彩的产品，解决了消费单一的问题。在消费方面，随着中国中老年人口比例上升，年轻一代越来越注重养生保健，中等收入群体不断壮大，消费层次由温饱型向小康型转变，营养导向型消费成为发展趋势，谷子等营养保健型杂粮消费需求将持续上升。在政策方面，谷子特色产业溢价能力初步显现，在脱贫攻坚、乡村振兴中发挥了重要支撑作用，全国各地主产区政府高度重视，纷纷制定本地区的相关政策；随着季节性休耕、压采地下水区域的不断扩大，抗旱性突出的谷子成为优势替代作物，谷子恢复性增长趋势明显。在文化方面，中华民族的发展历史长河中，谷子的种植、加工、食用、祭祀、诗词衍生并形成了灿烂的粟文化，也将成为乡村振兴战略中文化兴盛之路的重要组成部分。综合判断，“十四五”期间，我国谷子在政策支持、消费需求、主体经营等方面均处于较好的发展时期，产业发展处于重要的战略机遇期。

河北省谷子产业在我国占有重要地位，具有明显的资源禀赋、科技创新、市场规模和规模化生产等优势。河北省地形地貌复杂、生态类型多样，特殊的地理生态环境生产出多个知名小米，如武安小米、蔚州贡米、黄旗皇小米、南河金米等，均为地理标志保护产品；黑龙港流域地势平坦，谷子适合全程机械化作业，较丘陵山区亩节约用工 3~5 个，亩节约成本 150 元以上。同时，黑龙港流域实施旱作雨养、季节性休耕后，播种期可提前 1~2 个月，可在中秋节、国庆节之前收获上市，每千克谷子较 10 月后收获高 1~2 元，亩增收 300 元以上。市场优势体现在河北省藁城、孟村、曲周、蔚县等小米集散地，贸易量超过全国 40%，其中，80%以上原料来自内蒙古赤峰、辽宁朝阳，恢复黑龙港流域谷子种植可就近加工，显著节约运输成本。同时，黑龙港流域环京津的区位有着 1 亿多人的庞大消费人群，高端小米市场有着巨大潜力，也为细化消费人群、延伸产业链带来机遇。在科技支撑上，河北省有国家谷子改良中心、河北省杂粮研究实验室、河北省杂交谷子工程中心等一批科技创新平台，聚集一批优秀的谷子科技专家队伍，科技创新水平在国内居领先地位，其中，冀谷、张杂谷领先优势明显，已在全国大面积推广。

但是，目前河北省谷子产业较山西、内蒙古等先进省份存在初级加工多、精深加工少、规模企业较少、品牌打造不足等问题。为深入贯彻党的十九届五中全会精神，提升河北省谷子产业发展水平，河北省人民政府出台了《持续深化“四个农业”促进农业高质量发展行动方案（2021—2025）》，将谷子产业纳入重点打造的 12 个特色优势产业。主要实施内容包括优质专用谷子品种筛选与培育、绿色高效栽培技术创新与集成、标准化生产基地打造、产后加工产品开发、区域公用品牌培育等，优质谷子产业集群的实施将对谷子产业品种培优、品质提升、品牌打造、标准化生产“三品一标”以及河北省谷子产业高质量发展具有重要的推动作用。

本书充分总结了河北省“十三五”期间谷子育种、栽培、植保、加工等科技创新进展，分析了谷子种植、市场、加工、贸易、文化概况，提出了河北省谷子产业高质量推进方案、河北省谷子产业技术路线图，为政府、农业基层技术人员、新型经营主体以及科研提供借鉴参考。由于时间仓促，难免有不妥之处，恳请各位专家、学者、领导批评指正。

李顺国　刘　猛

2021 年 4 月 15 日

目　录

第一章　河北省谷子产业创新发展主体

河北省谷子产业创新依据不同的主体分为科技创新主体、新型经营主体、行业组织等发展主体，各主体在谷子产业发展中发挥不同的作用，共同支撑河北省乃至全国的谷子产业发展创新。本章就是根据这三个主体的不同构成，介绍各主体的主要发展内容。科技创新主体从科研单位、平台、新型研发机构进行介绍；新型经营主体从种业企业、生产型合作社、家庭农场、加工、机械管理、其他主体等进行介绍；行业组织从学会、联盟、协会等进行介绍。

第一节　河北省谷子科技创新主体

河北省是谷子产业大省，种植面积居全国第三、单产居主产省第一，全省具有4个关于谷子加工的集散地，且拥有全国最大的石家庄藁城马庄小米集散地。除了种植面积和加工位居全国前列以外，河北省谷子科研水平也居全国第一。河北省拥有河北省农林科学院谷子研究所、张家口市农业科学院、河北省农林科学院旱作农业研究所、保定市农业科学院、沧州市农林科学院、承德市农林科学院、邯郸市农业科学院、河北科技师范学院等十几家科研单位；拥有国家谷子改良中心、国家谷子改良中心张家口分中心、河北省杂粮研究实验室、河北省杂交谷子工程技术研究中心等创新平台；拥有国家谷子高粱产业技术体系育种研究室和产业经济研究室、河北省杂粮杂豆体系等创新团队；拥有河北省杂粮产业技术研究院等新型研发机构。河北省从事谷子科技创新的科研人员约有100人。

一、科研单位

（一）河北省农林科学院谷子研究所

河北省农林科学院谷子研究所历史最早可追溯到1939年4月成立的中央农事试验场石家庄支场，谷子研究团队几经变更，于1963年在河北省农业科学院粮食作物研究所（现河北省农林科学院粮油作物研究所）首次设置谷子研究室，1984年更名为河北省农林科学院粮油作物研究所谷子研究室，同年经农牧渔业部和河北省计划委员会批准，由农牧渔业部和河北省共同投资，在此基础上筹建河北省农林科学院谷子研究所。

1985年5月10日，河北省农林科学院谷子研究所正式成立。1986年，中国作物学会粟类作物专业委员会成立并挂靠谷子研究所。2001年实施国家谷子改良中心建设，2005年建成。2005年，建成河北省杂粮研究实验室。2010年，实施国家高粱改良中心河北分中心建设。2015 年，河北省谷子产业技术创新战略联盟成立。

河北省农林科学院谷子研究所围绕谷子、糜子、高粱、藜麦设有谷子育种、高粱、糜子、植保、栽培与经济、产后加工等 6 个研究室，形成了全产业链系统的研究体系。全所编制 53 人，现有科研人员 46 人，其中科研技术岗位 42 人，高级职称 29 人，博士 15 人，硕士 20 人。拥有河北省高端人才 1 人，省管优秀专家 2 人，国务院政府特殊津贴专家 2 人，省政府津贴专家 3 人，河北省“三三三人才工程”一层次人才 2 人。在国家现代农业产业技术体系中是育种研究室、产业经济研究室依托单位，有岗位专家 5 人，综合试验站站长 1 人；在河北省现代农业产业技术体系中是河北省杂粮杂豆创新团队依托单位，有河北省杂粮杂豆体系首席 1 人，岗位专家 3 人。现有仪器设备 700 余台（套），3 000 余万元，拥有石家庄栾城郄马、藁城马庄试验站，以及海南南滨 3 个试验站，有实验地 440 亩，试验楼 5 000 平方米，在武安、蔚县、阜城等主产区分别建立了谷子、高粱、糜子、藜麦等科技示范基地，核心面积 20 000 亩（1 亩约合 667 平方米，全书同）。

建所 35 年来，获得省级以上科技奖励 64 项，其中，国家科学技术进步奖 4 项，省长特别奖 1 项，省部级一等奖 5 项；育成谷子品种 46 个，高粱品种 6 个，黍子品种 4 个，藜麦品种 2 个，薏苡品种 1 个；获得专利 30 多项；审定标准 30 多项；出版著作 20 多部，发表论文 1 400 余篇。

（二）张家口市农业科学院

张家口市农业科学院始建于 1940 年，2005 年由原张家口市坝上农科所、坝下农科所合并组建而成，是张家口市委市政府直属的集农、林、牧、工程等为一体的公益性综合农业科研机构。谷子研究所隶属于张家口市农业科学院，是国家谷子改良中心（张家口）杂交谷子分中心、河北省杂交谷子技术创新中心技术依托单位，谷子研究所下设巨鹿分所、新疆分所和赵治海高端人才工作室。

谷子研究所现有人员 15 人，其中高级职称人员 8 人，享受国务院政府特殊津贴专家 1 人，省政府津贴专家 1 人，河北省“三三三人才工程”二层次人才 1 人；其中博士 2 人，硕士 7 人；45 岁以下人员占比达 66.7%，人员年龄结构合理，专业对口，具备较强的创新能力。国家谷子高粱现代农业产业技术体系杂优利用岗位专家 1 人；河北省现代农业产业技术体系岗位专家 1 人，综合试验站站长 1 人。

谷子研究所建立了张家口、河北巨鹿、海南南繁试验基地 4 个，试验地 200 余亩；建有日光型人工气候室、抗旱棚、光周期处理室等设施；具有科研相关成套仪器 40 多台（套）价值 600 多万元，覆盖了常规育种、生物技术、生理生化、品质检测及产品加工等研究领域，综合实力较强。

谷子研究所专业从事杂交谷子品种选育和配套技术研究推广，杂交谷子 6 项科研成果国际领先，先后获得国家科学技术进步奖二等奖、何梁何利农学奖、河北省政府突出贡献奖、农业部农牧渔业丰收奖一等奖、河北省科技进步奖一等奖等各级奖励 26 项；发表相关论文 96 篇，获得授权专利 16 项。先后育成张杂谷品种 20 个，在我国北方 14 省区累计推广种植 3 000 多万亩，最高亩产达到 810 千克，创造了谷子高产纪录，并在非洲埃塞俄比亚等国家种植成功，杂交谷子得到温家宝、李克强两任总理的重视和支持，引起联合国多个组织与国家的关注。在我国干旱半干旱低产地区以及非洲广大地区有巨大的发展潜力，将对世界粮食供给做出贡献。

（三）河北省农林科学院旱作农业研究所

河北省农林科学院旱作农业研究所拥有固定资产总值1 200余万元，仪器设备总价值1 260万元，建有国家级农作物品种抗旱性鉴定试验站、农业农村部河北南部耕地保育科学观测实验站等国家级科研平台以及河北省农作物抗旱研究重点实验室、河北省国际联合研究中心、院士工作站等省级平台。

旱作农业研究所谷子研究团队始于1955年，围绕抗旱、早熟、优质开展品种选育工作，并针对地下水压采区的种植结构调整研究形成了多种种植技术（模式）。谷子研究团队现有科研人员11人，其中高级职称4人，博士2人，硕士4人，河北省政府特殊津贴专家1人，"河北省最受关注的科技创新人物"称号1人，河北省"三三三人才工程"一层次人才1人、三层次人才1人。在国家现代农业产业技术体系中有岗位专家1人，综合试验站站长1人；在河北省现代农业产业技术体系中有杂粮杂豆体系试验站站长1人。谷子研究试验地260亩，南繁基地15亩。在衡水、邢台分别建立了谷子科技示范基地，核心面积5 000亩，辐射15万亩。近年来，获得省级以上科技奖励2项；鉴定成果水平国际领先1项、国内领先2项；育成谷子品种26个；获得发明专利9项；审定标准8项；出版著作4部，发表论文50余篇。

（四）保定市农业科学院

保定市农业科学院谷子研究历史最早可追溯到1958年河北省保定地区农业科学研究所，当时就成立了谷子研究室进行谷子育种和栽培方面的研究。1995年保定地区农业科学研究所更名为保定市农业科学研究所，1997年保定市农业科学研究所内部机构调整，将原谷子研究室和稻作研究室合并更名为稻谷研究室，2015年保定市农业科学研究所更名为保定市农业科学院。2015年加入河北省谷子产业技术创新战略联盟。2019年加入保定市杂粮产业技术创新战略联盟。全院编制50人，现有专业技术人员37人，其中高级职称19人，博士1人，硕士12人，省政府特殊津贴专家1人，河北省"三三三人才工程"二层次人才1人、三层次人才2人，保定市市管优秀专家2人。在国家现代农业产业技术体系中是谷子高粱、食用豆和花生综合试验站依托单位；在河北省现代农业产业技术体系中是河北省冀中北地区夏玉米试验站依托单位，是河北省创新驿站博野食用菌创新驿站技术依托单位。全院现有仪器设备560余台（套），价值2 500余万元，拥有徐水科研基地和海南南繁科研基地，有试验地220亩，试验楼6 000平方米。

稻谷研究室依靠保定市农业科学院现有工作平台，主要从事谷子育种与栽培方面的研究。谷子团队现有成员6人，其中三级研究员2人，高级农艺师1人，中级职称2人，初级职称1人，是国家谷子高粱产业技术体系保定综合试验站依托单位，试验地50亩，分别在易县、曲阳县、唐县、涞源县、顺平县和蠡县建立了谷子科技示范基地，核心面积5 000亩，辐射15万亩。谷子研究团队成立63年来，获得省级以上科技奖励5项，市级奖励36项；育成谷子品种19个，发表论文160余篇。

（五）沧州市农林科学院

沧州市农林科学院始建于1955年4月，称沧县农业试验站，有试验用地1 450.3亩。1959年3月，与霸县农业试验站合并，改称河北省沧县农业试验站，同年9月改称天津市农业科学研究所，1961年更名沧州专区农业科学研究所，1962年更名为沧州地区农业科学研究所，1983年更名为河北省农林科学院沧州农业科学研究所，1987年更名为沧州地区农业科学研究所，1993年更名为沧州市农林科学院，2000年与沧州工业学校、农业学校合并，建立沧州职业技术学院，同时保留沧州市农林科学院的名称和建制。

沧州市农林科学院是沧州市唯一一所综合性农业科研机构，下设农作物品种改良中心、农田高效研究所、资源环境与草业研究所、植物保护研究所、林果研究所、蔬菜花卉研究所、海洋与水产研究所、农产品加工研究所8个研究所。现有职工147人，其中研究员20名，副研究员35名，国务院政府特殊津贴专家2名，省管专家1名，省政府特殊津贴专家6名。博士、硕士研究生50人，建立起完整的人才研究梯队，承担“十四五”国家重点研发计划课题、国家现代农业产业技术体系小麦、谷子、大豆综合试验站，河北省现代农业产业技术体系草业岗位专家、棉花、油料、林果、大豆综合试验站。拥有前营、西花园试验基地，有试验地800多亩。在黄骅、泊头、沧县、东光、河间等建立谷子、大豆、小麦、棉花、鸭梨、小枣等科技示范基地13处。建院以来，先后获得国家发明奖、省市科技进步奖、丰收奖等185项，培育农作物新品种38个，获得国家专利授权78项，制定省市地方标准58项，出版专著17部，发表论文464篇，其中SCI及核心期刊论文150篇。

（六）承德市农林科学院

承德市农林科学院始建于1949年成立的承德地区农业科学研究所，后更名为承德市农业科学研究所，2017年与承德市畜牧研究所、承德市蔬菜研究所合并组建为承德市农林科学院，是承德市唯一一所由市政府直属的综合性农业科研单位。“十三五”之前谷子课题组育成谷子品种承农2号、冀（承）谷3号、承谷4号、承谷6号、承谷7号、冀（承）谷8号、承谷9号、承谷11号、承谷12号等品种。“八五”“九五”期间承担省级课题2项，“十一五”期间承担市课题1项。“十二五”期间进入国家谷子糜子产业技术体系、国家谷子高粱产业技术体系，建立承德综合试验站，试验站有研究员3人，硕士研究生3人，建站后先后育成承谷系列品种5个，先后推广承谷13、豫谷18、张杂谷、山西红谷、汾选3、赤谷5、金苗K1、金苗K2等品种，推广谷子精量播种技术、全膜覆盖水肥一体化技术、全程机械化收割技术、谷菜套种、谷果套种技术，进行谷子病虫害防治技术研究，对广大农民进行技术培训，制定了《谷子精量播种技术规程》《承谷13号栽培技术规程》，为承德地区谷子产业发展起到了积极的作用。

（七）邯郸市农业科学院

邯郸市农业科学院杂粮育种研究工作始于1972年，主要开展谷子农家品种的搜集整理、鉴定筛选与利用以及系统选育工作。1982年，由于经费等原因，谷子育种研究工作中止。研究期间，参加全国协作组完成的“中国谷子品种资源目录的整理与编写”

项目，1980 年获农业部技术改进奖一等奖；《中国谷子品种志》1982 年获农牧渔业部科技进步奖三等奖。

2007 年，在邯郸市科技局山区办公室的资助下，重新开展谷子新品种的引进、筛选及示范推广工作。2010 年，根据项目需要及政策影响，经院学术委员会讨论，正式确定成立小杂粮研究室。主要从事谷子、绿豆等杂粮品种资源搜集、品种对比试验和新品种选育工作。先后育成并通过国家登记谷子新品种 3 个，获得邯郸市山区创业二等奖 1 项，获得实用新型专利 3 项，发表学术论文 30 余篇。小杂粮研究室成立以来，承担了全国谷子新品种华北夏谷区区域试验，京津冀谷子新品种区域试验，主持完成了 10 余项省、市、院科研项目，现有种植育种试验田 30 亩，研究人员 3 名。目前主要开展的工作有：谷子和高粱资源材料创新及新品种选育、耕作栽培等研究；谷子和高粱种质资源收集、保护和利用；谷子和高粱新品种、新技术推广等科技服务。

（八）河北科技师范学院

河北科技师范学院是一所农学学科优势明显，具有硕士学位授予权的省属普通高等学校。学校始建于 1941 年，至今已有 80 余年的办学历史。1975 年开始举办高等教育，1977 年开始招收本科生，2006 年获得硕士学位授予权。学校是教育部首批全国重点建设职教师资培养培训基地、科技部国家级科技特派员创业培训基地、农业农村部现代农业技术培训基地、中国科协首批全国科普教育基地，是河北省首批转型发展试点院校、河北省创新创业教育示范高校。

学校近 5 年来承担完成各级各类科研项目 742 项，其中国家级、省部级项目 301 项；论文被 SCI、EI 收录 395 篇，出版学术著作 181 部；获外来科研经费总计 9 140.23 万元；获省部级科技奖励 38 项，其中一等奖 3 项；获得植物新品种权 8 个，获得授权专利 137 项，其中发明专利 78 项，获得软件著作权 96 项，制定省市地方标准和企业标准 33 项。

河北科技师范学院谷子科研团队围绕谷子种质资源、谷子育种、谷子栽培 3 个方向开展工作，经过 10 余年的发展，形成了比较全面的谷子全产业链研究体系。谷子科研团队现有科研人员 17 人，固定科研人员 6 人（高级职称 4 人，博士 4 人、硕士 2 人），其余 11 人为在读硕士研究生。团队拥有河北省现代农业产业技术体系杂粮杂豆创新团队专家（综合试验站站长）1 人，是河北省现代农业产业技术体系冀东燕山山区综合试验推广站依托单位。现有大中小仪器设备 400 余台（套），价值 2 650 余万元，拥有秦皇岛施各庄试验站、昌黎安山试验示范基地、卢龙陈官屯试验示范基地，有试验示范田 500 余亩。近年来，谷子科研团队鉴定谷子新品种“冀科谷 1 号”1 个，制定秦皇岛市地方标准 3 个，获得授权专利 3 项，其中发明专利 1 项。

（九）河北省农业机械化研究所有限公司

河北省农业机械化研究所有限公司始建于 1958 年，2003 年由河北省农林科学院原农业机械化研究所整体转制为科技型企业，是目前河北省唯一以农业机械研究和开发为主的科研机构，现有职工 40 人，技术人员 27 人。单位现设特色杂粮经济作物生产机械、智能农机装备等多个专业研究室。近年来获得国家专利 130 多项，国家、省部级奖励 20 多项，制定、修订标准 9 项，发表论文 30 余篇。公司多次承担了农业农村部、科技部、河北省科技厅、农机局等重大攻关项目。

公司以谷子为主的杂粮作物生产机械研发为优势，在国家谷子高粱产业技术体系中是播种机械化岗位依托单位；在河北省现代农业产业技术体系中是河北省杂粮杂豆创新团队机械岗位团队参加单位。团队组建以来，研发改进适宜谷子、糜子播种作业机具 16 台（套），适宜谷子中耕管理机具 4 台（套），适宜谷子收获作业机具 7 台（套），其中割晒机、脱粒机 5 台（套），谷子联合收获机 2 台（套），以及适宜科研用小型机具 8 台（套）；近年承担了国家及省市级项目 10 余项；获得专利 30 多项，其中发明专利 5 项；鉴定成果 3 项；主持和参与制定河北地方标准 3 项；参与撰写出版著作 3 部；发表论文 10 多篇。

公司在赵县设有 800 平方米的中试车间，并与省内外诸多农机生产厂家有着长期的合作基础。目前谷子生产机械主要集中在河北、山西、山东、河南的部分厂家，例如河北双收机械设备有限公司、河北农哈哈机械集团、石家庄欧特威机械设备有限公司、威县森发农机具制造有限公司、山东华兴机械股份有限公司、河北华勤机械股份有限公司等厂家均在生产谷子的播种、脱粒、联合收割机。目前被广泛改进用来谷子联合收获作业的收获机厂家主要有约翰迪尔、星光农机、久保田 3 家，其相应机型通过改进，谷子联合收获作业质量好、损失少，获得了用户的认可。

二、科技创新平台

（一）国家谷子改良中心

国家谷子改良中心是公益类非营利性的科研和培训机构，开展作物遗传育种领域科研，依托单位是河北省农林科学院谷子研究所。由农业部批准建设，1996 年开展一期工程，2006 年 7 月开展二期建设。一期工程 2005 年通过验收，二期工程 2012 年 11 月通过验收。中心宗旨是通过科研创新和服务为全国谷子产业持续发展提供技术支撑。中心主要任务为全国谷子和育种发展的需要，开展种质资源收集、保存、评价和交换，以亲本创新和育种理论与方法研究为主，兼顾高产优质广适应性品种的选育。

国家谷子改良中心下设 5 个研究室：谷子育种、植物保护、生物技术、栽培与经济和农产品加工；3 个职能部门：综合办公室、财务室和试验站。为保障国家谷子改良中心各项工作的顺利进行，不断完善各项管理制度，先后修订了《国家谷子改良中心实验室管理办法》《实验室开放使用管理规定》《实验室安全管理条例》《仪器设备和科研设施使用管理制度》等系列管理办法，使实验室日常管理规范、有序。

通过多年的运行和进一步完善，国家谷子改良中心逐步实现与国际接轨，形成密切合作、分工明确的全国谷子育种新体系，满足国内育种单位对亲本、信息和人才的要求，为谷子产业发展提供强有力的技术支持。使我国的谷子育种研究总体达到国际先进水平，部分达到国际领先水平。

（二）河北省杂粮研究实验室

河北省杂粮研究实验室是 2005 年 4 月由河北省科学技术厅批准建立的省级重点实

验室，依托单位是河北省农林科学院谷子研究所。实验室是目前国内唯一对谷子、高粱、糜子等特色杂粮进行全产业链系统研究的省级重点实验室，围绕谷子、高粱、糜子、藜麦等特色杂粮学科与产业可持续发展的重大需求，通过资源创新与生物技术、遗传育种、植物保护、栽培生理、产后加工研究、产业经济与发展战略6个方向的研究，利用多学科理论和方法的交叉、集成与融合，建立立足河北、面向全国的特色杂粮研究平台，开展杂粮作物基因资源发掘、优异育种材料创新和优良品种培育、高产高效栽培技术研发、病虫害防治、产后加工、产业经济等领域相关的应用基础和产业化研究，通过特色杂粮全产业链的技术创新，带动杂粮产业化水平的全面提高。

实验室目标是以杂粮作物种质资源为基础，以杂粮品种选育为核心，通过现代生物技术与常规育种的结合，培育谷子、高粱、糜子、薏苡等特色杂粮作物突破性品种，发展优质、高产、高效栽培技术，通过产后加工有效延伸杂粮产业链，带动特色杂粮产业化水平和综合效益的全面提高。最终目标是将杂粮研究实验室建设成为全国谷子、高粱、糜子特色杂粮作物的技术创新、人才培养、国际合作和信息交流中心。

（三）国家谷子改良中心张家口杂交谷子分中心

国家谷子改良中心张家口杂交谷子分中心是一个以杂交谷子为主要研究对象的多学科综合性部级研究平台。2015年经农业部批准在张家口建立，2019年完成验收，正式投入运行。张家口市农业科学院谷子研究所为本分中心技术依托单位。

现有从事杂交谷子专职研发人员15人，其中高级职称人员8人，国务院政府特殊津贴专家1人，省政府津贴专家1人，省“三三三人才工程”二层次人才1人；博士2人，硕士7人；45岁以下人员占比达66.7%，人员年龄结构合理，专业对口，具备较强的创新能力。国家谷子高粱现代农业产业技术体系杂优利用岗位专家1人；河北省现代农业产业技术体系岗位专家1人，综合试验站站长1人。

分中心建立了张家口、河北巨鹿、海南南繁试验基地4个，试验地200余亩；建有日光型人工气候室、抗旱棚、光周期处理室等设施；具有科研相关成套仪器40多台（套）价值600多万元，覆盖了常规育种、生物技术、生理生化、品质检测及产品加工等研究领域，综合实力较强。目前拥有一流仪器、设备与设施和一流的科研人才队伍，面向国内外全面开放。通过本平台的高效运行机制，使我国农作物（谷子）育种研究达到国际先进水平，部分研究达到国际领先水平，满足我国特别是西北区农业（谷子）生产对农作物育种的需求，并积极参与国际竞争，占领国际市场。

（四）河北省杂交谷子技术创新中心

河北省杂交谷子技术创新中心是一个以杂交谷子为主要研究对象的多学科综合性省级研究平台，其依托单位与国家谷子改良中心张家口杂交谷子分中心同属于张家口市农业科学院。2010年经河北省科学技术厅批准在张家口建立，2012年完成初次评估，正式投入运行。张家口市农业科学院谷子研究所为本分中心技术依托单位，河北北方学院和河北巡天农业科技有限公司为合作单位。现有固定人员41人，其中正高级职称人员18人，国务院政府特殊津贴专家1人，省政府津贴专家1人，省“三三三人才工程”二层次人才1人；博士5人，硕士16人；人员年龄结构合理，专业对口，具备较强的创新能力。国家谷子高粱现代农业产业技术体系杂优利用岗位专家 1 人；河北省现代农业产业技术体系岗位专家 1 人，综合试验站站长 1 人。

三、省部级创新团队

（一）国家谷子高粱产业技术体系育种研究室和产业经济研究室

2008 年国家现代农业产业技术体系启动，谷子产业技术体系是其中之一。2011 年体系设置变化，将糜子纳入体系中，改名为国家谷子糜子产业技术体系。2017 年国家现代农业产业技术体系调整，将谷子糜子体系和高粱体系合并，组成延续到现在的国家谷子高粱产业技术体系，体系设置了 6 个研究室，分别是遗传改良研究室、栽培与土肥研究室、病虫草害研究室、机械化研究室、加工研究室、产业经济研究室，其中，遗传改良研究室主任和产业经济研究室主任分别由河北省农林科学院谷子研究所程汝宏研究员和李顺国研究员担任。遗传育种研究室承担了体系谷子、高粱、糜子在资源收集与评价、育种技术与方法、新材料创制、种子繁育与质量控制的研究，掌握了全国的育种研究进展，为全国育种研究把握研究方向。产业经济研究室承担了体系种业、生产、加工、销售、市场、产业政策等全产业链的产业数据搜集、分析，撰写报告，服务产业和主管部门，为其提供政策建议。

（二）河北省杂粮杂豆创新团队

2018 年，河北省现代农业产业技术体系在原来 11 个创新团队基础上增加为 18 个，其中包括杂粮杂豆创新团队。杂粮杂豆团队依托单位是河北省农林科学院谷子研究所，首席专家是师志刚研究员。团队设置 7 个岗位和 4 个试验站，其中涉及谷子的包括优质夏谷育种岗位、优质春谷育种岗位、配套农机具研制与筛选岗位、产业经济岗位，夏谷育种岗位专家是河北省农林科学院谷子研究所张婷副研究员、春谷育种岗位专家是张家口市农业科学院王晓明研究员、配套农机具研制与筛选岗位专家是河北省农林科学院谷子研究所夏雪岩研究员、产业经济岗位专家是河北农业大学董海荣教授。

四、新型研发机构

河北省杂粮产业技术研究院是 2019 年河北东粮农业科技股份有限公司联合 10 家共建单位（河北省农林科学院谷子研究所、河北省农林科学院粮油作物研究所、张家口市农业科学院、河北东昌种业有限公司、河北纽康恩食品有限公司、唐山广野食品集团有限公司、石家庄市藁城区马庄丰润杂粮专业合作社、中国农业大学曲周实验站、河北巡天农业科技有限公司、武安市同会现代农业园区）向河北省科学技术厅申报，通过审批建设的新型研发机构。2021 年 12 月 16 日，研究院顺利通过河北省科学技术厅验收。

研究院科研办公面积共 3 700 平方米，建有实验室 3 000 平方米，仪器 202 台，包括准备室、配药室、育种室、栽培室、接种室、培养室、天平室、更衣室、卫生间等，包括形象展示大厅、会客洽谈室、会议室等商务洽谈工作场所，拥有院长办公室、理事长办公室、专家办公室，目前共有研发人员 95 人（均包含共建单位）。承担省市重点项目3个，拥有谷子全产业链绿色生产技术规程，品种鉴定证书2个，研发新产品3个，获得2项发明专利，1项实用新型专利，8项软著，6件商标，发表论文11篇。

河北省杂粮产业技术研究院立足河北、面向全国，开展杂粮研究、品种推广、杂粮加工、杂粮销售。工作范围涉及育种、栽培、植保、加工、产业经济各研发环节以及杂粮购销集散地、种业、电商平台等各产业环节。通过研究院不仅有利于进一步促进依托单位与共建单位相互之间的深度融合和互助，对于提升杂粮产业整体创新能力、引领和推动杂粮产业创新发展将起到关键性的支撑作用。针对杂粮生产、加工、销售等环节的重大技术需求和未来技术发展趋势，创建一个以杂粮全产业链为研究对象的技术研发及服务平台，研发具有重大应用价值的共性关键技术，创新、集成重大科技成果，并加速先进适用创新技术成果的熟化和转化，全面提升河北省杂粮产业技术水平，同时增强杂粮产业技术精英的凝聚力，培养一批优秀创新人才，为杂粮产业可持续发展提供技术服务与支撑。

第二节　河北省谷子产业新型经营主体

河北省谷子产业新型经营主体按照产业链经营环节包括种业企业，生产经营主体，机械生产企业、加工企业、其他涉及谷子产业的企业。种业企业主要是指从事谷子种子的繁育和经营的企业；生产经营主体主要包括专业合作社、家庭农场等；机械管理企业主要包括谷子播种机、中耕机、收割机、喷药机生产的企业；加工企业主要包括小米加工集散地、谷子初级加工企业、深加工企业等。

一、谷子种业企业

目前，河北省从事谷子种子经营的企业有10余家，其中经营规模较大的有河北巡天农业科技有限公司、河北东昌种业有限公司、河北先优种业有限公司、河北粒宏农业科技有限公司等。

（一）河北巡天农业科技有限公司

河北巡天农业科技有限公司为民营企业，注册时间：2012年12月7日，注册地址：河北省张家口市宣化区洋河南，法人代表：温君，现注册资本10 408万元，总资产规模4.7亿元。河北巡天农业科技有限公司是在创办于1999年的原宣化巡天种业新技术有限责任公司基础上，经股权重组后成立，下设四川天宇、河北治海、新疆巡天等7个分公司、子公司，2017年11月加入国内一流种业“袁隆平农业高科技股份有限公司”，成为其控股子公司。现有员工122人，其中研究生学历6人、本科学历以上41人；科技人员27人，其中，高级职称10人。主营业务覆盖杂交谷子、杂交玉米、杂交水稻、小麦等农作物种子生产经营。2019年主营业务收入20 642万元，净利润8 507万元。

公司于2013年9月成立党支部，公司董事长温君担任党支部书记。党支部充分发挥战斗堡垒作用，以人为本，分类施策，将党建工作与公司发展有机融合，开展系列主题活动，促进员工职业健康和全面发展，增强企业凝聚力，2018年被评为先进党支部。

公司于 2014 年 12 月成立工会。近年来，工会切实履行各项职能，积极组织开展各类活动。在实践中，结合自身特点不断探索非公经济工会组织工作的有效途径，持续开展内部员工关怀，履行扶危济贫社会责任。自 2018 年以来捐资助学、社会公益和产业扶贫捐助 100 多万元，2020 年为抗击新冠肺炎疫情捐款 20 万元，被评为第三届张家口最美贡献奖。

公司以科技为引领，以创新为动力，成立了“巡天作物品种研究院”，自主研发玉米品种达 30 多个；与中国农业科学院、河北省农林科学院等科研院所及国内著名育种家建立了长期深度合作关系，使公司科技研发及成果始终处于领先地位。公司自 2007 年与张家口市农科院合作，独家推广该院具有国际领先、国内首创科研成果“张杂谷”。13 年来，在全国累计推广面积 3 000 多万亩，为国家增产粮食 30 亿千克，节水超过 60 亿立方米。2020 年 10 月，被河北省种子管理总站、种子协会授予“河北省十佳优势特色种业企业”荣誉称号。

公司为杂交玉米育、繁、推一体化企业、中国种业信用骨干企业前 25 强企业、中国种子行业信用评价 AAA 级信用企业和高新技术企业；注册“巡天”商标为河北省著名商标，产销的“巡天”牌玉米和谷子种子为河北省名牌产品。2020 年 7 月获得“第五届张家口市市长质量奖组织奖”、2020 年 11 月获得“2019 年河北省政府质量奖提名奖”荣誉称号。

未来 2 年公司将发挥以“张杂谷种业”为主导产业的宣化区国家现代农业产业园建设主体作用，秉承“绿色、和谐、创新、发展”的理念，使张杂谷产业在新时代为民族种业的振兴做出更大的贡献，为国家农业的发展谱写更加辉煌的篇章，为国家粮食安全、食品安全和环境安全做出更加突出的贡献。

（二）河北东昌种业有限公司

河北东昌种业有限公司成立于 2001 年 10 月，公司位于邯郸市邯山区；注册资金 3 088万元；法定代表人霍泓沄；公司主要经营：玉米杂交种、小麦种、谷子种、高粱种、绿豆种和黍子种。公司自 2015 年开始先后与国家谷子改良中心、国家高粱改良中心河北分中心、河北省农林科学院谷子研究所签署战略合作协议，与河北省农林科学院粮油作物研究所、吉林省农业科学院、中国农业大学等科研院所学校进行技术合作，引进了具有国际领先水平的抗除草剂冀谷系列谷子新品种，冀酿系列高粱种、冀绿系列绿豆种、冀杂黍等杂粮新品种，并与中国农业大学合作培育出龙堂系列小麦新品种；使公司种子产品的技术含量获得大幅度提升。公司致力于打造国内一流的优质杂粮种子生产企业，为振兴中国的杂粮种业做出应有的贡献。产品用户覆盖到华北、东北、西北等地，东昌品牌以其良好的服务以及优良的品质获得了广大种植户和小米加工厂以及白酒酿造企业的信赖和认可。

公司自成立以来，始终坚持以“服务农业造福农民”为宗旨，始终坚持“质量第一，信誉至上。以服务拉动销售”的经营理念，早在 2008 年 9 月公司被河北省消费者协会授予河北省消费者信得过单位；公司注册的“东昌”商标连续三届被河北省工商行政管理局评为河北省著名商标；2012 年、2014 年、2016 年连续三届被邯郸市政府认定为农业产业化市级重点龙头企业。2019 年被评为高新技术企业。2020 年被河北省种子总站评为双十佳优势特色种子企业。

（三）河北先优种业有限公司

河北先优种业有限公司是2014年成立的注册资金3 000万的育繁推一体化种子企业，以农作物优良品种育种、技术研究、良种繁育及创新模式推广为一体的综合性种业公司。公司以科技为立企业之本，萃集多名国内知名作物育种专家，与中国农业科学院、中国农业大学、河北省农林科学院、保定市农业科学院、邯郸市农业科学院、衡水市农业科学院、赤峰市农业科学院、河南省农业科学院、甘肃省农业科学院等科研单位展开育种合作，确立了国内种业领域核心竞争地位。7年来已成功选育增产增收潜力优异的玉米、小麦、谷子等30个作物优良品种。

谷子新品种有冀谷168、保谷23、保谷928、先优黄金黄7号、先优大懒汉1号等抗除草剂品种，2018—2020年全国推广种植面积为83万多亩，节水抗旱性强，米质优等，让农民朋友省工省时。冀谷168是河北省农林科学院谷子研究所推出的适应广、米质好、早熟新品种，该品种被国家评为一级优质米，2020年是河北区域品牌藁城宫米指定谷种，品种特点是抗烯禾啶除草剂省工省时、早熟、抗旱节水性强、种植区域适应性广，不用人工间苗和除草，适宜机械化轻简化生产等特点，2018—2019年全国大面积示范推广，产量表现非常突出，2020年在省内外推广10万多亩，其中藁城区种植9 100亩，示范区主推技术为谷子轻简化生产技术，机械化收获现场20多次。冀谷168突出特点是米黄优质、广适和早熟，在冀中南与小麦接茬正常夏播，中秋节前成熟，比一般品种早上市一周；与油菜接茬，9月15日前成熟，不影响油菜播种；与油葵、马铃薯接茬，7月15日播种仍可亩产超过250千克；本品适宜冀中南、冀东麦茬夏播和春播；同时适合冀东、冀北以及辽宁、吉林、黑龙江、内蒙古地区春谷区种植，发展前景广阔。

公司推广繁育的品种前瞻性优，增产幅度大，同时大力投资种业基础工程建设，在甘肃、新疆、海南及河北等地自建大型良种繁育基地25 000多亩，并引进多套大型现代化种子处理加工设备，以规模促效益，以品质促发展，不断满足市场及用户的更高要求。始终锁定中国农业发展的新趋势，以服务于种植大户、家庭农场、农业合作社和大型农场为主体定位，把“良种良法”延伸至每一块种植土地，实施全程的种植指导，确保每一粒优种释放增产潜力，带来效益。

公司坚守质量标准，确保各项技术指标达到或超过国家标准，让每一个购买者充分放心。

公司准备在2021—2023年完成目标销售，节水谷子推广种植130万亩。

（四）河北粒宏农业科技有限公司

河北粒宏农业科技有限公司注册成立于2019年10月，注册资金538万元。是一家集农业技术推广、种子培育技术研发、科技培训、社会化服务于一体的现代化农业科技公司。公司与郑州绿业元集团、河北省农林科学院谷子研究所、石家庄市农林科学研究院、石家庄市农业技术推广中心、河北先优农业科技有限公司、河北秋硕种业有限公司等知名科研院校、种业企业建立了长期战略合作伙伴关系。公司现有种子综合加工流水线一条（含风选加工车、比重精选机、正压比重机、自动化计量包装机等）、播种机、自走式喷药机、植保无人机等机械设备，可实现谷子种子精选加工、播种、除草、病虫害统防统治等谷子轻简化栽培全程社会化服务。

公司自有试验示范基地 150 亩，主要用于谷子新品种引试、谷子绿色高效栽培技术示范、提质增产增效技术研究与推广等。公司成立以来，研究了谷子绿色提质增产技术——芸乐收的应用与推广，推广面积近 2 万亩，提质增产达 10% 以上，亩均增收 150 元。

为配合藁城宫米区域公用品牌打造，全面提升藁城谷子产业发展水平，公司与河北省农林科学院谷子研究所联合研发了藁城宫米专用品种“宫米 1 号”，并承担了河北省科学技术厅成果转化资金项目“优质谷子新品种宫米 1 号及其配套技术”的中试与示范项目，实行“统一供应品种、统一技术培训、统一种植标准、统一组织收购、统一品牌销售”“五统一”运作模式，为谷子产业高质量发展提供技术支撑。

（五）河北省冀科种业有限公司

河北省冀科种业有限公司于 2001 年 09 月 13 日成立。法定代表人关永格，公司经营范围包括：农作物种子种苗研发培育；玉米邢玉 11 号、玉米郑单 958、小麦邢麦 7 号、小麦邢麦 6 号、小麦邢麦 13 号、小麦冀丰 703、小麦冀 5265、小麦邯 5316、小麦邯 4564、小麦冀 6358、小麦邢麦 4 号、棉花邯 682、玉米邢抗 2 号、玉米金秋 963、玉米谷育 178、玉米豫丰 3358、玉米冀科 896、玉米冀科 6501、谷子豫谷 33、谷子冀科 18、谷子冀科谷 66、谷子冀谷 186、谷子冀科谷 29、谷子冀科谷 32、谷子冀科谷 958 生产、加工、包装、批发、零售（凭农作物种子生产经营许可证经营）；转基因棉花种子：邯棉 646、冀科棉 1 号、冀科棉 2 号、夏早 4 号、石抗 126、新科 8 号、鲁棉研 40 号生产、加工、包装、批发、零售（凭转基因棉花种子生产经营许可证经营）；玉米、小麦、谷子、花生、大豆、蔬菜、油葵、杂粮种子包装、批发、零售；非剧毒农药零售；《中华人民共和国种子法》规定不需要办理审批即可经营的其他种子批发、零售；化肥、农膜零售；农机具批发、零售；农业技术推广服务与研发（依法须经批准的项目，经相关部门批准后方可开展经营活动）等。

（六）河北治海农业科技有限公司

河北治海农业科技有限公司成立于 2009 年 2 月，位于巨鹿县工业园区，占地 53 亩，注册资本 1 000 万元；是全国独家经营夏播张杂谷系列种子的专业公司。2014 年与河北巡天农业科技有限公司重组，成为河北巡天的全资子公司。公司获“国家级星创天地”“省级高新技术企业”“农业产业化重点龙头企业”“扶贫龙头企业”“优秀成果转化企业”“农业创新驿站”“知名品牌”等荣誉称号。公司集张杂谷育繁推为一体、产学研相结合。自成立以来，相继培育出春夏兼用型的张杂谷 8 号；品质更优的张杂谷 11 号；生育期短、适宜与油葵配套种植的特早一号；品质好、产量高、硒元素含量高的张杂谷 16 号及张杂谷 18 号。矮秆、早熟、高抗，适宜晚夏播的张杂谷 22 号。这些品种均已在农业农村部登记。公司产品已推广到河北、河南、山东、山西、陕西、天津等省市。累计推广夏播张杂谷 350 万亩，增产粮食 3. 5 亿千克。建立张杂谷制种基地

5 000 亩。在“十三五”期间，累计推广 180 万亩，合计销售收入 9 798.38 万元，利润 3 799.55 万元。

（七）河北聚沃种业有限公司

河北聚沃种业有限公司成立于 2017 年 6 月，位于河北省邯郸市磁县，注册资本 300 万元，是一家经营谷子种子的专业公司。公司多次被评为先进个体企业，拥有农业农村部非主要农作物登记品种 15 个，公司主要以科研、繁育、销售一体的模式，开发了谷子品种 10 余个。公司成立以来，相继培育出聚谷 41、聚谷 36 等谷子品种，品种以营养成分高、产量高、抗病性好为优势，投入市场，深受消费者喜爱。公司开发的“聚沃”谷子品牌已获批专利。

公司建立 3 个制种基地约 1 000 亩，谷种已推广到河北、河南、山东、山西、陕西、天津等省市。在“十三五”期间累计推广 100 万亩，2018 年推广 30 万亩，销售收入 1 071.65 万元，销售利润 542.3 万元；2019 年推广 40 万亩，销售收入 1 620.29 万元，销售利润 593.12 万元；2020 年推广 30 万亩，销售收入 1 524.54 万元，销售利润 502.30 万元。

（八）河北天粟农业科技有限公司

河北天粟农业科技有限公司（简称河北天粟）成立于 2015 年 11 月，位于河北省石家庄市高新技术开发区，占地 3 000 多平方米，注册资金 766 万元。公司发展至今，推出了杂交天粟系列、特色瑞谷系列、常规金谷系列等新品种。2018 年引入战略合作伙伴山东先达农化股份有限公司（证券代码：603086），借助其强大的农药研发实力和资金支持，结合自身育种研发能力、栽培植保技术，实现强强联合，互补共赢的新局面。研发并首次登记了谷子专用除草剂——利谷灵，专门应用在高粱田的全国专利产品——高丰粱杰。2021 年实现天粟系列品种全国推广面积超 40 万亩。

公司培育的天粟 4 号，是适合河北、河南、山东、天津等地种植的高产优质品种。田间小区试验产量高达 620 千克/亩，大田种植最高纪录达到 510 千克/亩；株高 110~120 厘米，茎秆粗壮，抗倒伏能力极强。谷粒较小，出米率较高；米的颜色金黄，口感较好。享有华北地区的“黄金米”之称。天粟 1 号适于东北地区，株高 100~110 厘米，茎秆粗壮，霜打之后，谷子不会倒伏，特别利于机械化收割。天粟 1 号拥有当地农家种吨谷基因，在通榆地区，大田最高产量可达 550 千克/亩。米质脱胎于吨谷，优于吨谷，深受米厂老板好评。天粟 7 号保持了黄金苗的优异米质，米色金黄，适口性好；同时通过杂交选育，降低了株高，株高仅有黄金苗的 80%，仅 120~130 厘米；产量高，在敖汉最高可达 500 千克/亩；抗倒伏能力、抗旱能力强，被老百姓称为高产抗旱王。

二、谷子生产经营主体

河北省谷子主要分布在太行山、燕山山区和黑龙港低平原地区。谷子种植主体主要包括农户、种植大户、合作社、家庭农场，黑龙港低平原区基本以种植大户、家庭农场、合作社为主体。

（一）谷子种植合作社

1. 石家庄市藁城区富硒种植专业合作社

石家庄市藁城区富硒种植专业合作社办公室位于河北省石家庄市藁城区廉州镇北马村村委会，合作社主要提供组织采购、供应本社成员种植农作物所需的农业生产资料；组织销售本社成员种植的农作物（需办理前置许可的项目除外）；引进种植新技术、新产品，开展与种植生产经营有关的技术培训、技术交流和咨询服务（依法须经批准的项目，经相关部门批准后方可开展经营活动）。

2. 武安市绿禾谷物种植专业合作社

2005 年，朱海军组织 5 户村民成立了谷物合作社；2009 年 12 月，由 10 户村民正式在武安市工商局办理营业执照，注册武安市绿禾谷物专业合作社，注册基金 66 万元，法人代表（社长）朱海军，现有本村 506 户入社，占本村户数的 86%，带动周边村 522 户入社。购置了适合山区应用的谷子覆膜播种机、谷子联合收割机、拖拉机，从事谷子机械化种植、收获服务，带动周边农户、种植大户、家庭农场、农业合作社、农业公司，年种植谷子达 10 万亩。与河北省农林科学院谷子研究所合作，率先引进、试验、示范谷子新品种、新技术，实现了本村及周边品种和技术全面更新，通过品种更新，谷子产量由 2004 年 150 千克/亩提高到 2006 年 250 千克/亩；通过地膜谷子栽培技术谷子产量由 2006 年 250 千克/亩提高到目前的 350 千克/亩；亩产值 3 个阶段分别达到 1 000 元、1 500 元、2 000 元，推动了武安市谷子轻简高效生产。作为一线技术人员，将新品种、新技术中试熟化，形成简单、易推广技术，带动农户大面积示范。

创新建立了“四对接”“六统一”谷子产业管理运行模式。在工作中，依托武安市绿禾谷物专业合作社建立了对接科研单位、对接政府部门、对接龙头企业、对接农户等“四对接”管理模式；实施统一培训标准、统一供应优种、统一技术指导、统一配方施肥、统一收购加工、统一品牌销售的“六统一”措施。通过“四对接”“六统一”管理模式，有效连接了农户、合作社、企业、科研单位、政府等部门，确保技术措施到位、产业组织有效，提高了新品种、新技术成果转化速度，提升了农户谷子种植效益，促进了谷子产业提档升级。

该社作为河北省农林科学院谷子研究所、武安市农牧局、武安市科技局、邯郸市科技局、邯郸市农业局等单位的核心示范基地先后承接了河北省山区重大创新工程、国家科技支撑计划、河北省农林科学院示范基地、农业农村部谷子绿色高产创建项目、国家太行山星火产业带、邯郸市“四一三二”工程等项目，先后投入 300 多万元用于成果转化、基地建设、示范推广。该村已成为全省乃至全国知名的谷子种植专业村，该村示范基地获得有机、绿色基地认证，生产的优质小米获得国家地理保护标识产品认证，18 年来以该村示范基地为核心区连续举办全省范围观摩会 15 次，其中，2016 年 9 月 10 日举办的观摩会达到 400 余人，参会人员包括省农业厅、省科技厅领导，种植大户、企业、合作社等新型经营主体负责人，各县市农业技术骨干，观摩会层次、参会人数创新我省谷子观摩会新高。

目前，该社年种植谷子 4 000 余亩，通过新品种、谷子高效集雨生产技术、简化栽培技术，亩增产谷子 100~120 千克，节约用工 3~5 个，亩节本增效 500 元以上，合计年节本增效200万元，该村谷子基地已成为了优质有机小米原料产地、良种繁育基地、试验示范基地，该村谷子产业年纯收入达到1 500多万元，通过谷子种植、加工，该村人均年收入达到7 500元。

3. 武安市常顺谷子专业合作社

武安市常顺谷子专业合作社位于武安市徘徊镇蟒当村，2010年7月成立，合作社基地种植面积300亩，带动农户40余户，种植面积170余亩。2020年合作社亩产300余千克，每亩收入400元，品种主要以冀谷39为主。

4. 武安市青川谷物专业合作社

武安市青川谷物专业合作社位于武安市西土山乡西湖村，2013年4月注册成立，经营范围：组织收购销售成员种植的谷物，为成员提供谷物种植技术及信息咨询服务。合作社谷物种植基地在武安市西部贫困山区，石洞乡赵庄村、徘徊镇徘徊村、张家庄村、夏庄村、石井河村等，种植面积2 000余亩，合作社有大型小米加工设备及仓储，加工的小米远销河南、山西等地。

5. 蔚县成兴农作物种植专业合作社

蔚县成兴农作物种植专业合作社成立于2014年10月，法人代表刘成武。合作社位于蔚县南留庄镇小饮马泉村，资产总额98万元。流转土地350亩，购置农机设备9余台，配备机井1眼，配备地下输水管道1 000米。2014—2016年，每年为张家口市金瑞德食品加工厂种植西班牙甜椒50亩、青刀豆30亩，并带动邻村种植西班牙甜椒、青刀豆400多亩，每年种植谷子核心示范田20亩左右，主要品种为大白谷和冀张谷5号，引领本村及邻村农户发展优质谷子300多亩。同时，近几年每年为农牧局试验、示范谷子新品种3~5个，还为河北省农林科学院谷子研究所建立了糜黍育种基地。在谷子生产上，推广了地膜覆盖轻简栽培、配方施肥等技术。

6. 蔚县叶丽农作物种植专业合作社

蔚县叶丽农作物种植专业合作社成立于2015年6月，法人代表叶丽，现更名为蔚县桂宇军丰农作物种植专业合作社。合作社位于蔚县下宫村乡浮图村，资产总额300万元。流转土地500亩，配备现代化农机设备7台。每年种植谷子200亩左右，主要品种为大白谷和冀张谷5号。2020年种植谷子200亩，平均亩产170千克。同时，与张家口萝川贡米、裕中农业科技等企业合作，成为公司的基地。

7. 蔚县旱丰农作物种植专业合作社

蔚县旱丰农作物种植专业合作社成立于2010年1月，法人代表王宝山。合作社位于蔚县南岭庄村，资产总额60万元。流转土地800亩左右，配备现代化农机设备10余台。近几年，每年种植谷子两三百亩，主要品种为张杂13、大白谷。2020年种植谷子370亩。谷子平均亩产600多千克。同时，与益海、亿鑫等企业挂钩，引领本村农户发展谷子1 300亩。在谷子生产上，推广了地膜全覆盖轻简栽培、精准播种、配方施肥等技术。

8. 蔚县建平合作社

蔚县建平合作社位于白乐镇天疃北堡村，注册资金120万元，法定代表人庞建平。流转土地150亩，拥有农机具6台（件），其中大型机械3件。该社每年种植谷子10亩左右，引领本村农民种植 400~500 亩，主推品种为张杂谷 5、张杂谷 10、冀张谷 5、冀谷 39 等。2019 年试种冀谷 39，抗病抗倒和增产性很好，2020 年全村种植 360 亩，平均亩产 350 千克左右。在谷子生产上，推广了谷子新品种、地膜覆盖轻简栽培技术、配方施肥等。

9. 蔚县丰谷农作物种植专业合作社

蔚县丰谷农作物种植专业合作社成立于 2012 年 6 月，法人代表李有全。合作社位于蔚县宋家庄镇北口村，资产总额 320 万元。流转土地 500 亩，配备现代化农机设备 3 台。近几年，与张家口萝川贡米有限公司等企业挂钩，带领本村及周边村发展谷子 2 000 亩左右。2020 年通过订单形式发展谷子基地 2 100 亩，平均亩产 280 千克。

10. 蔚县福牛种植合作社

蔚县福牛种植合作社成立于 2009 年 3 月，法人代表赵生（蔚县南杨庄乡牛大任庄村党支部委员会委员，大专文化）。合作社位于蔚县南杨庄乡牛大任庄村，资产总额 180 万元。流转土地 1 050 亩，购置现代化农机设备 20 余台，打机井 3 眼，配备地下输水管道 3 000 米。2009—2010 年与河北巡天合作，繁制张杂谷种。2020 年种植张杂谷 360 亩，平均亩产 375 千克。在谷子生产上，推广了全膜覆盖轻简栽培、膜下滴灌、配方施肥等技术。

11. 蔚县军鑫农作物种植专业合作社

成立于 2020 年 3 月，合作社位于蔚县常宁乡安庄村，法人代表张建军。注册资金 300 万元。流转土地 200 亩，配备农机设备 7 台。2020 年种植谷子 200 亩，平均亩产 300 千克。与景蔚五谷香米业、萝川贡米、益海嘉里等企业，引领本村农户发展谷子 500 多亩，主要品种为张杂 13、大白谷、冀张谷 5，大部分采用了全面覆盖轻简栽培技术。

12. 蔚县恒胜农作物种植专业合作社

蔚县恒胜农作物种植专业合作社成立于 2013 年 3 月，法人代表徐合。合作社位于蔚县九宫口村，注册资金 100 万元。流转土地 202 亩，配备农机设备 2 台。近几年，每年种植谷子 100 亩左右，主要品种为大白谷、冀张谷 5。与益海嘉里等企业挂钩，引领本村农户发展谷子 1 000 多亩。2020 年种植谷子 100 亩，平均亩产 350 千克。

13. 蔚县郑家庄农作物种植专业合作社

蔚县郑家庄农作物种植专业合作社成立于 2012 年 3 月，法人代表王学军。合作社位于蔚县宋家庄镇郑家庄村，注册资金 50 万元。流转土地 100 亩，配备农机设备 3 台。建立小型小米加工设备一套，年加工能力 300 吨。每年在本村发展优质谷子基地千亩左右，主要品种为大白谷。2020 年全村种植谷子 800 亩，平均亩产 300 千克。小米产品主要销往山东、河南等地。

（二）谷子生产的家庭农场

1. 无极县乔辉家庭农场

无极县乔辉家庭农场于 2015 年 12 月成立，注册资金 100 万元，主要从事谷子、玉米、花生、蔬菜等作物生产。同时生产加工农副产品，有传统工艺蒸碗、纯粮酿酒、全麦粉、花生油等。该农场被评为 2020 年度石家庄市级示范家庭农场，是无极县农业农村局农业科技示范主体，是无极县高素质农民培育实训基地。农场拥有现代化办公条件，有基本的生产配套设施及必要的农业机械，农业生产主要环节基本实现了机械化作业，目前农场主要有自走式喷药机 1 台，小麦收割机 1 台，小型拖拉机 2 台，旋耕犁 1 台，固定资产价值 100 万元。

农场具有较先进的谷子种植技术，与周边 30 多个农户，签订 220 亩谷子收购协议，同时向农户传授绿色种植技术，订单执行率达到了 100%。当地绿色有机小米影响力逐渐扩大，致使京津冀周边城市居民都开始了网上订购。产品销售渠道：一是超市、校园、医院，占销量的 35%；二是大型企业礼品福利品销售占比 25%；三是周围社会消费占 20%；四是网络销售占 20%左右。年经营额达 500 多万元，扣除成本年利润达 100 万元。在小米产业的带动下，周围农民的收入有较大幅度的提高，农场带动能力进一步提升。

2. 栾城金色农化家庭农场

栾城金色农化家庭农场是一家专门从事谷子种植、加工、销售于一体的示范性家庭农场，同时结合养殖土鸡、农家猪形成循环农业经济模式。农场由最初流传土地 160 亩发展到目前流转土地达 600 多亩，年产小米约 80 000 千克。与河北省农林科学院谷子研究所（国家谷子改良中心）合作，从事谷子新品种、新技术示范与推广、繁育，大力发展富硒谷子农产品加工销售。农场种植冀谷 168、冀谷 39 等新品种约 500 亩/年，农场利用栾城区富硒土壤的优势，结合河北省农林科学院谷子研究所富硒技术和富硒谷子品种生产富硒谷子，与种地大户、合作社，签订订单回收协议。谷子收获后农场加工成小米进行销售，余下的谷糠则做为农场饲养的土鸡、农家猪的饲料。猪粪、鸡粪又是谷子地的有机肥料，形成了“粮头食尾”谷子全产业链。当前农场产品包括富硒小米、老人小米、月子小米、杂豆、干面条、散养双亲笨鸡蛋等农产品。农场被建设成栾城区农民田间学校，被评为市级、省级示范家庭农场，被省、市妇联评为“巾帼现代农业科技示范基地”“河北省巾帼乡村旅游点”。

农场不仅在栾城区域内发展，还扩展推广种植到石家庄周边地区，带动了赵县、高邑、邢台地区，东至沧州肃宁，北到保定顺平、蠡县，西到灵寿、行唐、平山、鹿泉区，谷子种植面积达 3 万余亩。

3. 武安市王杰家庭农场

武安市王杰家庭农场成立于 2015 年 11 月 17 日，位于河北省武安市伯延镇杨二庄村，紧邻磁山文化遗址谷子的发源地。农场现有土地 800 亩，主要种植谷子、黄豆、绿豆、玉米、小麦等作物，以谷子、杂粮为主导产业。农场现有中型拖拉机 3 台，收割机 2 台，打药机 1 台，犁、耧、耙、耱配备齐全，基本实现全程机械化作业管理。

为了使农作物生产质量大幅改变，农场经常组织农业技术培训，不断改进种植技术，学习别人先进经验，使农场收益逐渐提高，还带动了其他农户高效种植。农场谷子种植品种全部采用河北省谷子研究所推广的高产优质冀谷 38、冀谷 31 等优良品种，标准化生产、规模化种植，2019 年农场粮食总产量超过 150 000 千克。农忙时节可吸收当地村民 20~30 人就近就业，带动当地村民一起增收致富。农场负责人王杰连续多年参加新型职业农民培训、高素质农民培训，成为当地响当当的种粮能手。2020 年在武安市农业农村局召开的农业农村工作表彰总结大会上，农场负责人王杰代表高素质农民作了大会典型发言，受到与会领导一致好评。

4. 武安市阳邑西街惠太家庭农场

武安市阳邑西街惠太家庭农场成立于2016年3月21日，位于河北省武安市阳邑镇阳邑西街村。农场现有土地500亩，主要种植谷子、玉米、辣椒等农作物，以谷子、杂粮为主导产业。农场现有大型拖拉机1台和小型拖拉机1台，收割机1台，打药机1台，犁、旋耕机、耧、耙配备齐全，基本实现全程机械化作业管理。

为了使农作物生产质量大幅改变，农场经常组织农业技术培训，不断改进种植技术，学习别人先进经验，使农场收益逐渐提高，还带动了其他农户高效种植。农场谷子种植品种全部采用河北省谷子研究所推广的高产优质冀谷38、冀谷39、冀谷42等优良品种，标准化生产、规模化种植，在2019年百年不遇的大旱之年，农场粮食总产100 000千克以上。农忙时节可吸收当地村10~15人就近就业，带动当地村民一起增收致富。农场负责人苏花太连续多年参加新型职业农民培训、高素质农民培训，成为当地响当当的种粮能手。农场负责人苏花太连续3年受到局领导一致好评，2020年在武安市农业农村局召开的农业农村工作表彰总结大会上作为代表发言，并获得表彰证书。

5. 武安市菊兰家庭农场

武安市菊兰家庭农场位于武安市北安乐乡迁城村，成立于2016年5月4日，主要经营范围是牛、猪、鸡养殖销售，小麦、玉米、谷子种植销售和中药材种植销售。家庭承包经营土地和流转土地1 023亩。为进一步提升粮食产量，该农场还新打机井3眼，使500余亩良田配备了喷灌浇水，实现水肥一体化的高标准农田建设标准，523亩良田全部实现了灌溉种植。该家庭农场年种植玉米面积623亩，年产量约374吨；种植小麦面积700亩，年产量约413吨；种植谷子面积400亩，年产量160吨；种植马铃薯面积300亩，年产量900余吨。年投入劳工3人，其中常年雇工人数2人，大学生1人。

农场现有东方红350型拖拉机6台，150型铲车1台，农用三马车5台，旋耕机5台，播种机6台，农用车载喷雾机2台，大型玉米脱粒机3台，谷子脱粒机2台，地膜回收机1台，太阳能杀虫灯2个，犁、耧、耙等机械配备齐全，生产技术装备相对比较先进。

6. 武安市良禾家庭农场

武安市良禾家庭农场位于武安市贺进镇北街村，成立于2020年10月，主要经营范围是农作物、花卉、林果种植销售等。家庭承包经营土地和流转土地452亩。家庭农场种植嫁接核桃18 000余棵，嫁接枣树7 000余棵，种葡萄苗5 000棵，种植苹果等各类果树苗5 500棵，种植谷子50亩，中药材连翘40亩。

农场现有手扶拖拉机1台，农用四轮拖拉机1台，旋耕机1台，双刀犁1台，割草机5台。新建蓄水池2个，扬水站1座，铺设管网28 000米，安装变压器1台，架设电线3 000多米，硬化道路1 500米。机械配备齐全，生产技术装备先进。

三、机械生产企业

谷子生产过程中主要使用的是播种机、中耕机、喷药机、收割机、脱粒机、联合收割机等大中小型的机械。通过调研和网络搜集的方式，整理了农作物生产的机械种类和企业，供参考。以下机械介绍总体按照播种机、中期管理机械、收获机、其他机械等进行整理。

（一）播种机械

1. 武安市速帆机械科技有限公司

武安市速帆机械科技有限公司成立于2012年，位于河北省武安市大同镇大同村。公司致力于谷子等杂粮农业机械研发、小粒播种技术研发、制造、组装和销售，注册资金300万元，总资产1 000余万元，占地面积4 000平方米，拥有员工50余名，研发团队10余名，销售人员40余名，年总销售额超2 000余万元。主要产品有谷物播种机、玉米免耕播种机、小型蔬菜播种机、谷物脱粒机等系列产品，谷物播种机为公司自主研发的明星产品，销往全国19个省市，35个区市县，经销商160多家，获得广大用户一致好评。

2012年7月18日，武安市富家园农业机械厂正式成立。2013年发布产品人力中耕锄、人力播种机、畜力播种机等产品。2015年发布第一代拖拉机牵引式多功能精量播种机2BDJ-5，并实现播种效率提升60%；公司迁入占地面积近4 000平方米新厂区，更换先进新设备近20余台，员工增至30余名。2017年发布多用途高精准播种器，并申请10多项专利；成功注册商标：速帆、Fastsail、ES等。2019年发布第二代悬浮式多功能精量播种机，并搭载自主研发的多用途高精准播种器。2020年部署智慧农业计划Exact Sow©智能高精准播种系统正式投入研发至今确立远大目标，投身于农业现代化、智能化事业当中。

公司重视发展农业现代化、智能化，并与国内多家顶尖科技公司建立企业战略合作关系，共同研发播种技术解决方案及人工智能型农业机械产品。现已拥有自主研发的多功能高精准播种系统，实现一机多用配套机型，目前已经推广市场并广泛使用。公司更注重发展自主知识产权，2015—2019年以来，已申请20多项国家专利、10多个类别商标；2018年获得“武安市机械设备维修业示范店”星级服务企业。

公司致力于成为持续推动农业进步的科技公司，以“持续推动农业现代化、智能化，让播种变得更简单”为使命，坚持“激极尽志、品诚求真、乐享谦学”的价值观。此外，公司也积极与广大消费者、合作伙伴连结成为进步道路上的命运共同体。坚持为优秀喝彩、因合作而卓越。以正念、坦诚的态度，建设开放、合作、共赢、可持续的技术生态，与客户、伙伴携手推动产业健康良性发展。

2. 河北皓凯农业机械有限公司

河北皓凯农业机械有限公司始建于2010年1月，地址位于石家庄高新技术产业开发区，公司现有员工36人，其中大专以上学历19人，技术人员14人。公司下设生产部、营销部、财务部、综合部，公司2014年最高销售收入达5 000余万元。公司获得国家级中小企业认证，国家高新技术企业，已获得了产品进出口权、产品列入河北省“双新产品”计划，公司部分产品已经国家农机鉴定总站鉴定品列为农机推广归档产品，2018年10月审定《气吸式粮食干燥机》地方标准。2021年荣获创客中国优胜奖、农业农村部“优秀成品”称号。公司产品已经河北省科学院查新，气吸式粮食烘干机目前是唯一一家专利产品。目前公司拥有授权新型专利 10 个。

公司自 2013 年开始就成为河北省唯一一家谷子生产全程机械化机械经销商，2015 年成功举办了春季、秋季 2 次“全国谷子生产全程机械化演示会”，产生了很好的效果。2014 年研发了首台谷子机械化收割改进机型自走式收割机，科技部以科教片《谷子机械化收割不是梦》对科技成果进行了报道。公司投巨资潜心研发了谷子烘干机，经过 5 年的努力，首台气吸循环式谷子烘干机在石家庄问世，该技术为国内外首创技术，这款机型不但可以烘干谷子，还可以烘干玉米、小麦、水稻、高粱、油葵、花生、油菜籽等农作物，填补了国际烘干行业气吸干燥技术的空白，告别我国谷子靠天晾晒的历史。

多年来公司基于“创新为企业之魂、诚信为企业之本、发展为企业之路、裂变为企业之峰”理念，坚持以科技引领企业，专利保驾护航、打造知名品牌。

3. 河北农哈哈机械集团有限公司

河北农哈哈机械集团有限公司由原隶属于深泽县农机局的深泽县农机实验厂改制而来，是民营股份制企业。企业由当初的占地 5 亩、11 间库房作为车间、员工不足 10 人、借款 3 万元起家的小作坊，经过 30 年的持续发展，现已成为位于深泽县城工业园区内占地 20 万平方米、注册资本 2 000 万元、净资产 1.5 亿元、员工总数 825 人、年主营业务收入 2.5 亿元的国内配套农机具生产销售龙头企业。公司从事的农业机械研发、生产和销售，主要经营耕作机械、播种机械、青饲料收获机械、喷灌和淋灌机械、秸秆收获机械、粮食烘干设备六大类 80 多个品种。销售网络覆盖全国 19 个省（区、市），出口 30 余个国家和地区。公司具备了年生产播种机、旋耕机、喷灌机、青饲料收获机和秸秆收获机等各类农机具 7 万台（套）的生产能力。农哈哈商标为“中国驰名商标”、多次被评为全国农机用户满意品牌，主导产品播种机获“国家免检产品”和“河北名牌”称号；企业多次被评为国家高新技术企业、AAA 级信用企业、河北省制造业单向冠军企业、河北省质量标杆企业、河北省质量效益型先进企业、河北省技术创新示范企业、河北省企业技术中心、河北省农机具技术创新中心、河北省工业设计中心、农业农村部保护性耕作研究中心机具研究和试验基地、中国农机流通领域杰出贡献单位、农业农村部农产品加工企业技术创新机构、全国农机行业优质服务先进单位。企业先后通过了 ISO 9001 质量管理体系认证、ISO 14000 环境管理体系认证和 HSAS 18001 职业健康安全管理体系认证。

4. 任丘市鼎浩农业机械有限公司

任丘市鼎浩农业机械有限公司前身为任丘爱民农具厂和任丘市鼎浩农具厂，因发展需要更名为任丘市鼎浩农业机械有限公司，始建于 1996 年，注册资金 500 万元，注册商标为“爱民鼎浩”。占地面积 5 000 平方米，现有职工 60 人。是集研发、生产、销售和服务于一体，专业生产小麦播种机、玉米精量播种机、玉米剥皮机、果园施肥机、谷子播种机、玉米铺膜机及各种农机具的企业。公司位于任丘火车站东侧阁辛庄工业区，地处京、津、石三大城市经济开发区域中心地带，环境优美，地理位置得天独厚，交通通信极为便利，并有完整的生产加工产业链和完善的配件供应渠道。公司成立十几年来，始终坚持服务于农民、诚信为本，深受广大农民和种业公司的喜爱，并创出自己的品牌“鼎浩”。面对新的市场竞争，公司十分重视产品的质量售后服务，着力建立了信息反馈网络，实行质量跟踪服务，并在全国十几个省区设立了销售和代理机构，为当地营销服务，解答用户咨询提供了便利条件。立志为农民做出“顶好”的机械是鼎浩人不变的承诺，为农业机械化贡献一份力量是鼎浩人终身的责任和使命。

任丘市鼎浩农业机械有限公司主要产品有玉米播种机、小麦播种机、谷子播种机、玉米剥皮机、果园施肥机等多种农机具。年生产农机具1万台以上。技术力量雄厚、设备齐全、工艺先进、检测手段完备，具有独立开发生产各种农机具的能力。产品畅销山东、河南、河北、山西、陕西等地，进一步拓展到张家口、坝上、内蒙古、安徽、黑龙江等地，逐步在全国形成完整的营销体系和完善的售后服务网络。

（二）管理机械

1. 河北永发鸿田农机制造有限公司

河北永发鸿田农机制造有限公司位于河北省唐山市滦南县兆才大街西段工业区。现有资产2 000余万元，员工176人，占地45亩。公司为唐山市现代农机装备研发中心和滦南县产学研协作新模式办公室，设有技术室、设计室、检测室、资料室，建立农业技术培训学校，并配备电视、电脑、投影仪等现代化媒体教学设备。并与农业农村部南京农业机械化研究所、北京市农业机械研究所、山东省农业机械科学研究院、河北省农业机械化研究所有限公司等科研机构结为战略合作联盟，承担农业科技成果转化项目多项。公司是一家集科研开发、生产经营、技术服务于一体的高新技术研发生产企业。依据农业发展需要自主研发生产的产品，包括保护性耕作机械、耕整地机械、免耕播种机和节水联合作业机械。其中深松、节水、灭茬、免耕、旋播机系列产品配套拖拉机功率已达到73.5千瓦以上。产品分为小麦、玉米、谷子等免耕播种机系列、节水覆膜播种机系列、花生收获机系列、林果机械系列等20多个系列80多个品种。产品主要配用于国内外大、中型拖拉机。公司拥有自己的知识产权“鸿田”注册商标，发明专利20余项，部分产品填补了多个国内外空白，为我国农业发展开辟了新的发展方向。经诸多专家实地考察论证和广大农户的使用，以其高质量、高性能、高效率、高回报得到了一致的好评。公司产品已进入全国15省市农机补贴目录，2004—2014年被农业部授予补贴产品向全国推广。也是国家优质粮食工程农机装备及河北省农机补贴项目定点生产单位，现已成为我国农业配套机具制造中的明星企业、唐山市现代农业机械装备研发中心，已被滦南县职校定为产学研教育培养基地。

2. 河北硕鑫机械制造有限公司

河北硕鑫机械制造有限公司位于中国农机配件之都——庞口汽车农机配件城北侧，距离大广高速高阳出口2千米，交通便利。地理位置优越。公司主要生产撒肥机、喷药机、牧机等先进的农业机械产品。产品主要适用于谷子、小麦、棉花、玉米、果园、蔬菜等农作物的营养供给和病虫防治。使用本公司机械产品能充分发挥产品优势、减少劳动力、提高工作效率，促进产品增收。

（三）收获机械

1. 河北华勤机械股份有限公司

河北华勤机械股份有限公司系农机专业生产企业。主要生产：场上作业机械（小麦脱粒机、9F-56 秸秆粉碎机）、田间耕作机械（1SZ 型振动深松机、3ZF-30 中耕机、深耕犁、1GQN-220 旋耕机）、种植播种机械（2BMP-2 型棉花播种机）、收获机械（4Y-2 型玉米收获机、4JS-90 型秸秆收获机、4MJ-90 型秸秆收获机、1JH 型秸秆切碎还田机）、保护性耕作机械（2BMFX-8/16 型免耕施肥旋播机、2BMS-3 型玉米免耕施肥播种机、1SZ 型振动深松机）等产品。其中，场上作业机械中适用于谷子、高粱脱粒的 5T 系列脱粒机近几年在天津、河北、河南、山东、辽宁等地销售，受到广大用户的认可。该机根据杂粮种植户的需求开发研制的与谷子分段收获技术配套使用的机具，脱粒谷码少，分离彻底，脱净率高，夹带损失少，生产效率高。该产品一经推出，就受到各地农机推广部门的大力推广。

2. 威县森发农机具制造有限公司

威县森发农机具制造有限公司成立于 1990 年，是河北省最早的一家民营企业，是生产、加工、销售为一体的专业厂家，为满足农民的需求，精心研制适合农民的多种农机具。公司主要生产：谷子脱粒机、玉米剥皮机、撒肥机、不锈钢撒肥机、打药机、核桃剥皮机、电动风车、手推式撒肥机、后传送轴撒肥机、玉米脱粒机、收割机卸粮筒、收割机低温水箱、大蒜收获机、马铃薯收获机、花生收获机、花生摘果机、割草松土机、辣椒收割机等产品，也可以根据客户需求定制。其生产的谷子割晒机一次作业可完成田间直立作物的收割、拨送、放铺，有利于秸秆的回收，是人工收割效率的数十倍。机具作业速度快，工作效率高，收割铺放整齐，适宜谷子、糜子、辣椒、大豆等作物。生产的 5T-28 型小型脱粒机，具有结构简单、体积小、质量轻、脱粒干净、调整拆卸方便、损失小等特点，适用于小面积种植户谷子的割晒作业后的收集脱粒作业。

（四）其他机械

1. 河北瑞雪谷物精选机械制造有限公司

河北瑞雪谷物精选机械制造有限公司是专业研发与生产种子加工机械及成套设备、农副产品、粮食和饲料处理设备的综合性企业。目前可向各界提供脱粒、清选、精选、去石、分级、包衣、自动计量、包装、种子加工成套设备及粮食、饲料处理设备等共 18 个大类、40 多个品种。

2. 石家庄三立谷物机械股份有限公司

石家庄三立谷物机械股份有限公司系 2002 年改制成立的股份制企业，其前身是 1995 年成立的石家庄三立谷物筛分设备厂，公司生产种子加工设备已有 10 余年历史，注册资金 501 万元，公司技术力量雄厚，研发能力强，设备先进，工艺精湛，是国内种子加工设备的重要生产厂家。产品销往全国各地并有部分出口，系中国农业机械协会种子加工与粮食处理设备分会会员单位和中国质量检验协会团体会员单位。

主要设备有剪板机、折弯机、自动卷边机、滚圆机、等离子切割机，多种焊接设备，冲压机、钻床、龙门吊及售后服务车 4 辆，年生产能力 5 000 个标准台，总资产 1 800 余万元，年销售收入超过 3 000 万元，连续 4 年在同行业名列前茅。总经理办、技术开发部、生产部、销售部、财务部、企管办、国际贸易部等均配置电脑设备，并建立了局域网。电脑辅助设计、出图、统计、报表等实现办公自动化。公司设备均按国家和行业相关标准制造、检测和验收，执行的种子加工机械行业标准主要有 NY/T 372、

NY/T 373、JB/T 7730、GB 10395 等，严格按标准精心组织生产，不合格材料不进厂，不合格零件不使用，严格按程序进行，提高自检、互检、专职检验的三级质检水平，每台单机坚持进行空运转、上物料试验，增加投入优化管理。公司可生产种子包衣机、石家庄小麦清粮机、荚实加工机械、葵花籽脱壳机组、复合型种子精选机、脱粒机（脱壳机）、清选机（风筛式）、精选机（比重式）、去石机（正压式）、包衣机、分级机、输送机等多品种、多规格的种子加工单机、机组及成套设备，还可提供种子检验、检测和试验仪器、计量包装机、色选机等。公司多次荣获河北省工商管理局、石家庄市人民政府、石家庄市工商行政管理局等机构授予的“守合同重信用企业”“依法纳税先进单位”“消费者信得过单位”等荣誉称号；并于 2005 年获得了中国质量信誉评价中心、中国消费者维权联合会颁发的“质量、服务、信誉 3 级示范单位”证书。种子加工车、种子包衣机等多项产品获得国家，2006 年 5 月荣获中国质量检验协会全国质量检验稳定合格产品（1996—2006 年）证书，种子加工车获河北省农业机械推广许可证书。公司于 2005 年 5 月通过 ISO 9001：2000 质量管理体系认证，2010 年通过 ISO 9001：2008 质量管理体系认证，多年来不仅在管理上达到了一个新的层面，产品质量也得到了有效保证。公司连续多次在政府招标采购中中标（楚雄州政府采购中心采购项目，衡水市优质小麦生产基地项目，焦作 50 万亩优质小麦良种繁育基地建设项目，包头市政府采购中心的包头林木种苗站林木种子检验设备招标，蚌埠市政府采购中心的精选加工设备招标等）。近年来公司积极开拓海外市场，外销业务逐年扩展，已经成功出口非洲的苏丹、埃塞俄比亚、尼日利亚、肯尼亚、马里、加纳、布基纳法索等；亚洲的泰国、马来西亚、孟加拉国、尼泊尔、阿富汗、越南、菲律宾等；大洋洲的澳大利亚、新西兰；美洲的智利、厄瓜多尔、玻利维亚等；欧洲的芬兰、罗马尼亚。为了满足国外用户的需求，公司在 2016 年全资设立子公司（石家庄沁彤进出口贸易有限公司），进一步扩大了公司产品的销售网络和知名度。

3. 石家庄市溪源种子机械有限责任公司

石家庄市溪源种子机械有限责任公司是专业研究、开发和生产经营种子加工机械、粮食清理机械的创新型企业。公司由石家庄市种子机械厂部分骨干人员组成，按照现代企业管理的要求组建了一支以总经理为核心的高效管理团队。公司下设“一所”（种子机械研究所）、“三部”（生产管理部、财务部、市场营销部）、“一室”（综合办公室），各部门分工协作，保证了公司的健康高效运行。“以质量求生存、以创新求发展”是企业的方针，以此为指导，公司汇集全国 10 余名种子机械行业的专家组成的种子机械研究所，专门从事种子机械的研制开发，从引进到创新，历经多年研制成功了脱粒、清选、精选、去石、包衣、分级和输送 7 个系列 30 多个品种具有溪源特色的种子机械产品，实现了世界技术和中国特色的结合。为保证产品质量，公司按照模式建立了完善的质量管理体系。公司产品自投放市场以来，以合理的价格、过硬的质量、精湛的工艺及完善的售后服务赢得了用户的一致好评，市场迅速扩展到 28 个省、自治区和直辖市，部分产品还出口到朝鲜、菲律宾等国。公司被石家庄市人民政府、石家庄市工商行政管理局等机构授予“重合同守信用单位”“消费者信得过单位”“依法纳税单位”。

四、加工企业

据不完全统计，河北省目前约有谷子深加工企业 9 家，初级加工企业 300 家以上，万吨以上谷子加工企业 10 家以上。作坊式 1 000 吨以上加工企业 250 多家，主要包括石家庄藁城区马庄小米加工集散地，沧州孟村小米集散地，张家口蔚县吉家庄杂粮中转站，邢台市威县、广宗县，邯郸市曲周县，保定市定州市，石家庄辛集市等作坊式小米加工厂；拥有 200~500 吨的中小型谷子加工企业 50 多家，如河北黄粱美梦米业有限公司、武安市洺河源土特产有限公司、河北华瑞农源小米加工有限公司、行唐龙兴贡米有限公司等。河北省小米加工企业产值约 45 亿元，加工谷子 60 万吨，占全国总产量约 1/4，销售小米 40 万吨。

（一）作坊式小米加工集散地

1. 藁城区马庄小米集散地

藁城区马庄小米集散地是华北最大的谷子加工集散地，小米加工经营历史悠久。集散地谷子主要来自内蒙古自治区赤峰市、吉林省松原市和白城市、甘肃省和陕西省部分地级市。马庄小米集散地起步于 20 世纪 80 年代，经过近 40 年的发展，全村已拥有谷子加工企业 80 余家（辐射周边乡镇 120 余家），每家谷子加工量为 2~4 吨/小时，年加工谷子 0. 3 万~2 万吨不等，全年 5—8 月为淡季。集散地从业人员 2 300 余人，形成了以华北为依托，经销网络辐射全国的马庄小杂粮批发市场和华北最大的小米加工集散地，年小米交易额约 30 亿元，年销售小米 24 万吨，农民可增收近 500 万元。

2. 孟村小米集散地

孟村小米集散地是 20 世纪 80 年代由农民自发组织、逐渐形成的小米作坊式加工企业基地。目前，小米作坊加工厂约 30 家，每家年加工谷子约 3 000 吨，加工量 2~4 吨/小时，形成了每年加工谷子 10 万吨，出售小米 7. 2 万吨的产业规模。谷子来自吉林省西部、内蒙古自治区东部，加工后，经过包装大批量销售到河南、江苏、山东等地。近几年县政府比较重视谷子产业的发展，正在规划小米加工市场，把分散的企业通过整合聚集到一起，形成具有地方特色的农产品发展模式。

3. 蔚县吉家庄镇杂粮中转站

吉家庄镇的杂粮中转站市场目前有小型贸易货栈 30 多家，其中谷子加工作坊 16 家，杂粮货站 14 家。每家平均年加工谷子 2 000 吨，加工品种主要是当地 8311、大白谷以及张杂谷系列品种。杂粮杂豆来自周边各县以及山西广灵、灵丘等地，经过加工转售到全国各地。

4. 曲周小米集散地

曲周县小米加工历史悠久，起步于 20 世纪 90 年代，经过 30 年的发展，现拥有 20 余家小米加工厂。曲周位于黑龙港流域，属优质杂粮产区，曲周小米久负盛名，故谷子主要来自本地优质谷子及内蒙古自治区赤峰市，每家年加工谷子 2 000 吨左右，全年 5—8 月为淡季，从业人员 580 人左右，年销售 3. 8 万吨左右，年交易额达 3. 8 亿元。

5. 阳原县杂粮加工集散地

随着杂粮种植业的不断发展，阳原县杂粮加工集散地相关的粮食加工企业也如雨后春笋般兴起，现在全县成规模的杂粮加工企业已有 12 家。河北泥河湾农业发展股份有限公司牵头，组织全县的其他企业，成立了阳原县杂粮产业协会、泥河湾杂粮产业集群，结合所有企业的力量共同发展，现已达到了超 10 万吨的年加工量，建有先进的谷黍类和豆类生产线 10 余条，每年除大量收购阳原县农户种植的粮食外，还辐射带动周边的山西、内蒙古等地，通过溢价收购贫困户手里的粮食，促进了阳原县农业产业化的发展，改善了当地农民的生活质量，帮助贫困户尽早脱贫致富。

（二）谷子初加工企业

1. 河北金粟源米业有限公司

河北金粟源米业有限公司位于武安市北安庄乡同会村，是以农作物种植、销售、农产品加工为主的具有独立法人的私营企业。现拥有各类员工 40 人，其中，大中专以上学历员工 11 人。公司秉承“诚信经营、追求卓越、创新服务、奉献社会”的经营理念，严格实行“五统一”基地管理办法建基地、上项目、塑品牌、拓市场的发展战略，公司拥有一流的生产设备和先进的检测技术，主要产品有“杨氏田乡源”牌 10 千克、25 千克包装超级特精粉、麦芯粉、精制石磨粉等系列小麦粉。采用先进的小米加工设备，清选、去杂、去石、碾米、抛光、碎米分级等一体化生产流水线，保证了小米加工生产的质量和科技含量。以科技为保障，采用自然生长条件优越的天然香谷生产出的小米色泽金黄、颗粒均匀、香甜可口、营养丰富，现有“米乡乐”系列小米精品。2021 年“米乡乐”牌武安小米获得河北省“十大优质品牌小米”荣誉称号。

公司现有各型拖拉机 20 台，收割机 4 台，水、电、路、网全部配套。种植基地实现耕、种、管、收全程机械化。主要经营优质谷子、小麦、玉米种植。可带动农户 2 500 户，使农民年人均收入比上一年增收 400 余元。公司建立健全农业社会化服务体系，将分散的一家一户联合起来，开展规模生产，带动农户共同致富。一是与农户签订合同收购农产品，并为农户提供技术培训，从武安市农牧局聘请中高级职称的技术人员为农户传授农业生产技术知识；二是以河北省农林科学院谷子研究所为技术依托，引进高产优质新品种，提高市场竞争能力；三是积极开拓市场，解决产品销售难的问题。下一步公司将开发小米营养粉、香醋、米糠油、小米蛋糕等功能休闲食品，实现产品多元化发展。

2. 蔚县景蔚五谷香米业有限公司

蔚县景蔚五谷香米业有限公司位于河北省张家口市蔚县吉家庄镇四村，紧邻 G109，交通便利，是一家集种植、收购、加工生产、销售精品小米及杂粮等为一体的大型生产加工企业。公司成立于 2015 年 5 月 11 日，总投资 3 000 万元，占地面积 4 300 平方米，旗下员工 65 人。经过多年的努力，由最初的景斌米业发展成为蔚县同行业中小米加工的龙头企业。2021 年，“景蔚五谷香”牌蔚州贡米获得河北省“十大优质品牌小米”荣誉称号。公司年销售小米约 1. 5 万吨，年生产能力达到 2 万多吨。主要产品有：景蔚五谷香牌高中低档免淘精品系列小米、大白谷香小米、8311 蔚州贡米、各种面粉、大黄米及杂粮豆类产品等。

公司是河北省科技型中小企业，蔚县小米加工龙头企业，2019 年被蔚县县委、县政府授予“蔚县扶贫微工厂”“扶贫车间”“蔚县消费扶贫特色产业基地”等荣誉称号，直接或间接带动建档立卡贫困户 1 285 户，公司响应党的号召，为当地农民脱贫致富做出了很大的贡献，积极纳税，努力创造就业岗位回报国家，为社会减轻负担。

公司与国内知名企业（中粮集团、蒙牛集团等）、连锁超市（永辉超市、北京幸福荣耀超市、北京超市发超市、内蒙古德克隆超市等）、北京天云丰科技发展有限公司等建立了长期合作关系，畅销全国 20 多个省、自治区、直辖市及远销新加坡、韩国、美国等国家。现已拥有 1 000 亩的种植基地以及 3 条国内先进的生产小米、大黄米流水线设备，1 条杂粮面粉加工厂，1 个现代化杂粮分装车间。

蔚县景蔚五谷香有限公司通过蔚县县委、县政府引导优先入驻北京首农消费扶贫双创中心，2019 年 7 月到 2020 年 8 月，通过北京首农消费扶贫双创中心，消费扶贫电商和 832 平台累计销售蔚县小米和杂粮金额 600 万元以上，有效带动建档立卡贫困户 364 户，贫困人口 886 人，人均增收 0.2 万~5 万元，使蔚县贫困地区的农产品与北京各大单位及院校、工会及食堂形成了产供销的直接对接让贫困户们实现了直接创收。

做常态化的扶危济困：一是授人以鱼不如授人以渔，积极吸收有劳动力的建档立卡贫困户到厂上班，近三年内建档立卡贫困户工人达 18 人，年人均就业收入 1.5 万元以上到 6 万元不等，真正实现了企业就业扶贫；二是吸收 7 名无劳动能力的建档立卡贫困户到厂入股分红，年底实现人均分红；三是教育才是脱贫的未来，通过脱贫结对帮扶贫困户家的孩子学习；四是爱心捐赠，2018—2020 年先后到吉家庄镇西贤孝村、二庄子村、八里庄村、范家堡、前上营、上营庄 6 个村进行了爱心慰问，累计捐款捐物 20 万元。2020 年新冠肺炎疫情期间助力疫情防控，积极向县红十字会捐款并向镇政府捐赠口罩及生活用品等；五是共建美丽家乡，为家乡吉家庄镇修建牌楼捐款 1 万多元，为家乡拥军优属庆八一晚会活动带头捐款等，帮助提升镇杂粮产业的整体形象，2020 年教师节为吉家庄镇中心学校教师捐赠礼品 6 000 多元。

公司积极响应吉家庄镇党委、政府号召，在全县率先实施“关联就业、孝心养老”，优先录用贫困户子女就业，将员工尽孝和贫困老人脱贫问题挂钩，收到了很好的社会效益。公司带动了当地 100 多名群众在厂就业，每年发放工资 230 万元，累计缴纳税金 150 余万元，同时，培养带动粮食经纪人 100 多名，年增收 400 多万元，辐射全县 4 800 户、1.5 万名群众种植谷子，年增收 700 多万元。直接或间接带动建档立卡贫困户 1 285 户稳定脱贫增收，直接在公司受益的建档立卡贫困户达 364 户以上，每年为贫困户带来收益达 670 万元以上。

2020 年 1 月 9 日在“中国好食品”定制评荐交易会上，被列为北京（王府井）世贸商城、中国好食品定制订购联采超市专卖优质好食品。在基地种植和生产加工上，公司按照国标和企业标准严把质量关，通过央视媒体打造知名品牌，提升蔚州贡米的知名度。公司已经取得国家商标注册证、生产许可证、有机认证证书、ISO 9001 质量管理体系认证。

3. 河北惜康农业科技有限公司

河北惜康农业科技有限公司成立于 2015 年，地处石家庄市藁城区天然富硒地带南营镇马庄，注册资金 800 万元，是一家集农业科技推广服务、种植、加工、销售、旅游观光、科研、电子商务为一体的综合性服务有限公司，公司占地面积 6 200 平方米，流转土地 1 120 亩，以河北省农林科学院谷子研究所为技术依托，主要经营富硒小米、苦荞小米、黄金宫米、富硒石磨面粉、小米酒、小米醋，共计六大系列、100 种单品，现有员工 48 人，带动当地种植户 400 多户，辐射 20 多个村庄，临时用工 1 200 多人次。

公司曾荣获“河北省中小型企业”“藁城区科普示范基地”“农民田间学校”“乡村 e 站”“河北省企业联合会会员单位”“河北省企业调查促进会质量诚信优质服务满意单位”等称号，下设的农场 2016 年被评为市级示范农场、2017 年被评为省级示范农场，董事长李智勇荣获“全国农业劳动模范”“最美创新农民”“十佳新型职业农民”“最美人物”称号。2017 年，石家庄电视台、河北电视台、农民电视台、藁城电视台专题报道，CCTV-7 专题跟踪拍摄。2021 年“寿之本”牌藁城宫米获得河北省“十大优质品牌小米”荣誉称号。

公司紧紧围绕“寿之本”理念致力打造中国富硒农产品力量品牌。“寿之本”品牌已入驻河北、河南、山西、山东、北京、天津、江苏、湖北、重庆、西安等地多家大型超市、农贸市场、连锁店、礼品干果店等，在产品质量、品牌、市场开发等方面发挥着独特的优势，强化市场运作能力和服务模式，保证食品安全，为人类的健康、长寿做出贡献。

4. 河北东粮农业科技股份有限公司

河北东粮农业科技股份有限公司成立于 2009 年，位于邯郸市曲周县，注册资本 1 000 万元，拥有员工 136 人，是一家集农业种植、良种繁育、农产品加工销售、互联网服务、仓储物流、金融服务、教育、休闲农业旅游开发为一体的多元化、农业产业化龙头企业。2016 年 12 月 7 日在石交所挂牌上市（证券简称“东粮股份”，股票代码：660277）。公司自建东储粮油交易平台，1 000 亩良种试验示范基地。公司还是中国“3 · 15”诚信企业，质量、服务、诚信 AAA 企业，河北省农业产业化重点龙头企业，中国供应链金融产业生态联盟理事单位，河北省电子商务示范企业，河北省优品牌，河北省省级科技型中小企业，国家级科技型中小企业。公司目前拥有发明专利 2 件、实用新型 1 件，正在申请实用新型 8 件，软件著作权 8 个，商标 28 件。2020 年，中国绿色食品发展中心为其颁发了绿色食品证书。2021 年通过质量管理认证体系认证和贯标体系认证。2021 年“东储粮”牌曲周小米获得河北省“十大优质品牌小米”荣誉称号。

5. 石家庄龙兴食品有限公司

石家庄龙兴食品有限公司地处河北省行唐县东北部丘陵山区龙兴庄村，距县城 25 千米。注册资金 600 万元，现有职工成员 56 人，固定资产 2 200 万元，产值 2 200 万元。谷子种植面积最高年份达 12 000 余亩。现有人力精播设备 422 套、机械精播设备 41 台（套）、一体化地膜穴播机 2 台、谷物联合收获机 2 台、谷物烘干塔 1 台（套）、电动石碾 5 套、小米加工生产线 2 条、厂房 1 600 平方米。龙兴食品有限公司主要产品为“龙行庄”牌龙兴贡米。2021 年“龙行庄”牌龙兴贡米获得河北省“十大优质品牌小米”荣誉称号。2006 年注册了“龙行庄”牌龙兴贡米商标，在县农业农村局和县科协的大力支持下，建立了龙兴贡米种植示范基地，实行“公司+合作社+基地+农户”的产业发展模式，其主打产品龙兴贡米以其独有的高品位和高营养迅速走红市场，深受大众青睐。2006年9月获第十届中国（廊坊）农产品交易会名优农产品奖，2007年获河北·石家庄名优农产品展销评优会金奖，2008年获河北省第九届消费者信得过产品，2012年被市、县政府授予明星示范社，2013年被河北省科学技术协会授予河北省优秀农村科普示范基地。2007—2011年龙兴贡米种植基地被行唐县委县政府授予科普示范基地。2016年行唐县龙兴贡米专业合作社被授予国家级示范社。法人代表杨润月2006年被省委、省政府授予河北省文明生态村创建先进个人，2007年获评石家庄市优秀共产党员，2006年获评石家庄市农业劳动模范，2009年获评河北省农业劳动模范，2009年被省、市、县委授予省市县三级优秀农村党组织书记，2012年被石家庄市委、市政府授予市管拔尖人才。

公司依托当地适宜进行优质小米生产的自然条件和传统贡米产区的独特优势，开发优质小米产业。目前全村408户和公司签订了谷子种植收购合同，种植示范区面积达到3 600余亩，年销售收入660万元，占全村经济收入2/3。辐射龙兴庄村周围16个村，1 200余户签订谷子种植合同8 000余亩，种植区内农户的主要收入均来源于龙兴贡米产业的发展。目前，龙兴贡米除占领本地市场外，还畅销京、津、江、浙等省份及省内市场。

公司积极发展订单农业，照顾弱势群体。依托石家庄龙兴食品有限公司，实行“公司+合作社+基地+农户”的产业发展模式。公司与合作社签订产销协议书，合作社与农户签订种植收购合同，对种植户实行订单管理，在合同上明确规定了种植的时间、品种、面积、技术规范、质量要求及最低保护价格，明确双方的权利义务，公司联结农户的产业模式逐步形成；抓特色，在品牌品质、品种上下功夫。公司注册了“龙行庄”牌商标，在品牌上实现了突破。与河北省农林科学院谷子研究所合作，更新品种，引进了全国最优质的谷种，实现了品种上的更新换代，提高产量和品质，增加了农民的收入；实行标准化生产。在河北省农林科学院谷子研究所及县农技中心等部门的指导帮助下，建立龙兴贡米种植示范基地，实行标准化生产管理模式，推广地膜穴播一体化播种及富硒小米种植配套技术，组建技术服务队。一是为农户提供谷子产业技术培训，提供优质谷种（冀谷19、冀谷38、冀谷39、冀谷42、冀谷T7、小香米等）及种植收获设备；二是农户可以土地或已建立的基地入股加入公司，开展联合经营，由公司统一品种、统一管理模式，统一收获烘干，统一加工生产，统一品牌包装、销售。

6. 卢龙县中强孤竹小金米种植专业合作社

卢龙县中强孤竹小金米种植专业合作社成立于2010年8月，2020年合作社资产总额1 204万元，固定资产814万元，销售收入4 530万元，为社员盈余返还55.6万元。卢龙孤竹小金米2019年入选中国农产品区域公用品牌名录，合作社现有“孤竹”“首阳山”“付建中牌”等注册商标6个，孤竹小金米外观包装专利3项，合作社还与河北省农林科学院谷子研究所、河北科技师范学院合作进行科技创新。合作社现有有机产品基地1 000亩，连续8年获得有机认证，现被生态环境部有机产品发展中心评定为国家有机产品示范基地，还有绿色产品基地2 100亩，也获得了绿色认证，还有投资357万元的小米加工生产线，实现了产、加、销一条龙，获得了ISO 9001国际管理体系认证，并建立了农产品可追溯体系。2013年被评为国家级示范社，2018年入选全国农民专业合作社300强，获评河北省扶贫龙头企业、河北省科技型中小企业；孤竹小金米2017年在第十五届中国国际农产品交易会上获金奖，2018年获“河北省优质产品”称号，2021年获河北省“十大优质品牌小米”荣誉称号。

7. 丰宁满族自治县黄旗皇种植有限公司

丰宁满族自治县黄旗皇种植有限公司坐落于燕山山脉北麓北京水源涵养功能区的核心区，潮河发源于此地，是北京的重要水源地，属于久负盛名的贡米之乡丰宁满族自治县黄旗镇管辖。公司成立于2012年，注册资金1 200万元，采取“公司+合作社+农户+基地”的生产模式，集谷子品种开发、种植、加工和市场营销为一体农业产业化龙头企业，实现了生态有机种植，科学规范管理，精挑细选加工和质量可追溯的管理体系。

2013公司生产的“黄旗皇”小米在全国第十届优质食用粟评选中被评为“一级优质米”；2016年8月公司被批准成为市级重点龙头企业，同年获得“河北省优质产品”；2017年获得第十五届中国国际农产品交易会金奖；2018年获得河北省名牌产品，被评为省级扶贫龙头企业；黄旗小米成为国家地理标志保护产品，获得中国地理标志证明商标，同时获得了有机产品认证，成为全国有机农业（小米）示范基地，黄旗皇小米是一款真正的高品质有机产品。2021年“黄旗皇”牌黄旗小米获得河北省“十大优质品牌小米”荣誉称号。公司从2008年起，经过多年的努力，从当地老品种中选育出了两个谷子品种：黄旗皇1号、黄旗皇2号，并摸索出了一套适合这两个品种的种植技术和管理模式。公司实行“六个统一”管理模式，即统一流转土地、统一种子、统一种植、统一回收、统一加工、统一销售，带动贫困户种植谷子增收脱贫，助推了全县脱贫攻坚工作。

多年来，所有种植基地无论种植谷子还是轮作倒茬作物全部施用腐熟农家肥，精耕细作，人工除草，生物防控，原始耕种方法与现代农业新技术相结合，公司加大了科技成果的应用和转化，河北省农林科学院谷子研究所是企业的依托单位，企业被评为河北省科技型中小企业，成为省级星创天地。实现了生态有机种植和质量可追溯体系，公司生产的“黄旗皇”小米有着“月子米”和“代参汤”的称号，通过互联网平台卖到了全国各地，京津冀地区实体店也均有销售，品牌的影响力越来越大，年产值3 000万元。黄旗皇种植有限公司成为黄旗有机小米产业的领头雁，引领黄旗现代产业园区的发展。

8. 武安市德远商贸有限公司

武安市德远商贸有限公司成立于2014年12月23日，法定代表人李领昌，公司占地118亩，现有员工256人，注册资本500万元，是一家集粮油生产、加工、销售和服务为一体的民营企业。注册地址位于武安市规划新东环路西侧，紧邻G309，交通十分便利。公司主要产品有“磁山粟”“龙仓绿粟园”“晶秋”牌系列小米、小杂粮、大宗粮食等。“磁山粟”武安小米也通过了有机产品认证和绿色食品认证，并且公司是被国家市场监督管理局核准使用武安小米国家地理标志专用标志的企业。

在发展过程中始终坚持“厚德载物，止于至善”的企业发展理念，面向“三农”，服务“三农”，以质量铸品牌，以服务赢信誉，走出了一条科学化管理、规模化生产、集约化经营、市场化运作的农业产业化之路；公司不断延长产业链条，增加科技含量，经过多年的持续建设，实现了由小变大、由弱变强、由粗加工向精深加工的不断转变。建成一条年产 2 万吨的小米加工生产线。

9. 益海嘉里（张家口）食品工业有限公司

益海嘉里（张家口）食品工业有限公司成立于 2018 年，是益海嘉里金龙鱼粮油食品股份有限公司在蔚县投资的一家主要生产加工当地特色谷物“蔚州贡米”及当地优质杂粮产品的企业。与上下游合作伙伴一起探索建立了一个以“订单种植、全链整合、品牌赋能、盈利反哺”为特色的小米产业精准脱贫模式。公司为集团于 2018 年在张家口蔚县（国家级贫困县）投资兴建的产业扶贫项目，截至目前总投资近 5 000 万元，以生产加工小米为主。拥有小米、杂粮两条生产加工产线。公司主要生产加工当地特色谷物“蔚州贡米”；设计产能年加工万吨谷子、2 000 吨杂粮。产品销售主要依托集团销售网络，目前生产销售的品牌产品有：金龙鱼爱心桃花小米、金龙鱼蔚州贡米、香满园蔚贡小米和元宝蔚贡小米及当地杂粮产品等十几个规格品类，产品销售至全国各地。公司把上游谷子订单户和集团电商、经销商及京东、华联、沃尔玛等分销渠道串联起来，整合全产业链资源共同参与。以“金龙鱼”“海皇”“香满园”等著名品牌为蔚州贡米赋能，精心打造金龙鱼爱心桃花小米产品，优质小米插上名牌翅膀，让蔚县小米实现溢价增值。

2019 年 4 月，公司牵头成立蔚州贡米协会和贡米产业联合体，推动蔚州贡米品牌影响力。益海嘉里的蔚县小米产业精准扶贫项目荣获国家“企业扶贫优秀案例”奖，并被收录在由中国社会科学院调研编写的《企业扶贫蓝皮书（2018）》中。2019 年，河北蔚县的爱心小米产业精准脱贫实践入选了国家扶贫工作领导部门评选出的“中国企业精准扶贫专项案例 50 佳（2019）”。2020 年益海嘉里张家口公司荣获全国“万企帮万村”精准扶贫行动先进民营企业称号。公司获得 ISO 9001 质量管理体系认证、FSSC 22000 食品安全体系认证、获得全国小米企标领跑者证书、完成地标国家备案。益海嘉里（张家口）食品工业有限公司的“金龙鱼”牌爱心桃花小米，获得第十六届中国国际粮油产品及设备技术展示交易会金奖，获得中国小米产业发展大会颁发的 2019 年度小米产业突出贡献奖、中国粮食行业协会“第二届全国小米品鉴大会好小米、功能营养小米”的称号。

10. 河北华瑞农源小米加工有限公司

河北华瑞农源小米加工有限公司（简称华瑞农源），地处河北省武安市新华大街北端西湖村北，公司法人代表宋利强，注册资金 500 万元，经营范围：谷物加工及其销售。于 2009 年 11 月开始建设，2010 年 12 月投产，总投资 1 500 万元。公司占地面积 15 318 平方米，其中，加工车间 1 000 平方米，库房 900 平方米，品种实验区 300 平方米，办公区 500 平方米，拥有职工 20 余人。公司引进国内最先进的 NZJ30B 成套小米加工设备，可年产优质武安小米 6 000 吨。2013 年以来，公司与武安市徘徊镇苑水村、西河下村、北安乐乡迂城村、午汲镇玉泉岭村、石洞乡赵庄村等建制村签订谷子种植收购协议，统一发放谷种、统一播种、统一田间管理、统一收购，以此来保证公司产品原料的稳定性和可靠性。公司 2011 年 10 月荣获武安市重点龙头企业称号；2011 年 12 月参加中国绿色食品2011广州博展会，荣获畅销产品奖；2012年1月获“邯郸市重点龙头企业”称号；2012年2月获“全市先进生产单位”称号；2012年9月获第十届中国国际农产品交易会金奖，2013年12月被评为河北省著名商标。2016年“洺水源”商标被评为邯郸市知名商标；入选2017年度全国名特优新农产品目录。

华瑞农源从谋划、筹建到竣工投产，得到各级领导鼎力相助、各界朋友的深切关注。华瑞农源正以“敢为人先、创新发展”的精神和不屈的坚韧性格，坚持产融结合、科学发展的战略目标，全面推进节能减排循环发展、绿色环保，坚持成果惠及客户、发展效益奉献社会、提高人民生活质量。目前，企业已走上科学发展、高效发展、创新发展、绿色发展和可持续发展道路。

11. 衡水润达农业科技有限公司

衡水润达农业科技有限公司位于景县后留名府乡朴庄村，品牌注册商标“润达缘”，公司为市级“重点龙头企业”，曾获评河北省科技厅星创天地、河北省科学技术协会“科技专家企业工作站”称号。公司实行全产业链服务、全部订单生产，产品全部由公司回收加工，服务于民、取信于民，打造“润达缘”优质小米品牌。公司谷子生产基地采用冀谷42及其配套栽培技术，旱作雨养，全部按照绿色生产技术规程操作，实行有机肥部分替代化肥；目前公司已成功申报绿色基地及产品认证。

12. 邢台市自然农庄农产品有限公司

邢台市自然农庄农产品有限公司位于邢台市南和县城，是市级龙头企业。2014年建立了全国优质谷子试验示范基地，以南和金米为主要产品。南和金米品质好、亩产高，经千亩地块种植，平均亩产350千克。2013年12月30日，“南和金米”获得农业部农产品地理标志证书（证书编号：AGI01250）。公司主要是线下销售模式，南和信天超市、邢台家乐园超市、石家庄北国超市等都有零售，网上商城有南和金米天猫店。2013年，在全国第十届优质食用粟评选中被评为一级优质米。2018年注册了地理标志证明商标“南和金米”。2021年“汇华金米”获得河北省“十大优质品牌小米”荣誉称号。

13. 河北泥河湾农业发展股份有限公司

河北泥河湾农业发展股份有限公司作为粮食加工企业来说，为产品找到好的销路才是关键，因此开通了京东、天猫、阿里巴巴、1688批发网等电商平台，2019年在北京市朝阳区建立了阳原县—北京朝阳区消费扶贫体验店，为阳原县的特色杂粮产品打开了北京的市场，2020年还入驻了扶贫832平台，取得了很好的销售业绩，将阳原县的产品销售到全国各地。公司还开通了阿里巴巴国际站，已从事出口业务多年，至目前，各类杂粮国内销售额累计达9亿元，出口创汇4 000多万美元。随着杂粮产业的发展，涌现出了鹦哥绿豆等一系列特色优势产品，2017年入选全国名特优新农产品目录，2018年获得农业农村部颁发的农产品地理标志登记证书。2019年阳原县被河北省农业农村厅认定为阳原鹦哥绿豆特色农产品优势区。近几年还成功地组织了各类特色扶贫产品对接会，取得了很好的成效。

14. 张家口巡天食品有限公司

张家口巡天食品有限公司成立于2016年5月，为将谷子进行深加工，河北巡天农业科技有限公司董事长温君再次担任巡天食品负责人。公司注册资本100万元。公司在宣化区洋河南镇建立了小米加工厂，建有小米精加工生产线一条，拥有色选、清选、碾米、去石、抛光等多台先进设备。并拥有自己的种植基地，为优质粮食提供了保障，公司选用张杂谷13号优质谷子加工的小米，色泽光亮、颗粒饱满。拥有500吨的仓储能力及公路运输汽车2辆。

15. 优特互联张家口农业科技有限公司

优特互联张家口农业科技有限公司成立于2016年，位于河北省张家口市宣化区双印子村，拥有得天独厚的地理位置，是一家集农产品种植、采收、加工、仓储、包装、销售为一体的科技企业。占地面积350亩的有机谷子种植基地，2018年被联合国粮农组织确立为“地方谷子品种多样化种植基地”。现种植种类有大白谷、桃花米、小红谷以及茉莉青谷等多种原始品种谷子。地方谷子品种遵循自然生长规律，生长期长、低产量，充分吸收土壤矿物质及微量元素，营养价值极其丰富。

16. 张家口萝川贡米有限公司

张家口萝川贡米有限公司是一家集农副特产品种植、加工、销售为一体的股份制民营企业，成立于2011年9月，注册资金800万元，现有员工68名。公司依托地域优势，发展现代科技，开发了以“绿蔚”“翠屏金谷”为品牌的贡米精深加工项目，建设办公、厂房、仓库3 000平方米，引进了先进的生产加工设备，运营初具规模。

公司产品通过了ISO 9001质量管理体系认证和ISO 22000食品安全管理体系认证，取得了国家注册商标、生产许可证、绿色食品证书、国家地理标志产品认证、有机种植加工认证。2016年公司“绿蔚”牌蔚州贡米获得河北省著名商标；2018年获评省级龙头企业。

在基地建设上，采取“公司+基地+农户”的运营模式，实行“六统一，两严禁”，即统一规划、统一供种、统一种植、统一技术方案、统一标准要求、统一收购仓储，严禁私自使用农药、化肥。在生产加工上，公司认真按照有机产品加工程序操作，培育精品，打造名牌，提升“绿蔚”牌蔚州贡米的品位，公司已经取得国家商标注册证、生产许可证及有机种植、加工认证证书等；在经营理念上，培育精品，打造名牌，不断提升蔚州贡米的品位和档次，以“绿蔚”“翠屏金谷”为品牌，以系列化包装为引力。公司与世界500强粮油企业（沃尔玛、益海嘉里）以及国内知名企业、连锁超市（中粮集团、京客隆、华联、物美、超市发）等建立了合作关系，产品销往全国各地，形成了线上、线下全覆盖的营销网络。

17. 河北榛好绿色农业科技有限公司

河北榛好绿色农业科技有限公司成立于2019年3月，注册资金1 000万元，经营小米、榛子、养殖产业示范基地，流转土地1 400亩，种植榛子树、谷物，养殖大鹅10万只。公司以河北省农林科学院谷子研究所培育的冀谷168谷子新品种为产品依托，打造“弯腰黄”牌小米。

18. 河北亚旭农业科技有限公司

河北亚旭农业科技有限公司是一家专业从事农作物种植、加工的生产企业，位于邢台市信都区太子井石坡头村。公司2018年10月注册成立，注册资金1 000万元，占地面积 2 500 余亩，建筑面积 9.9 万多平方米，现有员工 50 余人。公司主要从事农作物的种植、加工、开发，公司注册商标有“禾状元”“邢州福”品牌。现有标准化生产线 10 条，资产总额 1.48 亿元，其中，固定资产 7 800 余万元，年销售收入达到 5 000 余万元，为当地解决剩余劳动力 500 余人。

19. 涞水绿丰农业科技有限公司

涞水绿丰农业科技有限公司成立于 2019 年 3 月，位于河北省保定市涞水县王村镇东赵各庄村村西。主要经营范围：杂粮杂豆、蔬菜、中药材种植，农业技术推广服务，农产品初加工销售。公司以“涞州车亭贡米”为主要小米品牌，与河北省农林科学院谷子研究所建立合作关系，种植冀谷 168 谷子品种。涞水县谷子种植历史悠久，以车亭为中心的太行山沿线及拒马河沿岸村庄常年种植谷子，目前，公司与种植户签订 2 万多亩谷子种植订单。当地农民采用传统种植方式耕种，施用有机肥，不施化肥、农药，加之独特的气候和土质条件，所产车亭贡米颗粒均匀光洁，色泽金黄，米香浓郁，黏软爽口，煮成米粥黏而松散，做成稀饭稀而黏稠。车亭贡米含有多种营养物质，如蛋白质、脂肪、赖氨酸、碳水化合物、钙、磷、铁、锌、维生素等，熬粥食用味道鲜美，属纯天然、无污染绿色食品。

（三）谷子深加工企业

1. 河北纽康恩食品有限公司

河北纽康恩食品有限公司坐落于历史文化名城河北赵县工业园，占地 140 余亩，主体结构 2.1 万余平方米，包含现代化生产车间、冷库、研发办公大楼及附属设施。“纽康恩”取自“New Corn”的音译，寓意“联结健康，恩达社会”。纽康恩正致力打造集生产、加工、研发、销售于一体的全球大冷链主食生产企业。已被列入河北省省级重点工程项目，获评农业农村部全国主食加工示范企业、河北省农业产业化龙头企业、石家庄市农业产业化龙头企业。专注于生产高品质速冻主食。一流的规模、一流的工艺设备、一流的人才团队、一流的商业模式、全方位的原料安全保障，现年产包子、馒头、花卷等速冻主食 1 万余吨。采用全自动进口流水线，从和面到成品实现自动化、智能化。从整体布局到细微处，做到了环保、节能，同时生冷与熟食、人流与物流分开，并打造实现全程可追溯系统，充分保障食品安全。纽康恩定位于全程冷链中式主食工厂，为人民提供健康营养美味的食品。现已开发出 5 个大类、30 多个品种，2015 年，纽康恩包点已经成功进入加拿大市场。“纽康恩——中国高端面点专家”正迅速受到市场和消费者肯定和认可。近两年也逐渐扩展到谷子等杂粮食品，但是谷子等杂粮的消耗仍然较少。

2. 唐山广野食品集团有限公司

唐山广野食品集团有限公司位于遵化市工业园区。总资产 3.6 亿元，占地面积 336 亩，建筑面积 9.36 万平方米，进口和国产先进设备 3 000 多台（套），现有职工 460 名，大中专毕业生占 22%。集团公司拥有 1 个母公司、3 个中外合资合作公司（新进、冷藏与畿东食品）、3 个子公司、1 个科研中心、3 个果蔬专业合作社和 1 个出口园艺示范场。年加工果蔬食品能力 5.6 万吨，产品 70%出口日本、韩国、美国、加拿大及东南亚等。广野食品都是“三同产品”，就是与出口产品在同一生产线生产、执行同一个标准、与出口产品同一质量，被北京市超市供应企业协会评为理事单位。广野集团公司走出了一条“公司+合作社+农户”的农业产业化经营之路，探索出了“公司+基地+农户+市场”和“研发中心+培训中心”的“4+2”农业产业化科学发展模式。建基地 2.2 万亩，带动农户 2 万户。与农户实行“订单农业”，形成了“利益共沾、风险共担”的利益共同体。为农户提供产前、产中、产后的服务，以保底价确保社员和农户的农产品收购，让利于民，增加了农民收入。每年为农户增加收入 7 000 万元，累计为农民增收 7.5 亿元。近年来公司开发了杂粮馒头、黏豆包等谷子杂粮深加工产品。

3. 河北瑞禾庄园酒业有限公司

河北瑞禾庄园酒业有限公司位于邯郸市古石龙旅游区西侧，创始于 1997 年，占地 9 360 平方米，总投资 2 000 万元。建有专业发酵生产车间和万吨地下储酒库，拥有专业的技术人员 68 人，中层以上管理人员 29 人，其中，硕士 3 人，本科 19 人，大专 7 人。勤劳智慧的瑞禾人凭借太行山脉优质泉水和磁山谷粟得天独厚的资源优势，以生产中国清酒和古黄粱酒而闻名中外。瑞禾庄园酒业经天津轻工学院大力协助，对我国北方地区传统酿酒古方进行了大量的考究，终于成功地发掘出目前国内唯一的纯粟酿酒工艺，并获得了国家专利。

4. 中健北宗黄酒酿造张家口股份有限公司

中健北宗黄酒酿造张家口股份有限公司在 2010 年 9 月由河北省发改委立项筹建，是全国唯一一家小米（张杂谷）黄酒酿造企业。2011 年 12 月，公司一期工程建成投产，现有资产 3.5 亿元，拥有以黍米为原料的传统型生产线一条，以张杂谷生产的小米为原料的现代型生产线一条，以及糟烧固态发酵蒸馏生产线一条，具备生产黄酒能力 5 万吨。公司生产的黄酒有黍米酒、小米酒、莜麦酒、原生态水果酒（采用当地特产为原料，如石片黄杏、北辛堡桃、草庙苹果、南辛堡海棠、山楂、怀来葡萄等）及代替食用油的小米精髓液等。

公司秉承“生产绿色、营养、健康饮品造福人类”的企业宗旨，力求弘扬中华民族国酒，打造北宗黄酒品牌，实现“哪里有中华儿女，哪里就有北宗黄酒”的公司目标。北宗黄酒是张家口市重点农业产业化龙头企业、河北省工业旅游示范企业、四星级休闲农业旅游示范单位。建厂以来，企业成绩斐然，各种荣誉奖项共计 80 余项。公司不光在产品制造方面享有小米酿造黄酒专利，在包装方面也取得了龙腾盛世酒瓶设计专利。企业已取得 ISO9001 和 HACCP 质量体系认证，北宗黄酒被列入张家口市非物质文化遗产名录，公司董事长赵生满先生被授予“北宗黄酒传统酿造技艺传承人”称号。同时，北宗黄酒被定为海峡两岸中华儿女共祭三祖指定专用酒、2012 年全国两会用酒；2013 年荣获巴拿马国际食品博览会荣誉奖章，获得第八届“同福碗粥杯”中国药膳养生技术制作（烹饪）大赛暨中医药养生膳用药材食材展示与技术交流大会优秀膳用药材食材奖；被中国老龄产业协会授予全国老年用品销售推荐产品单位；2015 年，公司为了上市采取了股改和股东净化工作，11 月 18 日在石家庄股权交易所挂牌上市，12 月获评河北省著名商标企业；2016 年被长城学会授予“爱我中华修我长城功勋单位”称号。

公司的发展目标是：回归中华儿女主食，调整饮食结构，踏上均衡营养的健康生活之路。发展国家大农业，进行种植结构调整，回归中华民族主粮（谷子）营养成分，是公司进入盛世高科阶段全民族的责任。公司针对“张杂谷+北宗黄酒”进行了新产品研发，将低附加值的谷子开发新功能，如小米浸泡的米水发酵后用于生产体能饮料，谷糠用于提炼精油，糟和谷糠提取精油后的糟糠混合，加工制作粗纤维食品，黄酒代替食用油炒菜及做主食，黄酒制作成祭祀、饮用、药用及小米啤酒等一系列产品。

5. 河北巨桥仓食品股份有限公司

河北巨桥仓食品股份有限公司成立于2012年10月，公司位于曲周县现代新型产业园区北区现代大道以西银杏南路以北，注册资金3 000万元。占地面积70亩。经营范围：挂面（普通挂面）、其他粮食加工品（谷物加工品、谷物碾磨加工品）。公司前身为曲周县巨桥仓土特产销售部，以地方土特产食品销售为主，2012年10月成立河北巨桥仓食品有限公司，2014年8月改制后名称变更为河北巨桥仓食品股份有限公司。于2014年9月26日在天津股权交易所成功挂牌上市（公司股权名称“巨桥仓”，股权代码：213003）。经过多年的不懈努力，在社会各界和广大消费者的信赖与支持下，现已发展成为从事粮食精深加工和食品生产的大型农产品加工企业。

公司“巨桥仓”牌小米已通过了农产品原产地地理标志认证，是地理标志保护产品。公司依托中国农业大学食品科学和营养工程学院成功研制了“新型方便小米粥”生产技术。小米面条经传统工艺制成，小米含量70%，能做到不变形、不断裂，有色泽协调、营养丰富、清爽利口的特点。

6. 河北粟凝香食品有限公司

河北粟凝香食品有限公司办公室位于石家庄市藁城区丘头镇丽阳村村南，于2012年12月25日在循环化工园区工商行政管理局注册成立，注册资本300万元。公司始终为客户提供好的产品和技术支持、健全的售后服务，公司主要经营酿造食醋、配制食醋、酿造酱油、调味料生产、销售。利用谷子进行的小米酒和小米醋已销售到全国各地，年消耗谷子约30吨。

7. 武安市来兴香醋有限公司

武安市来兴香醋有限公司位于河北省武安市贺进镇千年古村——沙洺村，始建于1987年，2014年正式注册成立，注册资金1 000万元，注册商标来兴香醋。是当地一家集食醋传统古法手工酿造、生产、销售于一体的民营企业，年生产加工能力超过1 000吨。该公司生产的小米香醋主要以色泽金黄、入口绵甜糯香、营养丰富的武安黄金小米为原材料，经传统古法纯手工小缸固态发酵酿造而成。经常食用能够促进钙吸收、养颜美容，还能够平衡人体血液酸碱度、帮助消化、增强肾肝脏功能等，其保健效果极为理想。

来兴香醋目前已被列为武安市非物质文化遗产，公司被授予邯郸市非物质文化遗产生产性保护示范基地、河北省“3·15”重质量守信誉诚信示范单位、邯郸市农业产业化重点龙头企业。

8. 武安市马店头长寿香醋厂

武安市马店头长寿香醋厂位于河北省武安市活水乡马店头村。著名的东太行、七步沟旅游景区位于此地。该厂始建于1992年，厂房及生产车间占地面积1 000多平方米，年产销能力达500余吨，创建了“长寿香”品牌，是一家传统手工艺与现代技术创新相结合的食醋加工民营企业。

该厂生产的长寿香醋以天然山泉水为基础，以当地优质小米、玉米为原料，以自制的麦曲为发酵剂，利用祖传的液态酒精发酵与固态醋酸发酵相结合的传统工艺，经过精选、浸泡、蒸煮、入池、发酵、熏蒸、过滤、陈酿、灭菌、灌装等38道工序精酿而成。除了传承传统手工艺，技术创新也为醋厂产品带来了多元化发展。目前已拥有晒醋、陈醋、米醋、甜醋、蒜味醋、辣味醋、姜味醋、柿子醋等30多个品种，既丰富了百姓餐桌，又兼顾了百姓健康，为顾客提供了更多选择。长寿香醋以它的色泽深、体态浓、酸味醇厚、熏香浓郁等特点成为武安市特色产品。

武安市马店头长寿香醋厂在1999年被邯郸市旅游局授予“市级旅游商品定点生产企业”称号，2005年被武安市人民政府评为2004年度农业产业化龙头企业先进单位，2014年被评为2014届邯郸市最有影响力旅游商品入选品牌，2018年荣获“河北老字号”称号，2020年荣获“燕赵老字号”称号，是河北省调味品协会理事单位。

9. 河北明耀圣辉餐饮管理有限公司（冀谷煎饼）

冀谷煎饼是河北明耀圣辉餐饮管理有限公司旗下的品牌，公司成立于2020年6月1日，公司宗旨：品质赢得口碑，诚信铸就未来！做美食就像做人，必须真材实食料，还要去杂选优。冀谷煎饼以冀谷来命名，源于它的主要食材选用的是国家谷子改良中心培育的新品种——冀谷168、宫米1号富硒小米，一则表明了它对自身味道和食材的充分自信，再则对冀谷煎饼的未来发展充满了美好希冀。

煎饼虽小吃，冀谷大事业。冀谷煎饼依托专业化的产品研发管理模式和独具一格的膳食结构配比，倾心打造自身过硬品牌，采取“五统一分”经营模式，统一工艺、统一原材料、统一店面设计、统一品牌、统一服装，分户经营。目前，已在石家庄、承德发展50余家分店，年销售额超过2 000万元。

第三节　河北省谷子产业行业组织

谷子产业创新主体国家级行业组织有中国作物学会粟类作物专业委员会，省级行业组织有河北省谷子产业技术创新战略联盟。

一、中国作物学会粟类作物专业委员会

中国作物学会粟类作物专业委员会成立于1986年，是由我国粟类作物科技工作者和单位、企业自愿结成、依法成立的学术性、全国性、非营利性社会组织，学会以河北省农林科学院谷子研究所为依托单位，是中国作物学会的二级学会。

作为粟类作物学术交流和科普工作的主要社会力量，学会积极参加中国作物学会组织的各类科技活动，组建科技创新和技术服务平台，积极开展学术交流活动和群众性、基础性、社会性科普活动，科研创新能力、科普服务能力和水平不断增强。学会以谷子、糜子等粟类作物研究、学术交流、科普宣传、技术推广、生产指导、科技服务、技术咨询等业务为主。主要任务是通过产学研结合，针对产业难题创新新种质、培育新品

种，研发新技术、新产品，依托推广部门进行成果示范和推广，并以粟类作物专业委员会为平台开展相关技术服务，共同促进全国粟类作物产业发展。

二、河北省谷子产业技术创新战略联盟

2014 年，河北省农林科学院谷子研究所针对河北省谷子存在的问题及现状，根据《国家中长期科学和技术发展规划纲要（2006—2020 年）》和 2008 年科技部、财政部、教育部、国资委、中华全国总工会、国家开发银行六部门联合发布《关于推动产业技术创新战略联盟构建的指导意见》，联合 9 家谷子专门研究机构以及河北科技大学和 12 家谷子知名生产、加工企业组建河北省谷子产业技术创新战略联盟。联盟针对河北省及全国谷子产业发展存在的问题、技术需求，开展谷子全产业链技术创新，为河北省谷子产业发展提供技术支撑，促进谷子产业的健康发展，进而带动全国谷子产业水平的提升。

河北省谷子产业技术创新战略联盟第一届成员单位共汇聚了研究机构 9 个，高校 1 个，谷子知名生产、加工企业 12 个。自联盟成立以来，已经促成了 1 项成果转化，1 个成果正在洽谈中；联合申报课题 2 项，正在谋划的课题 2 项，合作育成品种 1 个。联盟产学研结合，合作研究，协力攻关的效果已经初步显现。河北省谷子产业技术创新联盟 QQ 群和微信群已经建立，目前正在着手建设创新联盟网站，目前已经吸引河北、山东、河南、内蒙古等地的谷子企业加入了联盟群，为谷子产业搭建了交流和合作的平台，有效促进了河北省谷子产业的发展。

第二章　河北省“十三五”谷子产业科技工作进展

河北省是谷子生产大省，谷子科研水平也居全国前列。河北省从事谷子相关科研单位有河北省农林科学院谷子研究所、河北省农林科学院旱作农业研究所、张家口市农业科学院、保定市农业科学院、沧州市农林科学院、承德市农林科学院、邯郸市农业科学院、河北科技师范学院等。

从国家级层面来看，河北省在国家谷子高粱产业技术体系建设中，与谷子研究相关的有 7 个岗位和 4 个综合试验站。7 个岗位是河北省农林科学院谷子研究所的夏谷育种岗位、虫害防控岗位、谷子产品加工岗位、产业经济岗位，河北省农业机械化研究所有限公司播种机械化岗位，张家口市农业科学院谷子杂种优势利用岗位，河北省农林科学院旱作农业研究所土壤和养分管理岗位；4 个综合试验站分别是沧州综合试验站、衡水综合试验站、保定综合试验站、承德综合试验站。河北省省级层面有河北省杂粮杂豆创新团队，其中涉及谷子的有夏谷育种、春谷育种、谷子配套农机筛选、加工、产业经济 5 个岗位。

在创新平台方面，河北省农林科学院谷子研究所是国家谷子改良中心依托单位，张家口市农业科学院是国家谷子改良中心张家口分中心依托单位，同时还有河北省杂粮研究实验室、河北省谷子产业技术创新战略联盟、河北省杂交谷子工程技术中心。河北省谷子科技创新一直在全国处于领先地位，特别是在抗除草剂、中矮秆种质创新与新品种选育、杂种优势利用研究方面，河北省在全国甚至世界上居于领先水平，在品种、成果、专利、论文等方面成就突出。

第一节　科技创新进展

一、资源创新与新品种选育

（一）资源创新与基础研究

资源创新方面，在国内外首次创制可延长小米加工食品货架期的高油酸新种质 3 份；创制出兼抗咪唑乙烟酸和拿捕净除草剂材料 12 份，兼抗烟嘧磺隆和拿捕净材料 5 份；小米商品性显著提高的抗除草剂材料 9 份；抗除草剂早熟材料 7 份；鉴定出适合主食加工的高谷蛋白材料 1 份。开展了夏谷类型和抗除草剂优质不育系创制，筛选出一批骨干恢复系，在杂交种育种中应用；筛选鉴定出抗瘟新材料 1 份，小架寒谷新型抗锈材料1份，为高产、优质、抗病、功能型谷子品种培育奠定了基础。相关研究获国家发明专利3项，河北省自然科学基金项目资助1项，河北省农林科学院创新工程项目多项。

基础研究方面，克隆了谷子抗咪唑乙烟酸、抗烟嘧磺隆基因，开发了分子标记；同源克隆获得一个与高油酸合成相关的特异酰基载体蛋白去饱和酶基因（ACP），开发了实用SNP分子标记，为谷子高油酸快速育种奠定了基础；在谷子高谷蛋白研究方面，完成了350份谷子资源材料谷蛋白含量的测定，通过关联分析筛选到1个高谷蛋白合成相关基因，并开发了分子标记；在谷子穗形方面，将穗分支基因定位到第5染色体S20K、S38K之间，确定穗分枝控制基因为AP2类Bbm转录因子；通过F_2分离群体定位并克隆了鞘色控制基因，利用酵母双杂交、BIFC、烟草瞬时表达等手段开展了蛋白质互作和基因功能研究。此外，还启动了谷子基因编辑育种和倍性育种技术研究。上述工作的开展为谷子分子育种奠定了基础。此部分研究获国家重点研究专项子课题1项。

（二）新品种选育

谷子育种方面，以优质抗除草剂适合轻简化生产谷子品种选育为重点，登记谷子新品种15个，其中冀谷43为国内首个抗烟嘧磺隆品种；冀谷T6是首个高谷蛋白适合主食加工的品种；冀谷T7是首个高抗性淀粉适合糖尿病人保健品种；冀谷39、冀谷42在商品性、适口性、广适性取得重大突破，成为全国谷子产业化开发骨干品种。新品种区域适应性显著拓宽，三年累计在全国九省区域推广应用480万亩。冀谷168优质稳产、广适品种，2020年国家谷子高粱产业技术体系评价适宜在全国各大区域种植。宫米1号是首个应种业公司要求选育的优质高产谷子新品种。另外，通过专利和材料许可应用，合作育成抗除草剂品种15个，均已完成品种登记。期间获品种权3项，9个品种实现了经营权转让，获河北省山区创业二等奖1项。

二、栽培生理与技术

在栽培基础理论研究方面，开展了氮形态对谷子生长发育的调控研究，明确了硝态氮和铵态氮在谷子营养生长和生殖生长中发挥的作用，为合理施肥和化肥减施提供了参考。

在谷子高效生产技术研发方面，开展了适宜机械化收获、优质简化栽培品种筛选和配套高产栽培技术及播种、收获机械研发，集成了谷子集雨高效生产技术在全国大规模示范推广，有效提升了谷子生产机械化水平，促进了河北省谷子产业发展。该成果获得2017年河北省山区创业二等奖。在富硒谷子生产技术方面，筛选了富硒谷子品种，明确了谷子对硒的吸收和转运规律，开发了谷子专用生物富硒叶面肥，获得国家发明专利1项，集成谷子富硒轻简化生产技术。

针对黑龙港盐碱地区，开展了轻中度盐碱地谷子品种筛选与轻简化生产技术研究，编制了《轻中度盐碱地谷子轻简化生产技术规程》，建立了谷子耐盐碱性评价指标体系，审定并发布了《谷子耐盐碱性评价技术规程》；针对化肥减施和地下水压采，开展了谷子化肥减施稳产技术和谷子—二月兰复种生产技术研发与示范，完成了《谷子—冬绿肥种植技术规程》和《夏播谷子化肥减施稳产技术规程》；在饲用谷子选育与栽培方面，开展了饲草专用谷子、抗拿捕净饲用谷子杂交种选育方法的研究，获得了2项国家发明专利。开展了基于 GI 和 RFV 方法的饲用谷子营养价值评价研究，制定了《饲用谷子种植技术规程》《油葵—饲用谷子复种栽培技术规程》在生产上应用，为拓宽谷子利用途径提供了技术支撑。

在示范推广方面，以邯郸武安市为核心基地，在石家庄行唐、邢台南和、保定曲阳、沧州黄骅、张家口蔚县、山东博山等地区开展谷子全程轻简化生产技术和有机谷子生产技术、富硒谷子生产技术示范推广，累计推广 400 多万亩，有效促进谷子产业的发展。获河北省农业技术推广三等奖 1 项。

三、谷子植物保护研究

谷子病虫防治方面，建立完善了谷子抗主要病虫害鉴定技术，发布谷子抗锈病、谷瘟病、白发病、黑穗病、线虫病、粟芒蝇 6 个技术规程。鉴定筛选抗源材料和新品种（系）106 份，利用 3 份新型抗病资源，创新出 3 个抗病、丰产新品系，弥补了目前夏谷品种抗源贫乏和单一的问题，供育种和生产应用。澄清了水浇地夏谷、水浇地春谷、丘陵旱薄地谷子和抗除草剂谷子等不同条件下谷子病虫害发生特点，发布水浇地夏谷、水浇地春谷、丘陵旱薄地谷子、抗除草剂谷子 4 个技术规程并实施。以不同地区谷瘟病病原菌致病相关基因、无毒基因、交配型基因、分子标记等分子生物学技术研究明确谷子主产区病原菌群体多样性和遗传分化。利用 Real-time PCR 技术，系统检测了 70 个 *R2R3-MYB* 基因和 33 个 *SiNAC* 基因在谷子抗锈病过程中的表达谱，筛选到谷子抗锈相关 *SiMYB* 基因 12 个和 *SiNAC* 基因 17 个，为进一步功能验证奠定了基础。利用 Seq1. 10. 1，对不同处理的十里香和豫谷 1 号的转录组数据进行差异基因的筛选，找到抗病与感病反应各自相比对照的差异表达基因，共得到了 8 组差异基因数据，初步揭示了十里香抗锈机理。在谷瘟病研究方面，将多年多点鉴定出的高抗谷瘟病材料 TK1 的抗谷瘟病基因定位到第 6 染色体 1. 5Mb 区间内，筛选到 2 个抗病候选基因，并开展了精细定位研究。

四、谷子配套农机研发

“十三五”期间，谷子的耕种收综合机械化率增长了 16. 4 个百分点，由 2015 年的 42%增长到 2020 年的 58. 4%。与谷子简化栽培品种相结合筛选研发出精量播种机、中耕施肥机、联合收获机等系列生产机械，集成适合不同区域的谷子轻简高效生产技术模式，亩节约人工 4~6 个，亩节本增效 500 元以上，促进谷子高粱由传统种植方式向现代生产方式的转变，变革了谷子高粱生产方式。

五、产后加工

食品加工专用品种筛选方面，通过对大批量谷子样本的成分分析和比较，筛选了高抗性淀粉、高 γ-氨基丁酸、高谷蛋白、高胡萝卜素、植酸、类黄酮和没食子酸谷子品种 7 个；通过对大量食品原料的葡萄糖量分析，筛选了具有低葡萄糖生成指数的杂粮原料。以上研究均为功能型谷子加工产品研发提供技术依据。

加工产品营养功能强化和品质分析方面，优化了游离氨基酸、赖氨酸和 γ-氨基丁酸富集技术，明确了萌发谷子对高脂模型小鼠血脂调节和抗氧化作用，为功能型谷子加工产品开发提供技术依据；建立了从理化分析、体外评价到分子层次全方位阐述谷子蛋白质营养价值评价体系；明确了谷子加工产品的气味成分和气味特征，并从分子层面揭示谷子及其加工产品的脂质组分和品质特性，为产品的质量控制和品质优化提供技术依据。

产品加工方面，与唐山广野集团合作，建立了以力学、形态学和色彩学为指标的小米馒头评价体系。开展小米馒头多元化产品开发，满足市场多元化需求；与金绿谷加步农业科技有限公司合作，开发了小米胚芽油软胶囊。与河北粟凝香食品有限公司合作开发了新型的高粱醋、黍米醋、粟米醋和杂粮醋等保健型晒醋，明确了产品的营养功能成分和典型风味物质组成；与珠海格力集团电器有限公司合作，实现小米粥的微沸蒸煮，解决智能化加热爆锅问题；通过间歇加热结合高压技术，实现了在保证杂粮外观完整性的前提下的快速熟化，为杂粮粥便捷食品的开发提供了依据；与河北同福康食品有限公司合作，开发了具有高 γ-氨基丁酸含量的发芽粟米杂粮粥系列产品；与石家庄君乐宝乳业有限公司合作，开展了小米淀粉糖浆制备技术研究，为小米淀粉糖浆在低敏型婴幼儿配方粉产品中的应用奠定了基础。开发了粟米精油护肤系列产品，为小米胚芽油向精细化工领域拓展提供技术储备。这些产品的研发为延长谷子产业链、拉动谷子市场需求提供了技术支撑。

六、产业经济

聚焦谷子等杂粮产业发展，构建了国家谷子糜子高粱产业信息平台，跟踪国内外杂粮产业发展市场动态，完成了 2016—2020 年期间年度市场价格变化分析报告、生产要素变化分析报告和产业发展趋势与政策建议报告等，发布产业动态简报 50 期以上，各类产业动态信息 400 余条，为河北省科学技术厅、河北省农业农村厅等单位提供产业咨询 6 次，服务了产业发展，出版《河北省谷子产业发展研究》专著 1 部和科普图书《粟说：一粒小米的故事》《谷子轻简高效生产技术与产业发展》2 部。

对谷子重大育种研发成果进行跟踪与技术经济评价，明确了投入产出、农户种植意愿以及综合效益，为新型经营主体、当地政府产业发展提供了借鉴参考。从发扬粟文化，提升粟类作物研究文化内涵的思路出发，积极开展粟文化搜集整理工作，期间与河北工程大学开展开放课题研究，对粟文化的诗歌、典故等进行搜集整理汇编。拍摄完成了《粟说：一粒小米的故事》专题片，在 CCTV-7 农广天地栏目播出，栏目直接受众 3 000 万人次，促进了我国粟文化的传播。《粟说：一粒小米的故事》的中英文对照版也已发行。

第二节　科技创新成果

一、成果奖励

“十三五”期间，河北省谷子研究相关单位共获得 9 项省级成果奖励（表 2-1），其中河北省山区创业一等奖 1 项、二等奖 3 项、三等奖 1 项，河北省农业技术推广二等奖 1 项、合作奖 1 项，河北省社会科学优秀成果奖三等奖 1 项，河北省优秀科普微视频作品 1 项。

表 2-1 “十三五”期间获得的省级谷子科技成果奖

序号	项目名称	年度	获奖类型/等级	完成单位
1	河北省山区谷子产业发展模式研究	2016	河北省山区创业奖/二等奖	河北省农林科学院谷子研究所
2	节水抗旱“张杂谷”高产栽培技术推广应用	2016	河北省农业技术推广奖/合作奖	张家口市农业科学院
3	谷子集雨高效生产关键技术研究与应用	2017	河北省山区创业奖/二等奖	河北省农林科学院谷子研究所
4	抗旱、高赖氨酸夏谷品种“衡谷 11 号”选育及应用	2017	河北省山区创业奖/三等奖	河北省农林科学院旱作农业研究所
5	优质杂交谷子系列新品种选育及应用	2018	河北省山区创业奖/一等奖	张家口市农业科学院
6	优质、抗旱、双抗除草剂谷子新品种冀谷 34 选育与产业化开发	2018	河北省山区创业奖/二等奖	河北省农林科学院谷子研究所
7	“张杂谷 9 号”的应用与推广	2018	河北省农业技术推广奖/二等奖	张家口市农业科学院
8	粟说：一粒小米的故事（粟源）	2019	河北省优秀科普微视频作品	河北省农林科学院、河北正奇文化传播有限公司
9	河北省谷子产业发展研究	2020	河北省社会科学优秀成果奖/三等奖	河北省农林科学院谷子研究所

（一）“河北省山区谷子产业发展模式研究”（2016 年河北省山区创业奖二等奖，图 2-1）

针对河北省山区谷子产业规模小、组织化水平低、产区优势不能有效转化为产业优势等问题，通过实证与规范、定性与定量分析相结合等经济学分析方法，研究河北省山区谷子产业发展模式、存在问题，通过案例、对比借鉴和影响因素分析，提出河北省山区谷子产业发展模式的路径选择及对策建议。

（1）分析了河北省山区谷子生产、企业和“三品一标”现状；将现有发展模式归纳为企业带动、政府推动、合作社主导、能人领办、经纪人参与、科研单位引领、自然资源开发、历史文化融入 8 种产业发展模式，并分析了现有发展模式存在的问题。

（2）以武安政府推动型、山西沁州黄企业带动型、蔚县谷子产业发展模式为典型案例分析，借鉴山东寿光蔬菜产业发展模式的经验，总结提炼谷子发展模式经验与启示。

（3）运用 Logistic 回归模型分析了山区谷子产业发展模式影响因素，山区农户种植谷子的影响因素有谷子产量、口感、是否有补贴、农民受教育程度、谷子面积种植比例等影响因素达到0.05%显著性水平；居民年龄、对小米历史文化和营养价值的认知水平等显著影响城镇居民的消费意愿；分析了不同参与主体选择产业发展模式的倾向，为发展模式选择路径提供理论依据。

（4）总结提炼出适合河北省山区的政府推动型、企业带动型和政企联动型三类谷子产业发展模式。提出了加强政策支持力度；健全利益联结机制；成立产业技术创新战略联盟；大力弘扬粟文化；强化优势区域布局，开发多元化产品；打造生态、文化、休闲产业发展样板，促进一二三产融合发展；大力支持电子商务等对策建议。

该研究成果专家鉴定为国内领先水平。主要观点发表文章12篇，完成谷子产业发展报告2个，并被当地政府采用。研究数据和建议被国家谷子糜子体系和农业农村部组织的谷子产业年度专家解读报告采用，多个产业主管部门、生产大县、企业采纳应用，推动成立了河北省谷子产业技术创新战略联盟，提出的《弘扬粟文化，振兴谷子产业建议》获河北省领导批示，取得显著的社会效益，对山区谷子产业发展起到重要推动作用。

图2-1　河北省山区创业奖二等奖证书

（二）“节水抗旱‘张杂谷’高产栽培技术推广应用”（2016年河北省农业技术推广奖合作奖，图2-2）

“张杂谷”系列杂交谷子品种由张家口市农业科学院选育，授权河北巡天农业科技有限公司独家生产经营。2013年，张家口市农业科学院、河北巡天农业科技有限公司和宣化县农业技术推广站三方达成协议，发挥各自优势，对“张杂谷”系列品种及配套高产栽培技术进行研究和推广，取得了显著成效。

1.“张杂谷”特点与优势

目前已经成功选育“张杂谷”系列品种13个，初步形成了适应水旱地、春夏播、早中晚熟配套的品种格局。“张杂谷”的优势体现在：一是高产，2009年山西忻州创造了亩产843千克高产纪录；二是节水，一亩“张杂谷”平均用水比种植玉米节水200立方米；三是优质，各品种皆达到国家优质米标准；四是抗除草剂，可实现大规模、集约化种植；五是耐瘠薄，在没有浇灌条件的山坡旱地，“张杂谷”亩产达到650千克以上；六是适应性广，目前北到黑龙江、南到广西、东起山东、西至新疆的 15 个省、自治区、直辖市均可种植，推广前景广阔。

2. 组织保障措施

组建了项目领导小组，张家口市农业科学院总农艺师赵治海任首席专家，成员由各项目单位的负责人和技术骨干组成。项目实行任务分工负责制，张家口市农业科学院负责张杂谷品种选育及配套技术研究；河北巡天农业科技有限公司负责种子生产与加工、配套技术示范推广；宣化县农业技术推广站负责张杂谷高产栽培技术实施与推广，为各地大面积推广总结推广模式和生产技术。

3. 主要技术措施

（1）旱作稳产栽培技术　项目利用张杂谷的分蘖自调性，将传统的条播技术改为穴播技术，减少种子播量，降低人工成本。另外，在非常干旱的地区通过地膜覆盖蓄水保墒，提高地温、抑制杂草生长。该技术主要在河北北部和山西干旱地区，以及甘肃、新疆等西北地区旱地推广，3 年累计推广 200 万亩，节水 4 亿立方米，增粮 2 亿千克。

（2）灌区高产栽培技术　项目主要将覆膜、滴灌、水肥耦合等技术集成水肥一体化高效栽培技术，达到节水、节肥、高产、优质目的。此项技术可实现亩增产 200 千克以上，主要在有灌溉条件的优质田推广，应用现代科技手段，引导农民生态增产增收。

（3）艺机一体化技术　传统的谷子种植费工费力，本项目筛选和改造了一批农业机械，基本实现了谷子从播种到收获的全程机械化，结合张杂谷除草剂使用技术，建立张杂谷艺机一体化高效栽培技术。此项技术正在各地种植大户中广泛推广，3 年累计示范推广 5 万亩，每亩节省人工 4 ~ 5 个、节约开支 200 元左右，新增经济效益 1 000 万元。

（4）高效制种技术　通过大量研究试验，项目制定了地方标准《谷子杂交种制种技术规程》和《粮食作物种子　谷子杂交种》。对提高种子质量和产量，保护生产、经营、种植各方利益起到了积极作用。

4. 张杂谷推广取得巨大成效

（1）经济效益　2013—2015 年，3 年累计推广张杂谷 486. 3 万亩，每亩平均产粮 367 千克，平均产草 489 千克，按每千克粮食 4. 07 元、每千克秸秆 0. 6 元计，实现总效益约 87 亿元。平均亩增产 125 千克，增产粮食 6 亿千克，增产秸秆 8 亿千克，累计新增纯收益约 29 亿元。

（2）社会效益　通过张杂谷产业发展，合理调整了种植结构，实现了农业增产，农民增收，起到了很好的社会效益。

（3）生态效益　张杂谷抗旱耐瘠，较少施用农药，属环境友好型作物，缓解我国水资源紧缺的状况。秸秆为优质饲草，减少秸秆焚烧带来的环境污染问题。

5. 政府支持和农民认可

项目实施 3 年来，国家发展改革委、科技、农业、农开等部门累计投入资金 5 000 多万元支持张杂谷发展。张杂谷推广被列入国家“十三五”发展规划。张杂谷受到各地种植户的广泛认可，已在北方地区大面积推广。

图 2-2　河北省农业技术推广奖合作奖证书

（三）“谷子集雨高效生产关键技术研究与应用”（2017 年河北省山区创业奖二等奖，图 2-3）

河北省太行山、燕山两山丘陵区近年来旱灾频发、雨量分布不均，谷子生产随降水量变化波动加剧，产量低而不稳，严重制约河北省山区谷子生产；化学间苗除草技术不适合有机谷子生产，山区精品高端小米产业发展迫切需求轻简化的有机栽培技术。因此，能够充分利用自然降雨的规模化有机栽培技术已成为河北省山区谷子产业的重大科技需求。针对上述问题，本项目将谷子品种、配套栽培技术、配套农机集成了谷子集雨高效生产技术，主要创新成果如下。

（1）筛选出适合微垄膜侧沟播品种 7 个，全膜穴播品种 8 个。

（2）研发了山区微垄膜侧沟播、全膜穴播种植模式配套栽培技术，明确了不同类型地膜对杂草的防治效果。

（3）明确了谷子微垄膜侧沟播、全膜穴播技术的增产机制。

（4）改进、研发了微垄膜侧沟播机、全膜精量穴播机、残膜回收机等系列农机装备，实现了农机农艺相配套。

（5）将品种、技术、农机集成为谷子集雨高效生产技术，3 年示范平均亩增产 64.63 千克，亩节本增效 389.74 元，膜侧沟播减施除草剂 50%，全膜穴播精量播种不间苗，少除草，适合规模化有机栽培；山区播种春播提前 30 天，夏播后延 15 天，播种时限延长 45 天。

（6）通过宣传培训、示范引领，采用“科研+基地+企业+农户+推广部门”的模式，在太行山、燕山两山地区进行了大面积推广。审定技术规程 1 项；授权实用新型专利 4 项，受理 1 项；发表论文 8 篇；专家评价国内领先水平。

2014—2016 年累计推广 215.8 万亩，新增粮食约 14.7 万吨，节支增收 9.37 亿元；研发的手扶式膜侧沟播机以 10 万元转让企业，合作研发农机累计销售 1 863 台，新增销售额 2 359.95 万元，新增利润 416.7 万元；应用全膜穴播技术生产绿色、有机小米，企业新增销售额 4 764.7 万元，新增利润 1 906.5 万元。谷子集雨高效生产技术集雨、保墒，适合有机谷子规模化生产，促进了河北省山区谷子生产和产业提档升级，经济、社会和生态效益显著。

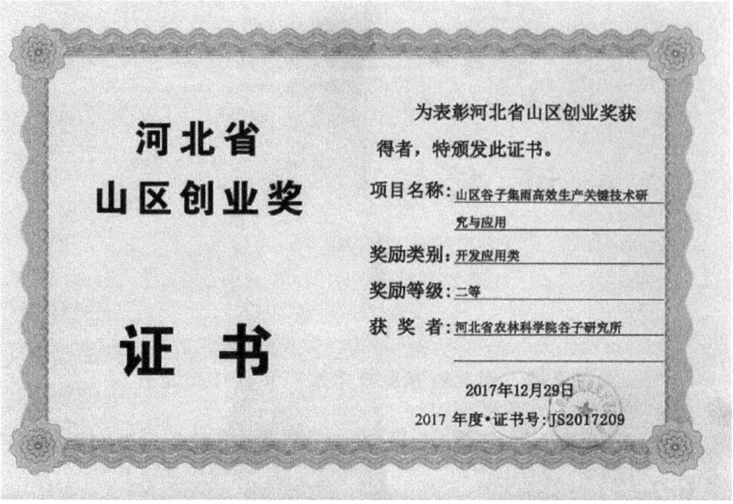

图 2-3　河北省山区创业奖二等奖证书

（四）“抗旱、高赖氨酸夏谷品种‘衡谷 11 号’选育及应用”（2017 年河北省山区创业奖三等奖，图 2-4）

针对山区干旱严重的现状和产业发展的需求，确定谷子育种目标为抗旱、高赖氨酸且综合性状较好。利用具有目标性状的双亲，采用有性杂交方法，水旱平行与系谱法相结合连续定向选择，并对重点材料进行品质跟踪检测，筛选符合育种目标的品系，同时在不同环境条件下进行大群体的鉴定筛选，最终确定表现优良的品系“200475”，2013 年通过国家鉴定，定名为“衡谷 11 号”（国品鉴谷 2013005）。

技术经济指标：（1）全生育期抗旱性“1 级”（极强），适合山区种植需要。实现干旱条件下稳产，足水条件下高产，符合生产实际。（2）赖氨酸含量高达 0.307%，属夏谷区高赖氨酸品种。（3）抗病、优质高产，综合性状好。对谷瘟病、谷锈病均达中抗以上水平；全国第九届优质食用粟评选中获评二级优质米；产量居 2011—2012 年国家区试第 2 位，较对照冀谷 19 增产 6.33%，在山区干旱条件下多点试验平均较对照冀谷 19 增产 16.4%。（4）探索出了水旱并行选择干旱稳产、足水高产的谷子育种新模式。

推广应用情况：2014—2016 年在冀中南山区及河南、山东、山西等地山区 3 年共计推广 132.1 万亩。2016 年冀中南山区衡谷 11 号种植面积为 36.8 万亩，覆盖率 29.2%。

促进山区科技进步作用及效益情况：通过 3 年的推广应用，新增利润 1.31 亿元，推动了山区农业的发展。邯郸、衡水等多家企业累计销售衡谷 11 号优质小米 4.346 万吨，其中，河北金绿谷加步公司 2014 年被评为河北省著名商标企业。

其他情况：发表《优质高产夏谷新品种衡谷 11 号的选育》等论文，出版专著《谷子规模化高效栽培技术研究》和地方标准《油葵谷子一年两作栽培技术规程》（DB13/T 2231—2015）。

河北省
山区创业奖
证　书
为表彰河北省山区创业奖获得者，特颁发此证书。
项目名称：抗旱、高赖氨酸夏谷品种“衡谷11号”选育及应用
奖励类别：开发应用类
奖励等级：三等
获 奖 者：河北省农林科学院旱作农业研究所
2017年12月29日
2017 年度•证书号：JS2017315

图 2-4　河北省山区创业奖三等奖证书

（五）“优质杂交谷子系列新品种选育及应用”（2018 年河北省山区创业奖一等奖，图 2-5）

本项目主要是优质杂交谷子新品种选育及应用推广。通过优质谷子种质资源与高产性状互补相结合、小米外观与理化品质相结合、成分含量分析与结构解剖相结合，选育出了小米外观、加工、食味和营养品质等综合性状俱佳的张杂谷 12 号、张杂谷 13 号、张杂谷 16 号和张杂谷 18 号 4 个杂交谷子新品种。张杂谷 12 号参加 2015—2016 年国家谷子品种西北区早熟组区域试验，比对照大同 29 平均增产 7.84%。张杂谷 13 号参加 2013—2014 年河北巡天农业科技有限公司组织的多点区域试验，较对照张杂谷 3 号（产量性状最为突出的杂交品种）增产 1%。张杂谷 16 号参加 2012—2013 年国家谷子品种夏谷区杂交种组区域试验，较对照冀谷 25 平均增产 6.37%。张杂谷 18 号于 2010—2011 年进行优势观察试验，较对照种冀谷 25 平均增产 5.6%。其中，张杂谷 12 号和张杂谷 13 号参加了全国米质评比，被评定为一级优质米。另外，张杂谷 16 号和张杂谷 18 号较之前夏播区品种张杂谷 8 号米质有了显著的改善。本项目选育成功的 4 个优质杂交谷子新品种，采取科企结合方式，通过覆盖全国 14 个省区 200 多个县的杂交种销售与技术服务网络平台，带动在连片大面积平原和丘陵山区的示范推广，结合关键时期配套栽培技术的培训指导，2015—2017 年，优质杂交谷子新品种累计推广 100 万亩左右，相对常规品种农户年均增产粮食 1 亿千克，农户年均增收 4 亿元，农户年均节水 2 亿立方米。“张杂谷”系列杂交谷子已成为国内推广面积最大的谷子品种，为山区应对水资源危机、保障粮食安全发挥了积极作用。另外，张杂谷对于贫困山区的脱贫攻坚意义重大，2016 年，赵治海总农艺师被科技部列入 507 位全国科技扶贫先进典型人选，2017 年 2 月，由科技部推荐被中宣部列为全国 5 位科技扶贫先进典型重点宣传对象。

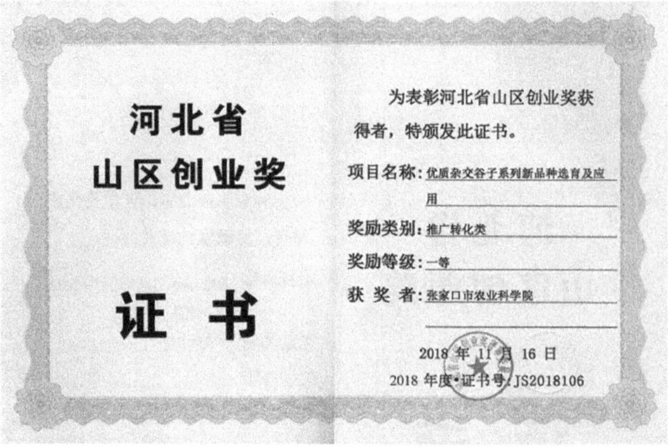

图 2-5　河北省山区创业奖一等奖证书

（六）“优质、抗旱、双抗除草剂谷子新品种冀谷 34 选育与产业化开发”（2018 年河北省山区创业奖二等奖，图 2-6）

本项目针对河北省山区少雨、无水浇条件，严重干旱情况下单一除草剂除草效果差，谷子产量低且不稳定，一般品种功能成分不突出、脂肪含量高、加工食品保质期短等产业难题，育成新品种冀谷 34，2013 年通过全国鉴定。具有如下特点。

（1）是全国首个兼抗阿特拉津与拿捕净谷子品种。

（2）一级抗旱，克隆了抗旱相关自噬基因 SiATG5，该基因参与调控冀谷 34 抗旱反应。

（3）脂肪含量较对照冀谷 19 低 34. 9%；3 个月高温高湿下专项检测不易变质，其脂肪酸值较对照冀谷 19 降低 37. 5%，企业用于食品加工保质期延长 1 个月。

（4）小米 B 族维生素总量较对照冀谷 19 高 16. 6%，其中维生素 B_3 较冀谷 19 高 46. 3%，品质较好，在全国第九届优质食用粟评选中被评为二级优质米。

图 2-6　河北省山区创业奖二等奖证书

2015—2017 年累计推广 136 万亩，是河北省近 3 年推广面积最大的谷子品种，在河北省夏谷区最高覆盖率 41.3%。品种经营权实现了转让，7 家企业开发了优质小米、小米馒头、小米烧饼等产品。3 年累计节支增收 3.36 亿元；发表论文 6 篇，获得软件著作权 1 项。通过本项目实施，实现了丘陵山区谷子规模化生产、产业化开发，提高了山区农民收入，显著促进了河北省山区经济发展。

（七）“‘张杂谷 9 号’的应用与推广”（2018 年河北省农业技术推广奖二等奖，图 2-7）

张杂谷 9 号是张家口市农业科学院利用谷子光（温）敏型雄性不育两系法选育出的高产优质、抗旱节水杂交谷子新品种，2008 年通过国家鉴定。一系两用，繁制种方便。利用杂交种抗拿捕净除草剂特性，通过拌种处理，使混合种变纯杂交种。出苗后喷洒拿捕净，解决了谷子苗期的苗荒草荒问题。

依托河北省新品种后补助计划张杂谷 9 号杂交谷子新品种，张家口市农业科学院负责品种选育及配套技术研究，巡天承担种子生产加工，推广示范。产研结合，充分发挥各自优势，取得了显著成效。

通过项目的实施，完善了张杂谷 9 号抗旱节水、机械配合化控集约等配套栽培技术；建立了张杂谷 9 号高效繁制种技术体系；制定地方标准 6 项，其中河北省地方标准 3 项；授权国家发明专利 3 项；2011—2013 年，累计建立示范基地 40 个，总面积 7 700 亩，辐射示范面积达到 18.1 万亩。2011—2016 年，举办不同层次、规模的现场观摩会和经验交流会 64 次，参会人员达 3 800 人次；开展种植技术培训 91 场，累计培训相关人员 1.9 万人次。2011—2016 年，张杂谷 9 号累计推广 408.5 万亩，2014—2016 年推广 263.4 万亩。按当时谷子市场价格、实现总效益约 62.9 亿元。通过张杂谷 9 号新品种推广种植，丰富了种植结构，实现了农业增产、农民增收，起到了很好的社会效益。张杂谷 9 号抗旱耐瘠，较少施用农药，属环境友好型作物，缓解我国水资源紧缺的状况。

图 2-7　河北省农业技术推广奖二等奖证书

（八）《粟说：一粒小米的故事（粟源）》（2019 年获得河北省优秀科普微视频作品，图 2-8）

谷子由青狗尾草演变进化而来，伴随粟作肇兴，华夏民族由原始狩猎游牧转向农耕文明定居，华夏文明由此诞生，进而催生了种子、农具、农作、农技、天文历法、宗教、文化、社会制度等萌芽与演进。

荣誉证书
HONORARY CREDENTIAL
河北省农林科学院、河北正奇文化传播有限公司：
你单位创作的作品《粟说：一粒小米的故事（粟源）》被评为 2018 年河北省优秀科普微视频作品。
特发此证，以资鼓励。
河北省科学技术厅
2019 年 3 月 19 日

图 2-8　河北省优秀科普微视频作品证书

（九）《河北省谷子产业发展研究》（2020 年河北省社会科学优秀成果奖三等奖）

《河北省谷子产业发展研究》在充分借鉴国内外相关理论与研究成果的基础上，对河北省谷子全产业链进行系统研究，主要观点如下：（1）河北省谷子种植面积近 10 年呈恢复性增长趋势；单产增速高于全国平均水平；逐步形成太行山、燕山、黑龙港优势谷子主产区。（2）轻简化技术、产量、口感、价格是影响农户种植谷子的主要因素。（3）谷子适度生产规模在 180～500 亩，且简化栽培谷子在平原区具有明显种植优势。（4）集散地、批发市场价格波动频繁，超市、电商平台米价平稳，品牌、优质小米市场需求旺盛且在高价位运行。（5）产后加工以初级加工为主，缺乏深加工龙头企业，是限制河北省谷子产业效益提升的关键问题，标准化生产、产业化经营、品牌化运作、文化与科技双轮驱动是产业发展方向。（6）小米消费主要受消费者年龄、文化水平、价值认知等方面影响。（7）谷子生态、营养、文化、历史属性决定了谷子产业将在健康中国战略、乡村振兴战略中发挥不可或缺的作用，基于河北省谷子产业资源、文化、科研、政策优势，规划“两山一低”谷子产业战略布局和 500 万亩发展目标，提出恢复黑龙港地区谷子种植、支持主产区保护性收购、强化全产业链科技支撑、开发多元化产品、打造三产融合样板、加快发展电商平台等对策建议。

创新点：（1）本书首次从产业经济学的视角，基于计量经济学方法、比较分析法、案例分析法等方法，从谷子全产业链系统审视、考察河北省谷子产业发展问题，丰富了产业链理论、产业组织理论及其应用实践。（2）完善了河北省谷子产业的数据体系，在谷子主产区和集散地通过设立固定观测点，建立信息平台搜集整理全产业链各环节基础数据，辅以实地问卷调研与面对面交谈等方式，填补了小宗农产品国家统计数据缺乏的空白，更为准确、真实地展现河北省谷子产业发展最新动态。

社会反响：由著作中相关成果支持完成的《关于“对接健康中国战略，振兴河北杂粮产业，助力乡村振兴”的报告》得到时任河北省副省长时清霜的批示。利用著作中相关成果完成的报告、建议等被时任邯郸市副市长杜树杰批示，报告建议被河北省农业推广总站、武安市农业农村局等多部门采用。著作相关内容被国家、省级等媒体报道 4 次，依据著作起草的相关文件 5 个，受到农业农村部有关司局领导表扬，相关内容在国内大会报告、培训 23 次。

二、品种

河北省从事谷子育种相关科研单位有河北省农林科学院谷子研究所、河北省农林科学院旱作农业研究所、张家口市农业科学院、保定市农业科学院、沧州市农业科学院、承德市农林科学院、邢台市农业科学院、邯郸市农业科学院。

河北省谷子品种育种经历了高产育种阶段、高产多抗兼顾阶段、优质高产并重阶段、抗除草剂阶段、优质抗除草剂阶段、优质专用抗除草剂阶段。其中在抗除草剂育种、杂交种选育方面一直引领全国谷子育种发展。“十一五”期间，河北省农林科学院谷子研究所育成的抗除草剂品种冀谷 25，实现了抗除草剂、优质、高产的统一，在 2008 年推广面积达 60 万亩，居全国谷子良种面积第二位；张家口市农业科学院育成的抗除草剂两系杂交种张杂谷 3 号实现了大面积应用，2008 年推广面积 28 万亩，居全国谷子良种面积第 6 位。“十二五”期间，河北省农林科学院谷子研究所育成的冀谷 31 通过鉴定，该品种实现了优质、抗除草剂、高抗倒伏、适合机械化生产等优良性状的聚合，年最大推广面积 106 万亩。该品种具有较好的配合力，全国先后以冀谷 31 及其衍生品种为亲本育成 20 多个抗除草剂新品种。“十三五”期间，河北省农林科学院谷子研究所育成的冀谷 39 是非转基因优质双抗除草剂谷子新品种，兼抗拿捕净和咪唑啉酮 2 种除草剂，中矮秆适合机械化生产。2018 年通过农业部非主要农作物品种登记。与以往的谷子品种相比，冀谷 39 具有 3 个方面的显著特点：一是双抗除草剂，喷施除草剂可以实现间苗和除草，而且在大豆、花生等使用咪唑啉酮类除草剂的后茬种植谷苗不会产生药害。二是品质突出。冀谷 39 籽粒浅黄色，米色金黄，克服了夏谷籽粒小、出米率低、米色浅等不足，千粒重 3.08 克，商品性、适口性均突出，2017 年在全国第十二届优质米评选中评为一级优质米。同时该品种具有低脂肪、高淀粉适合主食加工的特点。三是适应性广。冀谷 39 不仅在华北三省夏播联合鉴定试验平均亩产 387.1 千克，较对照冀谷 31 增产 9.37%，而且对光温反应不敏感，适应性广，不仅能在河北中南部、河南、山东及新疆南疆麦茬夏播或丘陵旱地晚春播，还可在辽宁中南部、吉林东南部、山西中部、陕西中部、内蒙古东部、新疆北疆春播等年无霜期 160 天、年有效积温 2 800℃以上地区春播种植。冀谷 39 年最大推广面积已达 100 万亩，连续 3 年被河北省农业厅确定为主推品种。河北省农林科学院谷子研究所育成优质、广适谷子新品种冀谷 168，五省区春夏播多点鉴定，两年 26 点次平均亩产 406.2 千克，较对照增产 9.61%，生产示范一般亩产 300~400 千克，最高亩产 620 千克。适宜黄淮海夏播和丘陵区春播，山西、陕西、辽宁、吉林、内蒙古、新疆有效积温 2 700℃以上地区春播，是目前我国适应性最广的品种。张家口市农业科学院选育的张杂谷 13 号集优质、高产、广适于一体，该品种的突出特点是米黄，糊锅快，国家一级优质米；高产抗逆，自调力强，适应种植区域广；可使用拿捕净除草剂，适合穴播，省工，有利于规模化高效种植。该品种 2013—2014 年参加河北巡天农业科技有限公司组织的多点区域试验，2013 年试验平均亩产 352.3 千克，比对照增产 0.8%。2008 年试验平均亩产 485.9 千克，比对照增产 1.3%。张杂谷 13 号年最大推广面积达到 130 万亩。

“十三五”期间，河北省登记、鉴定 76 个谷子品种（表 2-2），河北省农林科学院谷子研究所培育 29 个品种，保定市农业科学院培育 11 个品种，河北省农林科学院旱作农业研究所培育 10 个品种，河北巡天农业科技有限公司培育 9 个品种，张家口市农业科学院培育 8 个品种，河北东昌种业有限公司培育 4 个品种，沧州市农林科学院培育 3 个品种，承德市农林科学院培育 2 个品种。

表 2-2 “十三五”期间河北省审定（登记）谷子品种清单

序号	品种名称	第一完成单位	审定（登记）时间	品种类型
1	冀谷 19	河北省农林科学院谷子研究所	2017.7	常规种
2	冀谷 31	河北省农林科学院谷子研究所	2017.7	常规种
3	冀谷 37	河北省农林科学院谷子研究所	2017.12.20	常规种
4	东昌一号	河北东昌种业有限公司	2018.1.18	常规种
5	旱千谷	河北东昌种业有限公司	2018.1.18	常规种
6	东昌红谷	河北东昌种业有限公司	2018.1.18	常规种
7	东昌金谷	河北东昌种业有限公司	2018.1.18	常规种
8	汇华金米	河北省农林科学院谷子研究所	2018.5.20	常规种
9	冀谷 33	河北省农林科学院谷子研究所	2018.3.4	常规种
10	冀谷 34	河北省农林科学院谷子研究所	2018.3.4	常规种
11	冀谷 35	河北省农林科学院谷子研究所	2018.4.23	常规种
12	冀谷 36	河北省农林科学院谷子研究所	2018.2.6	常规种
13	冀谷 38	河北省农林科学院谷子研究所	2018.2.6	常规种
14	冀谷 39	河北省农林科学院谷子研究所	2018.2.6	常规种
15	冀谷 40	河北省农林科学院谷子研究所	2018.2.6	常规种
16	冀谷 41	河北省农林科学院谷子研究所	2018.3.4	常规种
17	冀谷 42	河北省农林科学院谷子研究所	2018.3.4	常规种
18	冀谷 43	河北省农林科学院谷子研究所	2018.8.30	常规种
19	冀谷 T6	河北省农林科学院谷子研究所	2018.4.23	常规种
20	冀谷 T7	河北省农林科学院谷子研究所	2018.3.4	常规种
21	冀创 1	河北省农林科学院谷子研究所	2018.3.4	常规种
22	冀杂谷 1 号	河北省农林科学院谷子研究所	2018.2.6	杂交种
23	冀杂谷 2 号	河北省农林科学院谷子研究所	2018.2.6	杂交种
24	冀杂谷 3 号	河北省农林科学院谷子研究所	2018.2.6	杂交种

（续表）

序号	品种名称	第一完成单位	审定（登记）时间	品种类型
25	张杂谷 3 号	河北巡天农业科技有限公司	2018. 4. 23	杂交种
26	张杂谷 5 号	河北巡天农业科技有限公司	2018. 4. 23	杂交种
27	张杂谷 6 号	张家口市农业科学院	2018. 4. 23	杂交种
28	张杂谷 9 号	河北巡天农业科技有限公司	2018. 4. 23	杂交种
29	张杂谷 10 号	河北巡天农业科技有限公司	2018. 4. 23	杂交种
30	张杂谷 11 号	河北巡天农业科技有限公司	2018. 9. 17	杂交种
31	张杂谷 12 号	张家口市农业科学院	2018. 4. 23	杂交种
32	张杂谷 13 号	张家口市农业科学院	2018. 4. 23	杂交种
33	张杂谷 16 号	河北巡天农业科技有限公司	2018. 9. 17	杂交种
34	张杂谷 18 号	河北巡天农业科技有限公司	2018. 9. 17	杂交种
35	张杂谷 19 号	张家口市农业科学院	2018. 4. 23	杂交种
36	张杂谷 20 号	张家口市农业科学院	2018. 9. 17	杂交种
37	张杂谷 21 号	张家口市农业科学院	2018. 5. 20	杂交种
38	张杂谷 22 号	张家口市农业科学院	2018. 9. 17	杂交种
39	张杂谷 24 号	张家口市农业科学院	2018. 9. 17	杂交种
40	张杂谷改良 8 号	河北巡天农业科技有限公司	2018. 9. 17	杂交种
41	张杂谷特早 1 号	河北巡天农业科技有限公司	2018. 9. 17	杂交种
42	保谷 18	保定市农业科学院	2019. 10. 31	常规种
43	保谷 19	保定市农业科学院	2019. 10. 31	常规种
44	保谷 20	保定市农业科学院	2019. 10. 31	常规种
45	保谷 21	保定市农业科学院	2018. 1. 18	常规种
46	保谷 22	保定市农业科学院	2018. 1. 18	常规种
47	保谷 23	保定市农业科学院	2018. 1. 18	常规种
48	保谷 25	保定市农业科学院	2019. 10. 31	常规种
49	保谷 26	保定市农业科学院	2019. 10. 31	常规种
50	保谷 008	保定市农业科学院	2019. 10. 31	常规种
51	保谷 928	保定市农业科学院	2019. 10. 31	常规种
52	保谷 935	保定市农业科学院	2019. 10. 31	常规种
53	衡谷 11	河北省农林科学院旱作农业研究所	2018. 7. 21	常规种
54	衡谷 12	河北省农林科学院旱作农业研究所	2018. 5. 20	常规种
55	衡谷 13	河北省农林科学院旱作农业研究所	2018. 7. 21	常规种
56	衡谷 16	河北省农林科学院旱作农业研究所	2018. 9. 17	常规种
57	衡谷 17	河北省农林科学院旱作农业研究所	2018. 7. 21	常规种
58	衡谷 18	河北省农林科学院旱作农业研究所	2018. 7. 21	常规种
59	衡谷 19	河北省农林科学院旱作农业研究所	2018. 7. 21	常规种
60	衡谷 26	河北省农林科学院旱作农业研究所	2019. 10. 31	常规种
61	衡谷 35	河北省农林科学院旱作农业研究所	2020. 1. 21	常规种

（续表）

序号	品种名称	第一完成单位	审定（登记）时间	品种类型
62	衡谷36	河北省农林科学院旱作农业研究所	2020. 1. 21	常规种
63	沧谷6号	沧州市农林科学院	2018. 9. 17	常规种
64	沧谷7号	沧州市农林科学院	2016. 5. 3	常规种
65	沧谷9号	沧州市农林科学院	2018. 9. 17	常规种
66	冀杂谷6号	河北省农林科学院谷子研究所	2019. 10. 31	杂交种
67	冀杂谷7号	河北省农林科学院谷子研究所	2019. 10. 31	杂交种
68	冀杂谷8号	河北省农林科学院谷子研究所	2019. 10. 31	杂交种
69	冀杂谷9号	河北省农林科学院谷子研究所	2019. 10. 31	杂交种
70	冀谷45	河北省农林科学院谷子研究所	2020. 7. 24	常规种
71	冀谷168	河北省农林科学院谷子研究所	2020. 7. 24	常规种
72	冀杂金苗1号	河北省农林科学院谷子研究所	2020. 7. 24	常规种
73	宫米1号	河北省农林科学院谷子研究所	2020. 7. 24	常规种
74	冀创谷2号	河北省农林科学院谷子研究所	2020. 7. 24	常规种
75	承谷14号	承德市农林科学院	2020. 1. 21	常规种
76	承谷15号	承德市农林科学院	2020. 1. 21	常规种

（一）河北省农林科学院谷子研究所

1. 冀谷35

冀谷35是河北省农林科学院谷子研究所（国家谷子改良中心）采用专利技术通过有性杂交方法育成的非转基因抗除草剂品种，也是国内外第一个抗拿捕净、咪唑啉酮兼抗烟嘧磺隆3种除草剂的谷子新品种，2015年1月通过全国谷子品种鉴定委员会鉴定（鉴定编号：国品鉴谷2015002）。2018年通过农业部非主要农作物品种登记，登记编号：GPD谷子（2018）130078。

冀谷35兼抗3种除草剂，不仅在烟嘧磺隆残留较重的玉米田、咪唑啉酮除草剂残留重的大豆田后茬改种本品种没有药害，而且可以采用毒性低、基本无残留的拿捕净、二甲氯氟吡氧乙酸异辛酯除草。

冀谷35参加2013—2014年国家谷子品种区域试验，在华北夏谷组两年平均亩产366. 8千克，较对照冀谷19增产7. 63%，国家谷子品种生产试验平均亩产401. 7千克，较对照增产8. 59%。

冀谷35冀鲁豫夏谷区适宜播期6月15日至7月5日，最晚7月10日播种仍能成熟；冀中南太行山区、冀东燕山地区、北京、豫西及山东丘陵山区、辽宁南部春谷区种植适宜播期5月10日至6月10日；在新疆昌吉州、辽宁西部春播适宜播期4月25日至5月10日。

每亩播种量0. 4~0. 5千克，适宜亩留苗3万~5万株。杂草2叶期每亩喷施5%咪唑乙烟酸100~150毫升加水30~40千克；或4%甲氧咪草烟水剂75~80毫升加水20~

40 千克；或 24%咪唑烟酸水剂 30~40 毫升加水 40~50 千克；也可在谷子 3~5 叶期，杂草 2~4 叶期，每亩使用谷阔清（二甲氯氟吡氧乙酸异辛酯）40~50 毫升加水 30 千克防治双子叶杂草，采用 12.5%烯禾啶（拿捕净）80~100 毫升，加水 30 千克防治单子叶杂草，若单双子叶杂草同时较多，可将两种除草剂混合喷施。

冀谷 35 适合河北中南部、河南、山东两作制地区夏播种植，也可在海拔 500 米以下的河北省太行山区以及北京、山东、河南丘陵区、辽宁南部、新疆昌吉州以南部分春谷区春播种植。

2. 冀谷 36

冀谷 36 是河北省农林科学院谷子研究所（国家谷子改良中心）采用专利技术通过有性杂交方法育成的非转基因抗拿捕净除草剂谷子新品种。2014 年 12 月通过辽宁省品种备案，2015 年 12 月通过全国谷子品种鉴定委员会鉴定（鉴定编号：国品鉴谷 2016003）。2018 年通过农业部非主要农作物品种登记，登记编号：GPD 谷子（2018）130023。该品种能采用除草剂间苗除草，栽培省时省工，又称“懒谷 5 号”。

冀谷 36 参加 2014—2015 年国家谷子品种区域试验，在华北夏谷组两年 28 点次平均亩产 398.9 千克，较对照冀谷 19 增产 13.91%，2015 年国家生产试验平均亩产 379.0 千克，较对照增产 11.41%。2014 年在辽宁省杂粮备案品种试验中平均亩产 306.4 千克，比对照朝谷 13 增产 12.68%。生产示范一般亩产 300~400 千克，最高亩产 628 千克。

冀谷 36 亩播种量 0.4~0.6 千克，在正确使用配套除草剂的情况下，不需要人工间苗。该品种有较强的自身调节能力，每亩留苗 4 万株左右。在谷子 3~5 叶期，杂草 2~4 叶期，每亩使用与谷种配套的谷阔清 40~50 毫升混配 12.5%烯禾啶 80~100 毫升加水 30~40 千克，杀灭双子叶及单子叶杂草。

冀谷 36 适宜河北中南部、河南、山东、新疆南疆夏谷区；北京、河北东部、河南山东丘陵区、陕西辽宁吉林部分地区以及新疆昌吉州以南部分春谷区种植。注意：春播需在海拔 300 米以下、年无霜期 160 天以上、年有效积温 3 000℃以上地区种植。

3. 冀谷 37

冀谷 37（图 2-9）是河北省农林科学院谷子研究所（国家谷子改良中心）采用专利技术通过有性杂交方法育成的非转基因优质抗拿捕净除草剂谷子新品种，米色鲜黄，适口性好，2015 年在全国第十一届优质食用粟评选中被评为一级优质米；能用配套除草剂间苗除草，栽培简单，适合机械化生产。2015 年 12 月通过全国谷子品种鉴定委员会鉴定。2017 年通过农业部非主要农作物品种登记，登记编号：GPD 谷子（2017）130034。

冀谷 37 参加 2014—2015 年国家谷子品种区域试验，在华北夏谷组两年 28 点次平均亩产 394.2 千克，较对照冀谷 19 增产 12.56%，2015 年国家生产试验平均亩产 389.2 千克，较对照增产 14.41%，生产示范一般亩产 300~400 千克，最高亩产 616 千克。

冀谷 37 冀鲁豫夏谷区适宜播期 6 月 15 日至 7 月 5 日，最晚 7 月 10 日播种仍能成熟；冀中南太行山区、冀东、北京、豫西及山东丘陵山区春播种植，适宜播种期 5 月 10 日至 6 月 10 日。每亩播种量 0.4~0.5 千克。适宜亩留苗 2.5 万~3.5 万株。在谷子

3~5 叶期，杂草 2~4 叶期，每亩使用与谷种配套的谷阔清（二甲氯氟吡氧乙酸异辛酯）40~50 毫升加水 30 千克防治双子叶杂草，采用 12.5%烯禾啶（拿捕净）80~100 毫升，加水 30~40 千克防治单子叶杂草，若单双子叶杂草同时较多，可将两种除草剂混合喷施。

冀谷 37 主要适合河北中南部及河南、山东夏播种植，也可在北京以南、海拔 500 米以下的河北省太行山区以及山东、河南丘陵区春播种植。

图 2-9　冀谷 37（参见彩图 2-9）

4. 冀谷 38

冀谷 38（图 2-10）是河北省农林科学院谷子研究所（国家谷子改良中心）采用专利技术通过有性杂交方法育成的非转基因优质抗拿捕净除草剂谷子新品种，具有褐色籽粒鸟害轻，能用配套除草剂间苗和除草，优质、抗倒伏等优点，2015 年在全国第十一届优质食用粟评选中被评为一级优质米；群体自我调节能力强，亩留苗 3 万~6 万株产量差异不显著，适合机械化生产。2015 年 12 月通过河北省鉴定。2018 年通过农业部非主要农作物品种登记，登记编号：GPD 谷子（2018）130024。

图 2-10　冀谷 38（参见彩图 2-10）

冀谷 38 幼苗叶鞘绿色，在华北两作制地区夏播生育期 92 天，株高 120 厘米左右，纺锤形穗，平均穗长 19.94 厘米，单穗重 16.4 克，单穗粒重 14.1 克，千粒重 2.85 克，籽粒褐红色，小米色鲜黄，煮粥省火、黏香，小米含粗蛋白 8.97%、粗脂肪 4.4%、赖氨酸 0.23%，一级优质米。抗倒伏，中抗谷锈病、纹枯病，中感白发病、谷瘟病、线虫病。

冀谷 38 在 2014—2015 年华北夏谷品种联合

鉴定试验中，平均亩产 381.24 千克，较对照冀谷 31 增产 7.73%，2015 年生产试验平均亩产 412.57 千克，较对照增产 8.36%。2014 年在山东临沂试点亩产达 506 千克，生产示范中一般亩产 350~450 千克，最高亩产 602 千克。

冀鲁豫夏谷区适宜播期 6 月 15 日至 7 月 5 日，最晚 7 月 10 日播种仍能成熟；冀中南太行山区、冀东、北京、豫西及山东丘陵山区春播种植，适宜播种期 5 月 10 日至 6 月 10 日。亩播种量 0.4~0.6 千克，该品种有较强的自身调节能力，亩留苗 3 万~6 万株，产量差异不显著。在谷子 3~5 叶期，杂草 2~4 叶期，每亩使用与谷种配套的谷阔清（二甲氯氟吡氧乙酸异辛酯）40~50 毫升加水 30 千克防治双子叶杂草，采用 12.5%烯禾啶（拿捕净）80~100 毫升，加水 30~40 千克防治单子叶杂草，若单双子叶杂草同时较多，可将两种除草剂混合喷施。

冀谷 38 主要适合河北中南部及河南、山东、新疆南疆两作制地区夏播种植，也可在海拔 500 米以下的河北省太行山区、北京、山东、河南丘陵区、辽宁南部春播种植。

5. 冀谷 39

冀谷 39（图 2-11）是河北省农林科学院谷子研究所（国家谷子改良中心）采用专利技术通过有性杂交方法育成的非转基因优质双抗除草剂谷子新品种，兼抗拿捕净和咪唑啉酮 2 种除草剂。冀谷 39 由长相完全一致的双抗除草剂、单抗除草剂的同型姊妹系组配而成，喷施除草剂可以实现间苗和除草，栽培省工省时，即使苗期遇到连阴雨导致杂草疯长，仍然可以实现较好的除草效果，在大豆、花生等使用咪唑啉酮类除草剂的后茬种植谷苗不会产生药害。冀谷 39 籽粒浅黄色，米色金黄，品质突出，克服了夏谷籽粒小、出米率低、米色浅的不足，千粒重 3.08 克，商品性适口性均突出。2017 年在全国第十二届优质米评选中评为一级优质米。2018 年通过农业部非主要农作物品种登记，登记编号：GPD 谷子（2018）130025。

图 2-11　冀谷 39（参见彩图 2-11）

冀谷 39 在华北三省夏播联合鉴定试验平均亩产 387.1 千克，较对照冀谷 31 增产 9.37%；在全国谷子品种区域适应性联合鉴定东北春谷组试验中，辽宁、吉林、黑龙江、内蒙古四省（区）平均亩产 360.1 千克，与不抗除草剂的对照九谷 11 产量持平。2018 年参加全国农业技术推广服务中心组织的登记品种展示，在石家庄藁城区试点亩产 397.3 千克，较对照冀谷 38 增产 10.27%；在山西晋中市试点亩产 328.5 千克，较对照晋谷 21 号增产 46.7%。2019 年登记品种展示在内蒙古敖汉旗试点亩产 327.8 千克，较对照赤谷 10 号增产 6.2%。在生产示范中最高亩产 600 千克。

冀谷 39 对光温反应不敏感，适应性广，不仅能在河北中南部、河南、山东及新疆南疆麦茬夏播或丘陵旱地晚春播，夏播生育期 93 天左右；还可在辽宁中南部、吉林东南部、山西中部、陕西中部、内蒙古东部、新疆北疆等年无霜期160天、年有效积温2 800℃以上地区春播种植，春播生育期122天左右。在北京、河北秦皇岛等传统一年一熟区，冀谷39与小麦、豌豆等接茬，7月初播种仍能成熟，实现了一年两熟。

冀鲁豫夏谷区适宜播期6月15日至7月5日，最晚7月10日；冀鲁豫春播适宜播期5月10日至6月10日；在辽宁西部和吉林春播适宜播期4月25日至5月10日。适宜亩留苗3万~5万株。夏播区在杂草3叶期之前，每亩喷施5%咪唑乙烟酸150毫升加水30~40千克，或4%甲氧咪草烟水剂100毫升加水20~40千克；春夏播均可在谷子3~5叶期，杂草2~4叶期，每亩使用12.5%烯禾啶（拿捕净）80~100毫升和绿氟吡氧乙酸异辛酯40~50毫升加水30千克。

6. 冀谷42

冀谷42（图2-12）是河北省农林科学院谷子研究所（国家谷子改良中心）采用专利技术通过有性杂交方法育成的非转基因优质、抗拿捕净除草剂谷子新品种，该品种克服了夏谷米色浅的不足，商品性适口性均突出，2017年在全国第十二届优质米评选中评为一级优质米。同时具有低脂肪、高油酸、适合食品加工的特点，其脂肪含量2.03%，亚油酸与油酸比值3.7，比一般品种降低32.7%；冀谷42小米不容易氧化变质，耐储藏，适合食品加工。2018年通过农业部非主要农作物品种登记，登记编号：GPD谷子（2018）130044。

图2-12　冀谷42
（参见彩图2-12）

冀谷42参加2017—2018年全国谷子新品种联合鉴定夏谷组试验，平均亩产376.65千克。2018年参加全国农业技术推广服务中心组织的登记品种展示，河北石家庄试点亩产395.9千克，山西晋中试点平均亩产446.8千克。

冀谷42在冀鲁豫夏谷区适宜播期6月15日至7月5日，最晚7月10日播种仍能成熟；冀中南太行山区、冀东燕山地区、北京、豫西及山东丘陵山区、辽宁南部春谷区种植适宜播期5月10日至6月10日；在辽宁西部和吉林春播适宜播期4月25日至5月10日，亩播种量0.4~0.6千克，在正确使用配套除草剂的情况下，不需要人工间苗。该品种有较强的自身调节能力，每亩留苗4万株左右。在谷子3~5叶期，杂草2~4叶期，每亩使用与谷种配套的谷阔清40~50毫升混配12.5%烯禾啶80~100毫升，加水30~40千克，杀灭双子叶及单子叶杂草。

冀谷42适宜河北、河南、山东、新疆泽普夏播及辽宁、吉林、内蒙古、山西、陕西、黑龙江肇源、新疆昌吉、博乐年无霜期160天以上、年有效积温2 800℃以上地区春播种植。

7. 冀谷45

冀谷45是河北省农林科学院谷子研究所（国家谷子改良中心）采用专利技术通过有性杂交方法育成的非转基因优质抗除草剂谷子新品种，抗拿捕净除草剂。黄谷黄米，米色鲜黄，食味品质好，淀粉直支比0.16。在中国作物学会粟类作物专业委员会第十二届优质食用粟鉴评中荣获“一级优质”。2020年参加国家谷子高粱产业技术体系高值品种筛选试验，华北区6个代表性区域12个品种品质鉴评综合分值居前3位。2018年通过农业部非主要农作物品种登记，登记编号：GPD谷子（2018）130025。

冀谷45河北省夏播生育期91天，平均株高130厘米，穗长22厘米，单穗重18.93克，穗粒重15.83克；千粒重2.92克；黄谷鲜黄米，熟相好。田间自然鉴定抗旱性1级，抗倒性1级，中抗谷锈病、谷瘟病、纹枯病抗性3级，白发病发病率1.74%；在吉林省春播平均生育期121天，较对照公谷71多4天，平均株高129厘米，穗长24.6厘米，穗粒重15.7克，千粒重2.94克。

冀谷45参加2017—2018年河北省谷子新品种区域适应性联合鉴定试验，两年平均亩产382.35千克，较对照豫谷18增产2.56%，其中2017年平均亩产387.9千克，较对照增产3.71%，2018年平均亩产376.8千克，较对照增产1.41%；2017—2018年参加吉林省谷子区域试验，两年平均亩产349.3千克，较对照公谷71增产4.93%，其中2017年亩产357.8千克，较对照增产6.6%，2018年亩产340.73千克，较对照公谷71增产3.11%。

冀谷45冀鲁豫夏谷区适宜播期6月15日至7月5日，最晚7月15日播种仍能成熟；冀中南太行山区、冀东、北京、豫西及山东丘陵山区春播种植，适宜播种期5月10日至6月10日。在吉林省适宜播期4月25日至5月15日。每亩播种量0.4~0.5千克。适宜亩留苗3.5万~4.0万株。在谷子3~5叶期，杂草2~4叶期，每亩使用与谷种配套的谷阔清（二甲氯氟吡氧乙酸异辛酯）40~50毫升加水30千克防治双子叶杂草，采用12.5%烯禾啶（拿捕净）80~100毫升，加水30~40千克防治单子叶杂草，若单双子叶杂草同时较多，可将两种除草剂混合喷施。

冀谷45适宜河北、河南、山东、北京夏谷生态类型区夏播或晚春播种植，以及吉林、辽宁、山西、陕西、内蒙古无霜期150天、年有效积温2 750℃以上地区春播种植。

8. 冀谷168

冀谷168是河北省农林科学院谷子研究所（国家谷子改良中心）采用专利技术通过有性杂交方法育成的非转基因优质抗除草剂谷子新品种。黄谷鲜黄米，适口性好，2019年在全国第十三届优质食用米评选中评为一级优质米。2020年参加国家谷子高粱产业技术体系高值品种筛选试验，在东北4个代表性区域18个品种中，品质综合分值居前3位。冀谷168淀粉直支比0.28，淀粉析水率25.5%，加工主食低温冷冻不开裂，属于高冻融稳定性品种，适合主食加工。冀谷168抗拿捕净除草剂，能够实现化学间苗除草，适宜轻简化、规模化生产。2020年被指定为“藁城宫米”区域公用品牌专用品种。2020年通过农业农村部非主要农作物品种登记，登记编号：GPD谷子（2020）130039。

冀谷168幼苗叶鞘绿色，在华北两作制地区夏播生育期89天，春播生育期110~124天，幼苗绿色，平均株高120厘米，穗长22厘米，千粒重2.8克，黄谷鲜黄米，达一级优质米标准。1级耐旱，抗倒伏，中抗谷锈病、谷瘟病、纹枯病，白发病发病率2.1%，熟相较好。

2014—2015 年参加五省区春夏播多点鉴定，两年 26 点次平均亩产 406.2 千克，较对照增产 9.61%，其中 2014 年平均亩产 399.2 千克，较对照增产 8.4%，2015 年平均亩产 413.2 千克，较对照增产 10.81%，生产示范一般亩产 300~400 千克，最高亩产 620 千克。2020 年在全国 56 个试点适应性鉴定，98%以上试点能成熟，87%试点抽穗期不晚于广适性代表品种豫谷 18，82%试点产量高于豫谷 18。其中在宁夏西吉、新疆奇台和伊犁、甘肃张掖 4 个试点亩产超 500 千克，最高亩产 608.08 千克。

冀谷 168 在冀鲁豫夏谷区适宜播期 6 月 15 日至 7 月 10 日，冀中南太行山区、冀东、北京、豫西及山东丘陵山区春播种植，适宜播种期 5 月 10 日至 6 月 10 日。山西、内蒙古、吉林春播适宜播期 4 月 25 日至 5 月 20 日。每亩播种量 0.4~0.5 千克。适宜亩留苗 3.5 万~4.5 万株。在谷子 3~5 叶期，杂草 2~4 叶期，每亩使用与谷种配套的谷阔清（二甲氯氟吡氧乙酸异辛酯）40~50 毫升加水 30 千克防治双子叶杂草，采用 12.5%烯禾啶（拿捕净）80~100 毫升，加水 30~40 千克防治单子叶杂草，若单双子叶杂草同时较多，可将两种除草剂混合喷施。

冀谷 168 适宜河南、河北、山东夏谷区春夏播种植，山西、内蒙古、吉林无霜期 160 天、年有效积温 2 700℃以上地区春谷区种植。

9. 冀谷 T6

冀谷 T6 是河北省农林科学院谷子研究所（国家谷子改良中心）通过有性杂交方法育成的适合主食加工的高谷蛋白品种，谷蛋白含量较冀谷 19 高 43.1%，膳食纤维含量较冀谷 19 高 1 倍以上，适合小米馒头、面条等主食加工。2015 年 12 月通过河北省鉴定（登记号：20152925）。2018 年通过农业部非主要农作物品种登记，登记编号：GPD 谷子（2018）130079。

冀谷 T6 在 2014—2015 年河北省夏谷品种联合鉴定试验中，平均亩产 375.5 千克，较对照冀谷 31 增产 3.16%，生产试验平均亩产 367.1 千克，较对照增产 3.69%。

冀谷 T6 在华北夏谷区夏播适宜播期 6 月中上旬，留苗密度 3.0 万~3.5 万株，在冀西太行山区春播适宜播期 5 月下旬，留苗密度 3.0 万株。播前造足底墒，亩施有机肥 1~2 立方米，复合肥 25 千克做底肥。播种后出苗前每亩喷施除草剂“谷友”120 克，加水 50 千克，防治杂草，出苗后 3~4 叶期间苗，5~6 叶期定苗；也可在谷子 4 叶 1 心时，一次性完成定苗。结合间定苗，开始第一次中耕除草。谷子封垄前结合中耕培土每亩追施尿素 20~30 千克。及时防治病虫害，成熟后及时收获。

冀谷 T6 适合华北夏谷区夏播，也可在海拔 300 米以下的河北省太行山区以及山东、河南丘陵区春播种植。

10. 冀谷 T7

冀谷 T7（图 2-13）是河北省农林科学院谷子研究所（国家谷子改良中心）采用有性杂交方法育成的高抗性淀粉谷子新品种，适合糖尿病、肥胖、高血脂患者食用。2015 年 12 月通过河北省鉴定。2018 年通过农业部非主要农作物品种登记，登记编号：GPD 谷子（2018）130043。

冀谷 T7 在 2014—2015 年河北省夏谷品种联合鉴定试验中，该品种平均亩产 384.2 千克，较对照冀谷 31 增产 5.54%，生产试验平均亩产 379.4 千克，较对照增产 7.18%。

冀谷T7在华北夏谷区夏播适宜播期6月中上旬，留苗密度3.5万~4.5万株，在冀西太行山区以及山东、河南丘陵区春播适宜播期5月下旬，留苗密度3.0万~3.5万株。播前造足底墒，亩施有机肥1~2立方米，复合肥25千克做底肥，以每亩施干鸡粪500千克最经济有效，可以不追施化肥；播种后出苗前每亩喷施除草剂“谷友”120克，加水50千克，防治杂草，出苗后3~4叶期间苗，5~6叶期定苗；也可在谷子4叶1心时，一次性完成定苗。结合间定苗，开始第一次中耕除草。谷子封垄前结合中耕培土每亩追施尿素20~30千克。及时防治病虫害，成熟后及时收获。

图2-13　冀谷T7
（参见彩图2-13）

冀谷T7适合华北夏谷区夏播，也可在海拔500米以下的河北省中南部太行山区以及山东、河南丘陵区春播种植。

11. 冀杂金苗1号

冀杂金苗1号是河北省农林科学院谷子研究所（国家谷子改良中心）采用专利技术，通过冀谷抗除草剂材料与内蒙古优质品种黄金苗有性杂交育成的非转基因优质抗拿捕净除草剂谷子新品种，具有早熟、优质、广适等优点。2020年通过农业部非主要农作物品种登记，登记编号：GPD谷子（2020）130040。

冀杂金苗1号2014—2015年参加五省区冷凉区春播和夏谷区晚夏播多点鉴定，两年24点次平均亩产345.35千克，较对照豫谷18增产11.4%。

冀杂金苗1号冀鲁豫夏谷区与马铃薯、油葵等作物接茬种植，适宜播期6月30日至7月20日，最迟7月25日；冷凉区春播适宜播期5月15日至6月5日。适宜亩留苗4.0万~5.0万株。在谷子3~5叶期，杂草2~4叶期，每亩采用12.5%烯禾啶（拿捕净）80~100毫升，加水30~40千克防治单子叶杂草，20%二甲氯氟吡氧乙酸异辛酯40~50毫升加水30千克防治双子叶杂草，若单双子叶杂草同时较多，可将两种除草剂混合喷施。

冀杂金苗1号适宜河南、河北、山东夏谷区与马铃薯、油葵等作物接茬种植或者旱灾年份救灾种植；山西、内蒙古、吉林、新疆年有效积温2 600℃以上地区春谷区种植，以及年有效积温3 000℃以上地区旱灾年份救灾种植。

12. 宫米1号

宫米1号（图2-14）是河北省农林科学院谷子研究所（国家谷子改良中心）采用专利技术通过有性杂交方法育成的非转基因优质抗除草剂谷子新品种，抗拿捕净除草剂，能够化学间苗除草，适合产业化，规模化种植。宫米1号黄谷鲜黄米，适口性好，2017年在全国第十二届优质食用米评选中评为一级优质米。2020年宫米1号被指定为“藁城宫米”区域公用品牌专用品种。2020年通过农业农村部非主要农作物品种登记，登记编号：GDP 谷子（2020）130037。

图 2-14　宫米 1 号
（参见彩图 2-14）

宫米 1 号夏谷生态区两年平均生育期 92 天，在春谷区平均生育期 123 天；平均株高 130 厘米，纺锤穗；平均穗长 22.3 厘米，单穗重 20.0 克，穗粒重 17.0 克，千粒重 2.91 克，出谷率 85.0%；黄谷黄米。田间自然鉴定抗倒性 1 级，谷锈病抗性 2 级，谷瘟病抗性 2 级，纹枯病抗性 2 级，白发病、红叶病、线虫病发病率分别为 1.64%、1.64%、0.42%，其他病害未见发生。华北、西北、东北两年 28 点次适应性鉴定，两年 18 点次平均亩产 387.8 千克，较对照豫谷 18 增产 7.51%。

冀鲁豫夏谷区适宜播期 6 月 15 日至 7 月 5 日，最晚 7 月 15 日播种仍能成熟；冀中南太行山区、冀东、北京、豫西及山东丘陵山区春播种植，适宜播种期 5 月 10 日至 6 月 10 日。在吉林省适宜播期 4 月 25 日至 5 月 15 日。每亩播种量 0.4～0.5 千克。适宜亩留苗 3.5 万～4.0 万株。在谷子 3～5 叶期，杂草 2～4 叶期，每亩使用与谷种配套的谷阔清（二甲氯氟吡氧乙酸异辛酯）40～50 毫升加水 30 千克防治双子叶杂草，采用 12.5% 烯禾啶（拿捕净）80～100 毫升，加水 30～40 千克防治单子叶杂草，若单双子叶杂草同时较多，可将两种除草剂混合喷施。

宫米 1 号适宜河北、河南、山东夏谷生态类型区夏播或晚春播种植，以及吉林、辽宁、陕西无霜期 150 天、年有效积温 2 800℃以上地区春播种植。

（二）张家口市农业科学院

1. 张杂谷 3 号（Zhangzagu No. 3）

张杂谷 3 号（图 2-15）是张家口市农业科学院采用光温敏两系法选育成功的抗除草剂谷子杂交种，亲本组合为“A2×1484-5”。2005 年通过全国农技推广服务中心鉴定，2005 年在全国第六届优质食用粟评选中评为二级优质米。绿苗绿鞘，生育期 115 天，单株有效分蘖 0～2 个，茎高 122.4 厘米，茎粗 0.63 厘米，穗长 23.4 厘米，穗粗 2.7 厘米，棍棒穗型。穗谷码 99.5 个。单穗粒重 16.0 克，千粒重 3.23 克，出谷率 82.0%，谷草比为 1.02，黄谷黄米。表现抗逆性较强，高抗谷锈病、谷瘟病、纹枯病、白发病、线虫病。红叶病发病率 0.25%，黑穗病发病率为 3.49%，抗倒性为 3 级，虫蛀率为 0.21%。抗旱、抗病、抗倒、适应性强，适应面广、高产稳产、米质优适口性好。

2003—2004 年参加国家西北区（早熟组）区试。2003 年平均亩产 356.3 千克，比统一对照增产 5.05%，居第 3 位。2004 年 6 点中 2 点居第 1 位，1 点居第 2 位，平均亩产 321.1 千克，比统一对照增产 6.50%，居第 2 位。两年平均亩产 338.7 千克，比统一对照增产 5.71%，居第 2 位。2004 年参加国家西北区（早熟组）生产鉴定试验，平均亩产 297.0 千克，比对照增产 19.13%。示范田亩产最高可达 600 千克。

5 月上中旬播种，亩播量 0.75 千克。整地：亩施磷酸二铵 15 千克和圈肥 2 000~3 000 千克。田间管理：(1) 绿苗为真杂交种，间苗时要去掉黄苗（也可在幼苗三叶期喷专用除草剂去除，剂量 100 毫升/亩）。(2) 防治虫害，出苗后喷施杀虫农药防治苗期害虫。(3) 留苗密度，中上等地 1.5 万株/亩，下等地 1 万株/亩。(4) 追肥，亩施尿素 40 千克，其中：拔节期 20 千克，抽穗前 20 千克。

张杂谷 3 号为杂交种，只种一代，不能留种。河北、山西、陕西、甘肃、内蒙古等省（区）北部温度不低于 10℃、积温 2 600℃以上地区均可春播种植。

图 2-15　张杂谷 3 号（参见彩图 2-15）

2. 张杂谷 5 号（Zhangzagu No. 5）

张杂谷 5 号（图 2-16）是张家口市农业科学院采用谷子光（温）敏两系法选育成功的抗除草剂谷子杂交种，亲本组合为“A2×改良晋谷 21”。2005 年在全国第六届优质食用粟评选中评为一级优质米。2008 年通过张家口市作物品种鉴定委员会鉴定。绿苗绿鞘，生育期 125 天，成株茎高 118.7 厘米，穗长 25.6 厘米，穗粗 2.0 厘米，棍棒穗型。穗粒重 22.4 克，千粒重 3.1 克，出谷率 74.8%，谷草比为 1.51，白谷黄米。表现抗逆性较强，高抗白发病、线虫病。抗旱、抗倒、适应性强、高产稳产，米质特优、适口性好。

2006—2007 年参加张家口市（代河北省）谷子区域试验。2006 年平均亩产 485.5 千克，比统一对照增产 16.98%，居第 1 位。2007 年平均亩产 415.9 千克，比统一对照增产 21.36%，居第 2 位。两年平均亩产 450.8 千克，比统一对照增产 19.011%，居第 1 位。2007 年参加生产试验，平均亩产 463.3 千克，比对照增产 34.92%，居第 1 位。示范田亩产一般可达 600 千克，最高亩产 810 千克。

该品种增产潜力大，要求生育后期肥水供应充足。5 月上旬播种，亩播量 0.75 千克。整地：亩施磷酸二铵 15 千克和圈肥 3 000~4 000 千克。田间管理：(1) 绿苗为真杂交种，间苗时要去掉黄苗（也可在幼苗三叶期喷专用除草剂去除，剂量 100 毫升/亩）。(2) 防治虫害，出苗后喷施杀虫农药防治苗期害虫。(3) 留苗密度，中上等地 1.5 万~2 万株/亩，下等地 1 万~1.5 万株/亩。(4) 追肥，亩施尿素 40 千克，其中：拔节期20千克，抽穗前20千克。

张杂谷5号为杂交种，只种一代，不能留种。河北、山西、陕西、甘肃、内蒙古等省（区）北部温度不低于10℃、积温2 800℃以上肥水条件好的地区均可春播种植。

图2-16　张杂谷5号（参见彩图2-16）

3. 张杂谷6号（Zhangzagu No. 6）

张杂谷6号（图2-17）是张家口市农业科学院采用谷子光（温）敏两系法选育成功的抗除草剂谷子杂交种，亲本组合为“A2×改良九根齐”。2005年在全国小米鉴评会上评为优质米。2008年通过张家口市作物品种鉴定委员会鉴定。生育期为108天左右。幼苗和叶鞘为绿色。成株高112.2厘米。穗长25.6厘米，棍棒型，穗谷码105个左右，小穗小花排列松紧适中，结实性好。黄谷黄米，单穗粒重22.4克，千粒重3.1克。表现抗逆性较强，高抗白发病、线虫病。抗旱、抗倒、抗病、适应性强、高产稳产，米质特优、适口性好。

图2-17　张杂谷6号（参见彩图2-17）

2006—2007年参加张家口市（代河北省）谷子区域试验。2006年平均亩产455.5千克，比统一对照增产9.76%。2007年平均亩产372.6千克，比统一对照增产8.72%。两年平均亩产414.0千克，比统一对照增产9.29%。2007年参加生产试验，平均亩产378.8千克，比对照增产10.31%。示范田亩产一般可达400千克，最高亩产650千克。

较冷凉区5月上旬，暖区5月中下旬播种，亩播量0.75千克。整地：亩施磷酸二铵15千克和圈肥2 000千克。田间管理：(1) 绿苗为真杂交种，间苗时要去掉黄苗

（也可在幼苗三叶期喷专用除草剂去除，剂量 100 毫升/亩）。（2）防治虫害，出苗后喷施杀虫农药防治苗期害虫。（3）留苗密度，中上等地 1.5 万株/亩，下等地 1 万株/亩。（4）追肥，亩施尿素 40 千克，其中：拔节期 20 千克，抽穗前 20 千克。

张杂谷 6 号为杂交种，只种一代，不能留种。河北、山西、陕西、甘肃、内蒙古等省（区）北部温度不低于 10℃、积温 2 400℃以上肥水条件好的地区均可春播种植。

4. 张杂谷 8 号（Zhangzagu No. 8）

张杂谷 8 号（图 2-18）是张家口市农业科学院采用谷子光（温）敏两系法选育成功的抗除草剂谷子杂交种，亲本组合为“A2×测 351”。2009 年在全国第八届优质食用粟评选中评为二级优质米。2010 年获农业部植物新品种保护权证书。夏播生育期 90 天，适宜夏播和晚春播。抽穗至成熟长达 40 天，灌浆时间长。根系发达，茎秆粗壮，叶片宽厚，生长势强。株高 100~120 厘米，穗头大，穗长一般 25~33 厘米，穗粒重达 50 克。黄谷黄米，色味俱佳，适口性好，根系发达，抗旱防倒，优质高产。

从 2004 年开始进行试种，3 年来亩产均可超 500 千克。2004 年巨鹿县南韩村农民谷根怀种植 2 亩杂交谷子张杂谷 8 号，亩产高达 530 千克；2005 年巨鹿县西铜马村马洪民种植 1.3 亩杂交谷子张杂谷 8 号，亩产高达 550 千克；2006 年巨鹿县张威村农民邢广召种植 0.9 亩杂交谷子张杂谷 8 号，县农业局组织技术干部测产，亩产 666 千克。

6 月中下旬播种，播前灭茬，亩播种量 0.7~0.8 千克。间苗和定苗时，要拔除黄苗（也可在幼苗三叶期喷专用除草剂去除，剂量 100 毫升/亩），留绿苗。一般留苗密度 2 万~2.5 万株/亩。拔节期结合深中耕亩追施钾肥 10~15 千克，尿素 10 千克。抽穗前亩追尿素 10~15 千克。灌浆期用 2%的尿素溶液喷洒叶面，延长叶片功能期，特别是抽穗后缺肥易早衰。因此要重视穗肥。注意防治谷锈、谷瘟病。

张杂谷 8 号为杂交种，只种一代，不能留种。适宜在黄淮海复播区种植。

图 2-18　张杂谷 8 号（参见彩图 2-18）

5. 张杂谷 9 号（Zhangzagu No. 9）

张杂谷 9 号（图 2-19）是张家口市农业科学院采用谷子光（温）敏两系法选育成功的抗除草剂谷子杂交种，亲本组合为“A2×2053”。2008 年通过全国农技推广服务中心鉴定。生育期 128 天，平均株高 114.5 厘米，穗长 23.7 厘米，穗重 22.1 克，穗呈棍棒型，松紧适中，穗粒重16.2克，出谷率72.9%，千粒重3.09克，黄谷黄米。抗专用除草剂，综合性状表现良好，适应性强，稳产性好，根系发达，抗病抗倒，2级耐旱，熟相好，米质优良。

示范田一般平均亩产400千克，最高亩产750千克。2006—2007年参加国家谷子品种西北区早熟组区域试验，两年试验平均亩产337.6千克，平均比对照增产9.19%，居参试品种第1位。2007年参加国家谷子品种西北区早熟组生产试验，平均亩产317.1千克，平均比对照增产5.35%，居参试品种第1位。

整地：亩施农家肥2 500~3 000千克作基肥，磷酸二铵15千克。播期：暖区较暖区5月上中旬播种，较冷凉区4月底至5月初。播量：每亩0.75千克。留苗密度：间黄苗（也可在幼苗三叶期喷专用除草剂去除，剂量100毫升/亩），留绿苗。根据地力，一般亩留苗1.0万~1.5万株。追肥：亩施尿素30千克，其中拔节期15千克，抽穗前15千克。

张杂谷9号为杂交种，只种一代，不能留种。河北、山西、陕西、甘肃的北部及内蒙古、辽宁、黑龙江等温度不低于10℃、积温2 800℃以上的地区春播。

图2-19　张杂谷9号（参见彩图2-19）

6. 张杂谷10号（Zhangzagu No. 10）

张杂谷10号（图2-20）是张家口市农业科学院采用谷子光（温）敏两系法选育成功的谷子两系杂交种，亲本组合为“A2×2038”。2009年在全国第八届优质食用粟评选中评为一级优质米。2009年通过全国农技推广服务中心鉴定。生育期132天，平均株高110.9厘米，穗长23.9厘米，穗重40.8克，穗粒重30.25克，出谷率74.14%，千粒重3.0克。穗呈棍棒型，松紧适中，黄谷黄米。综合性状表现良好，适应性强，稳产性好，抗病抗倒，抗除草剂，熟相好，米质优良。

2007—2008年参加国家谷子品种西北区早熟组区域试验，两年试验平均亩产448.9千克，平均比对照增产17.21%。2008年参加国家谷子品种西北区早熟组生产试验，平均亩产427.9千克，平均比对照增产17.68%。示范田一般亩产600千克，最高亩产800千克。

整地：亩施农家肥 2 500~3 000 千克作基肥，磷酸二铵 15 千克。播期：暖区较暖区 5 月上中旬播种，较冷凉区 4 月底至 5 月初。播量：每亩 0.75 千克。留苗密度：间黄苗（也可在幼苗三叶期喷专用除草剂去除，剂量 100 毫升/亩），留绿苗。根据地力，一般亩留苗 1.0 万~1.5 万株。追肥：亩施尿素 30 千克，其中拔节期 15 千克，抽穗前 15 千克。

张杂谷 10 号为杂交种，只种一代，不能留种。河北、山西、陕西、甘肃的北部及内蒙古、辽宁、黑龙江等温度不低于 10℃、积温 2 800℃以上的地区春播。

图 2-20　张杂谷 10 号（参见彩图 2-20）

7. 张杂谷 12 号（Zhangzagu No. 12）

张杂谷 12 号（图 2-21）是张家口市农业科学院采用谷子光（温）敏两系法选育成功的谷子两系杂交种，亲本组合为“A2×改良黄五”。2017 年在全国第八届优质食用粟评选中评为一级优质米。2018 年获得农业部非主要农作物品种登记证书，证书编号：GPD 谷子（2018）130085）。春播生育期 118~122 天。幼苗绿色，叶鞘绿色，株高 122.0 厘米，穗长 25.3 厘米，棍棒穗型，松紧适中。单穗重 25.2 克，穗粒重 18.3 克，出谷率 72.6%，出米率 79.8%，千粒重 3.01 克，黄谷黄米。单株有效分蘖 2~4 个，可使用拿捕净除草剂。

图 2-21　张杂谷 12 号（参见彩图 2-21）

2015—2016 年参加国家谷子品种西北区早熟组区域试验。2015 年试验张杂谷 12 号比对照大同 29 增产 5.61%，2016 年试验张杂谷 12 号比对照大同 29 增产 10.07%。示范田一般亩产 600 千克，最高亩产 800 千克。

播期：春播时间 4 月 25 日至 5 月底，亩播量 0.5~0.75 千克。底肥：亩施氮磷钾复合肥 25 千克和有机肥

2 000~3 000 千克。田间管理：（1）除草，在幼苗 3~4 叶期亩喷施厂家提供的 12.5% 拿捕净除草剂 100 毫升，防治一年生禾本科杂草。（2）病虫害防治，生育期间喷施杀虫剂防治粟灰螟、粟负泥虫、黏虫等虫害；注意防治谷子白发病、谷子腥黑穗病、谷子粒黑穗病、谷子轴黑穗病、谷瘟病、谷锈病、线虫病。（3）留苗密度，条播 1.0 万~1.5 万株/亩。建议使用播种机穴播，每穴下种 10 粒左右，每穴 1~3 株，每亩 6 000~8 000 穴。（4）追肥，拔节期追施尿素 10 千克，抽穗前追施尿素 20 千克。

张杂谷 12 号为杂交种，只种一代，不能留种。河北、山西、陕西、甘肃的北部及宁夏、新疆、内蒙古、吉林、辽宁、黑龙江、北京等温度不低于 10℃、积温 2 600℃以上的地区春播。

8. 张杂谷 13 号（Zhangzagu No. 13）

张杂谷 13 号（图 2-22）是张家口市农业科学院采用光（温）敏两系法选育成功的抗除草剂谷子杂交种，亲本组合为“A2×改良黄五”。绿苗绿鞘，生育期 113~116 天，单株有效分蘖 4~5 个，平均茎高 128 厘米，穗长 35.5 厘米，穗粗 3.8 厘米，棍棒穗型。单株粒重 70~100 克，千粒重 3.5 克，出谷率 82.0%，白谷黄米，米质优良。表现抗旱、抗病、抗倒、适应性强，适应面广、高产稳产，米质优、适口性好。

图 2-22　张杂谷 13 号
（参见彩图 2-22）

2015 年国家区域试验平均亩产为 404.6 千克，较对照大同 29 号增产 5.61%，居参试品种第 2 位。8 个试点 5 点增产，增产点率为 62.5%，增产幅度在 0.90% ~ 20.2%；3 点减产，减产幅度为 8.42%~19.58%；变异系数为 40.24%。2016 年国家区域试验平均亩产为 452.3 千克，较对照大同 29 号增产 10.07%，居参试品种第 1 位。8 个试点 5 点增产，增产点率为 62.5%，增产幅度在 5.91%~44.21%之间；3 点减产，减产幅度为 3.82% ~ 22.32%；变异系数为 20.83%。示范田一般亩产 400~600 千克，最高可达 760 千克。

5 月上中旬播种，亩播量 0.75 千克。整地：亩施磷酸二铵 15 千克和圈肥 2 000~3 000 千克。田间管理：（1）绿苗为真杂交种，间苗时要去掉黄苗（也可在幼苗三叶期喷专用除草剂去除，剂量 100 毫升/亩）。（2）防治虫害，出苗后喷施杀虫农药防治苗期害虫。（3）留苗密度，中上等地 1.5 万株/亩，下等地 1 万株/亩。（4）追肥，亩施尿素 40 千克，其中：拔节期 20 千克，抽穗前 20 千克。

张杂谷 13 号为杂交种，只种一代，不能留种。河北中北部、山西、陕西、甘肃、内蒙古、宁夏、东北部分地区等省（区）北部温度不低于 10℃、积温 2 700℃以上地区均可春播种植。

9. 张杂谷 16 号（Zhangzagu No. 16）

张杂谷 16 号（图 2-23）是张家口市农业科学院采用谷子光（温）敏两系法选育成功的谷子两系杂交种，亲本组合为“A2×（复 1×5 号父）”。2009 年在全国第八届优质食用粟评选中评为一级优质米。2015 年通过全国农技推广服务中心鉴定，证书编号：国品鉴谷 2015007。2018 年获得农业部非主要农作物品种登记证书，证书编号：GPD 谷子（2018）130184。春播生育期 127 天，夏播生育期 89 天。幼苗绿色，叶鞘绿色，平均株高 132.0 厘米，穗长 23.1 厘米，棍棒穗型，松紧适中。单穗重 17.5 克，穗粒重 14.6 克，出谷率 83.4%，出米率 77.4%，千粒重 2.74 克，黄谷黄米。单株分蘖 2~4 个，可使用拿捕净除草剂。

图 2-23　张杂谷 16 号
（参见彩图 2-23）

2012—2013 年参加国家谷子品种夏谷区杂交种组区域试验，平均亩产 323.8 千克，比对照增产 5.87%。春播区一般亩产 500~600 千克，夏播区一般亩产 400~500 千克。

播期：夏播 6 月 15 日至 6 月 25 日，亩播量 0.7~1 千克。底肥：亩施氮磷钾复合肥 25 千克和有机肥 2 000~3 000 千克。田间管理：（1）除草，在幼苗 3~4 叶期亩喷施厂家提供的 12.5% 拿捕净除草剂 100 毫升，防治一年生禾本科杂草及去除黄色自交苗。（2）病虫害防治，生育期间喷施杀虫剂防治粟灰螟、粟负泥虫、黏虫等虫害；注意防治谷子白发病、谷子腥黑穗病、谷子粒黑穗病、谷子轴黑穗病、谷瘟病、谷锈病、线虫病及纹枯病。（3）留苗密度，条播 2.0 万~2.5 万株/亩。建议使用播种机穴播，每穴下种 15 粒以上，每穴 2~5 株，每亩 8 000~10 000 穴。（4）追肥，拔节期追施尿素 10 千克，抽穗前追施尿素 20 千克。

张杂谷 16 号为杂交种，只种一代，不能留种。山东、河北中南部、山西中南部、北京、河南、四川等温度不低于 10℃、积温 3 000℃以上的地区夏播；河北东部、辽宁南部、甘肃、宁夏、新疆、吉林、辽宁等温度不低于 10℃、积温 2 800℃以上春播。

10. 张杂谷 18 号（Zhangzagu No. 18）

张杂谷 18 号是张家口市农业科学院采用谷子光（温）敏两系法选育成功的谷子两系杂交种，亲本组合为“A2×（复 28×5 号父）”。2016 年通过全国农技推广服务中心鉴定，证书编号：国品鉴谷 2016019。2009 年在全国第八届优质食用粟评选中评为一级优质米。2018 年获得农业部非主要农作物品种登记证书，证书编号：GPD 谷子（2018）130185。夏播生育期 88 天。幼苗绿色，叶鞘绿色，平均株高 126.2 厘米，穗长 23.6 厘米，棍棒穗型，松紧适中。单穗重 18.4 克，穗粒重 14.6 克，出谷率 79.4%，出米率 77.4%，千粒重 2.89 克，黄谷黄米。单株分蘖 2~4 个，抗拿捕净除草剂。

2010—2011 年进行优势观察试验，2013—2014 年参加国家华北夏谷区杂交种组区域试验，2015 年参加国家华北夏谷区杂交种组生产试验。夏播区一般亩产 400～500 千克。

播期：夏播 6 月 15 日至 6 月 25 日，亩播量 0.7～1 千克。底肥：亩施氮磷钾复合肥 25 千克和有机肥 2 000～3 000 千克。田间管理：（1）除草，在幼苗 3～4 叶期亩喷施厂家提供的 12.5%拿捕净除草剂 100 毫升，防治一年生禾本科杂草及去除黄色自交苗。（2）病虫害防治，生育期间喷施杀虫剂防治粟灰螟、粟负泥虫、黏虫等虫害；注意防治谷子白发病、谷子腥黑穗病、谷子粒黑穗病、谷子轴黑穗病、谷瘟病、谷锈病、线虫病及纹枯病。（3）留苗密度，条播 2.0 万～3 万株/亩。建议使用播种机穴播，每穴下种 15 粒以上，每穴 2～5 株，每亩 8 000～10 000 穴。（4）追肥，拔节期追施尿素 10 千克，抽穗前追施尿素 20 千克。

张杂谷 18 号为杂交种，只种一代，不能留种。主要优点：高产抗逆，适应种植区域广。抗除草剂，稀植，省工，有利于规模化高效种植。缺陷、风险及防范措施：播种时需根据当时土壤墒情、气候特点、厂家建议确定播种量。拿捕净除草剂在 7 叶期之前使用。谷子白发病、线虫病及谷子粒黑穗病需通过杀菌剂拌种处理防治；谷瘟病、谷子锈病、谷子纹枯病需通过喷施药剂防治。过量使用 2,4-D 除草剂和使用 2,4-D 除草剂后遇低温会导致谷子不扎根药害。上年使用烟嘧磺隆过量会对当年种植谷子苗期产生药害。品种因种植区域、种植密度、土壤肥力、管理水平等不同因素影响，其产量水平、株高、穗长等也有不同。灌浆期对肥水要求较高。河南、山东、河北中南部、山西中南部、吉林、辽宁等温度不低于 10℃、积温 3 000℃以上的地区夏播。

11. 张杂谷 21 号（Zhangzagu No. 21）

张杂谷 21 号是张家口市农业科学院采用谷子光（温）敏两系法选育成功的谷子两系杂交种，亲本组合为“A2×DH3”。2018 年获得农业部非主要农作物品种登记证书，证书编号：GPD 谷子（2018）130099。春播生育期 122 天。幼苗绿色，叶鞘绿色，平均株高 125.0 厘米，穗长 26.3 厘米，棍棒穗型，松紧适中。单穗重 25.2 克，穗粒重 19.6 克，出谷率 77.8%，出米率 79.5%，千粒重 3.21 克，黄谷黄米。单株分蘖 3～6 个，可使用拿捕净除草剂。

2015—2016 年参加河北巡天农业组织的多点区域试验。2015 年试验比对照张杂谷 3 号增产 6.80%，2016 年试验比张杂谷 3 号增产 7.25%。春播区一般亩产 400～500 千克。

整地：亩施农家肥 2 500～3 000 千克作基肥，氮磷钾复合肥 25 千克。播期：4 月底至 5 月下旬。播量：每亩 0.5～0.75 千克。留苗密度：条播亩留苗 0.6 万～1.2 万株。使用播种机穴播，每穴下种 15 粒左右，留苗 3～5 株，每亩 3 000～6 000 穴。追肥：亩施尿素 20 千克，其中拔节期 10 千克，抽穗前 10 千克。病虫害防治：出苗后喷施杀虫剂防治粟灰螟、粟负泥虫等虫害；全生育期防治谷瘟病、谷子锈病、粟黑粉病、谷子白发病。

张杂谷 21 号为杂交种，只种一代，不能留种。适宜于河北、山西、辽宁、内蒙古、吉林（自治区）温度不低于 10℃、积温 2 500℃以上地区轻盐碱地春播种植。

12. 张杂谷22号（Zhangzagu No. 22）

张杂谷22号是张家口市农业科学院采用谷子光（温）敏两系法选育成功的谷子两系杂交种，亲本组合为“A2×（32×ISE375×夏1父）”。2018年获得农业部非主要农作物品种登记证书，证书编号：GPD谷子（2018）130193。夏播生育期87天，幼苗绿色，株高123.2厘米。在亩留苗3万~3.5万株的情况下，成穗率109.3%；棒型穗，穗子偏松；穗长23.2厘米，穗粗2.77厘米，单穗重18.4g，穗粒重15.1克；千粒重2.89克；出谷率82.4%，出米率79.9%；黄谷黄米。该品种抗旱性为1级，耐涝性均，抗倒性、抗锈性、对谷瘟病、纹枯病抗性均为2级。

2015—2016年全国区域试验，平均亩产381.31千克，较对照张杂谷8号增产10.85%。2015年区域试验平均亩产394.5千克，较对照张杂谷8号增产8.53%。2016年区域试验平均亩产368.13千克，较对照张杂谷8号增产13.54%。

播期：夏播6月15日至6月25日，亩播量0.7~1千克。底肥：亩施氮磷钾复合肥25千克和有机肥2 000~3 000千克。田间管理：（1）除草，在幼苗3~4叶期亩喷施厂家提供的12.5%拿捕净除草剂100毫升，防治一年生禾本科杂草并去除黄色自交苗。（2）病虫害防治，生育期间喷施杀虫剂防治粟灰螟、粟负泥虫、黏虫等虫害；注意防治谷子白发病、谷子腥黑穗病、谷子粒黑穗病、谷子轴黑穗病、谷瘟病、谷锈病、线虫病及纹枯病。（3）留苗密度，条播2.0万~2.5万株/亩。建议使用播种机穴播，每穴下种15粒以上，每穴2~5株，每亩8 000~10 000穴。（4）追肥，拔节期追施尿素10千克，抽穗前追施尿素20千克。

张杂谷22号为杂交种，只种一代，不能留种。品种因种植区域、种植密度、土壤肥力、管理水平等不同因素影响，其产量水平、株高、穗长等也有不同。适宜河南、山东、河北中南部、山西中南部、吉林、辽宁等温度不低于10℃、积温3 000℃以上的地区夏播。

（三）沧州市农林科学院

1. 沧谷6号

沧谷6号（图2-24）由沧州市农林科学院以谷丰1号为母本、冀谷31（K492）为父本杂交选育而成。2005年夏季组配杂交组合，2006年种植F_1种子，经除草剂筛选鉴定得到真杂交种。2007—2010年按照育种目标连续定向选择，2011年综合性状稳定，不再有分离，将整个株系混合收获，出圃代号：沧389。2012年参加产量比较试验，2013—2014年参加国家谷子品种区域试验华北夏谷区试和生产试验。2015年1月通过全国谷子品种鉴定委员会鉴定，定名为沧谷6号。

沧谷6号幼苗绿色，生育期92天，株高126.23厘米。在亩留苗4.0万株的情况下，成穗率90.15%；纺锤穗，穗子紧；穗长20.09厘米，单穗重16.72克，穗粒重14.17克；千粒重2.79克；出谷率85.32 %，出米率77.17%；黄谷黄米。该品种抗旱性、耐涝性较强，抗倒性2级，抗谷锈病和谷瘟病，兼抗白发病、红叶病、线虫病。为抗除草剂品种。2016年经农业部农产品质量监督检验测试中心（郑州）化验分析，粗蛋白含量9.89%，粗脂肪3.5%，赖氨酸0.24%。

2013年参加国家夏谷区域试验，平均亩产320.5千克，较对照增产3.39%，10个试点9点增产，增产幅度1.21%~19.59%，适应度90.0%。2014年区域试验平均亩产

397.0 千克，较对照增产 6.86%，14 个试点 11 点增产，增产幅度在 3.25%～23.62%；适应度 78.6%。2013—2014 年区域试验平均亩产 358.8 千克，较对照冀谷 19 增产 5.28%，居 2013—2014 年参试品种第 4 位，两年 24 点次区域试验 20 点次增产，增产幅度为 1.21%～23.62%，增产点率为 83.3%。

2014 年参加生产试验，平均亩产 408.4 千克，较对照增产 10.41 %，居参试品种第 1 位，8 点生产试验 8 点增产，增产幅度 2.77%～19.0%。

沧谷 6 号适合于山东、河南、河北夏谷区及河北东部、辽宁南部春谷区种植。

图 2-24　沧谷 6 号（参见彩图 2-24）

2. 沧谷 7 号

沧谷 7 号（图 2-25）由沧州市农林科学院以济谷 13 号为母本、冀谷 25 为父本杂交选育而成。2005 年夏季组配杂交组合获得 F_0 的种子，2006 年种植 F_1 种子，经除草剂筛选鉴定得到真杂交种。2007—2010 年按照育种目标连续定向选择，2010 年综合性状稳定，不再有分离，将整个株系混合收获，出圃代号：沧 368，2011 年参加新品系鉴定试验。2012—2013 年参加产量比较试验和多点对比试验，2014—2015 年参加国家谷子品种区域试验华北夏谷区试和生产试验。2015 年 12 月通过全国谷子品种鉴定委员会鉴定，定名为沧谷 7 号。

沧谷 7 号幼苗绿色，生育期 92 天，平均株高 124.71 厘米。在亩留苗 4.0 万株的情况下，成穗率 92.21%；纺锤穗，穗子松紧适中；穗长 20.68 厘米，单穗重 18.01 克，穗粒重 14.83 克；千粒重 2.96 克；出谷率 80.08%，出米率 76.94%；黄谷黄米。熟相较好。该品种耐涝性强，抗旱性、抗倒性较强，抗谷锈病和谷瘟病，兼抗白发病、红叶病、线虫病。为抗除草剂品种。2016 年经农业部农产品质量监督检验测试中心（郑州）化验分析，粗蛋白含量 10.1%，粗脂肪 3.7%，赖氨酸 0.24%。

2014 年参加国家夏谷区域试验，平均亩产 410.0 千克，较对照增产 10.36%，14 个试点 13 点增产，增产幅度 0.12%～30.62%，适应度 92.6%。2015 年区域试验平均亩产 378.5 千克，较对照增产 15.08%，14 个试点 13 点增产，增产幅度在 1.85%～41.36%；增产点率 92.9%；2014—2015 年区域试验平均亩产 394.2 千克，较对照冀谷 19 增产

12.56%，居2014—2015年参试品种第6位。两年28点次区域试验26点次增产，增产幅度为0.12%~41.36%，增产点率为92.9%。

2015年生产试验平均亩产395.2千克，较对照增产16.16%，居参试品种第2位，8点生产试验7点增产。

沧谷7号适合于山东、河南、河北夏谷区及北京、河北东部、辽宁南部春谷区种植。

图2-25　沧谷7号（参见彩图2-25）

3. 沧谷9号

沧谷9号（图2-26）由沧州市农林科学院以衡968为母本、冀谷31为父本杂交选育而成。2009年夏季组配杂交组合获得F_0的种子，2010年种植F_1种子，经除草剂筛选鉴定得到真杂交种。2011—2012年经过南繁北育按照育种目标连续定向选择，2013年冬季在海南综合性状稳定，不再有分离，将整个株系混合收获，出圃代号：沧365。2013年夏季参加新品系鉴定试验，2014—2015年参加产量比较试验和多点对比试验，2016—2017年参加国家谷子品种联合鉴定试验华北夏谷组。2018年通过农业农村部非主要农作物品种登记，定名为沧谷9号。

沧谷9号幼苗绿色，株高126.23厘米，生育期92天。纺锤穗，穗子松紧适中，成穗率90.15%，穗长20.09厘米，单穗重16.72克，穗粒重14.17克，千粒重2.79克；出谷率为85.32%，出米率为77.17%；黄谷黄米、米色鲜艳、适口性好。抗谷瘟病，抗谷锈病，白发病发病率0.77%。耐涝性1级，抗倒性2级。为抗除草剂品种。2017年经农业部农产品质量监督检验测试中心化验分析，粗蛋白9.89%，粗脂肪3.5%，总淀粉72.5%，支链淀粉82%，赖氨酸0.24%。

2016—2017年国家谷子联合鉴定试验平均亩产366.8千克，较对照豫谷18增产0.03%；2016年联合鉴定试验平均亩产364.3千克，较对照增产2.36%；2017年联合鉴定试验平均亩产369.3千克，较对照减产2.15%。

沧谷9号适宜河北夏谷区及东北部春谷区种植。

图 2-26　沧谷 9 号（参见彩图 2-26）

（四）承德市农林科学院

承谷 13 号由承德市农林科学院（原河北省承德市农业科学研究所）培育。该品种幼苗叶鞘浅紫色，纺锤形穗，浅黄谷黄米，株高 135 厘米左右，穗长 23 厘米左右，穗粗 3.0 厘米，单穗重 20.0 克、穗粒重 15.0 克左右，千粒重 2.9 克，出谷率 82%，出米率 81%，叶片深绿色，茎秆坚韧，抗病、抗倒，活秆成熟，株高适中，后期灌浆快，熟相好，产量、出谷、出米率较高，米质好，适宜区域广。一般亩产 380 千克，生育期 125 天左右。集高产、抗病、抗倒、适应性强、商品性好于一体。经农业部谷物品质监督检验测试中心检测，承谷 13 号粗蛋白含量 11.64%，粗脂肪含量 3.01%，直链淀粉含量 18.69%，胶稠度 129，碱消指数 4。2009 年 12 月在全国第八届优质食用粟评选中被评为二级优质米，食口性好。

适宜区域：河北省春谷中熟、中晚熟区，山西、辽宁、陕西、内蒙古等中熟及中晚熟区域。

（五）保定市农业科学院

1. 保谷 21

保谷 21 由保定市农业科学院以“济 9050×815”选育而来。幼苗绿色，生育期 93 天，株高 122.82 厘米。在亩留苗 4.0 万株的情况下，成穗率 90.71%；纺锤型穗，穗子松紧适中；穗长 17.68 厘米，单穗重 17.09 克，穗粒重 14.29 克；千粒重 3.11 克；出谷率 83.86 %，出米率 78.35%；黄谷黄米。该品种抗旱性 2 级，耐涝性 2 级，抗倒性 2 级，抗锈性 2 级，对纹枯病抗性为 2 级，对谷瘟病抗性为 2 级，白发病、红叶病、线虫病发病率分别为 1.83%、0.46%、2.48%，蛀茎率 0.07%。

保谷 21 在 2013—2014 年参加国家谷子品种区域试验平均亩产 368.5 千克，较对照冀谷 19 增产 8.13%，居 2013—2014 年参试品种第 2 位。两年 24 点次区域试验 21 点次增产，增产幅度为 0.70%~26.87%，增产点率为 87.5%。2014 年该品种参加国家谷子品种生产试验平均亩产 400.9 千克，较对照种冀谷 19 增产 8.39%，8 点生产试验 7 点增产。2015 年 1 月通过国家鉴定。

保谷 21 适宜在山东、河南、河北夏谷区及北京、河北东部、辽宁南部春谷区种植。保谷 21 高产、优质、秆硬抗倒适合机械化收割。种植时应实行轮作倒茬，避免重茬，重茬易导致谷子线虫病、白发病严重，特殊气候条件下易造成谷瘟病、纹枯病、褐条病、赤霉病等病害发生。重茬地易伴生谷莠杂草。田间管理注意防治病虫草害，遇旱及时灌水。本品种常规谷子品种，未经过试验实证的非专用除草剂禁止使用。

2. 保谷 22

由保定市农业科学院以“济谷 12×K325”为材料选育而来。属于抗烯禾啶除草剂品种。幼苗绿色，生育期 93 天，株高 120.25 厘米。在亩留苗 4.0 万株的情况下，成穗率 93.79%；纺锤穗，穗子松紧适中；穗长 19.04 厘米，单穗重 15.82 克，穗粒重 13.24 克；千粒重 2.96 克；出谷率 80.55%，出米率 78.73%；黄谷黄米。熟相较好。中抗谷瘟病、白发病，白发病发病率 0.94%，蛀茎率 3.21%。

保谷 22 在 2014 年于保定参加品比试验亩产 466 千克，较对照冀谷 19 增产 29.5%，居参试品种第 1 位。2014 年在示范县曲阳示范产量 350 千克/亩，表现高产、抗逆性好。2015 年参加国家谷子品种区域试验，2015—2016 年区域试验平均亩产 382.3 千克，较对照冀谷 19 增产 21.11%，居 2015—2016 年参试品种第 1 位。2015 年区域试验平均亩产 398.0 千克，较对照增产 21.01%，居参试品种第 1 位；2016 年区域试验平均亩产 366.7 千克，较对照冀谷 19 增产 21.23%，居参试品种第 1 位，14 个试点 13 点增产，增产幅度在 3.56%~56.21%；1 点减产，减产率 10.09%，增产点率 92.9%；两年 28 点次区域试验 25 点次增产，增产幅度为 3.56%~93.90%，增产点率为 89.3%。

保谷 22 适宜在河北、河南、两作制区夏播及丘陵山地春播种植。该品种是抗拿扑净除草剂谷子品种，能够化学间苗除草，省工省时，高产适合机械化收割。种植时应实行轮作倒茬，避免重茬，重茬易导致谷子线虫病、白发病严重，特殊气候条件下易造成谷瘟病、纹枯病、褐条病、赤霉病等病害发生。重茬地易伴生谷莠杂草。该品种应合理施肥，底肥以农家肥、复合肥、复混肥为宜。田间管理注意防治病虫草害，遇旱及时灌水。本品种为抗拿扑净除草剂品种，未经过试验实证的其他除草剂禁止使用。

3. 保谷 23

由保定市农业科学院以“528×济 9051”为材料选育而来。属于抗烯禾啶除草剂品种。幼苗绿色，幼苗叶姿半上冲，植株叶姿半上冲，花药黄色，单株成穗茎数 1 个。生育期 93 天，株高 122.53 厘米。在亩留苗 4.0 万株的情况下，成穗率 92.73%；棍棒穗，穗子松紧适中；穗长 18.53 厘米，穗粗 2.41 厘米，单穗重 15.28 克，穗粒重 12.42 克；千粒重 2.63 克；出谷率 77.35%，出米率 77.58%；黄谷黄米；籽粒胚乳类型为粳型。该品种抗旱性 2 级，耐涝性 1 级，抗倒性 2 级，谷瘟病抗性 3 级，纹枯病抗性 3 级，白发病、红叶病、线虫病发病率分别为 1.33%、0.47%、0.53%，蛀茎率 2.34%，熟相较好。

保谷 23 在 2014 年参加保定市品比试验，较对照冀谷 19 增产 29.49%；2015 年参加保定市品比试验，较对照冀谷 19 增产 27.21%，居参试品种第 1 位；并开始在河北省推广。2016 年参加行业组织的联合鉴定试验，全国六省市 15 点平均较对照豫谷 18 增产 5.41%。2016—2017 年区域试验亩产 366 千克，较对照冀谷 19 增产 6.22%，居 2016—2017 年参试品种第 4 位。2016 年区域试验平均亩产 375.2 千克，较对照增产 5.41%，居参试品种第 2 位；2017 年区域试验平均亩产 356.8 千克，较对照冀谷 19 增产 5.81%，居参试品种第 3 位，两年 29 点次区域试验 25 点次增产、增产幅度为 2.01%~

28.6%，增产点率为 86.2%。

保谷 23 适宜在山东、河南、河北夏谷区及北京、河北东部、辽宁南部、内蒙古赤峰地区春谷区种植。高产、优质、秆硬抗倒适合机械化收割。种植时应实行轮作倒茬，避免重茬，重茬易导致谷子线虫病、白发病严重，特殊气候条件下易造成谷瘟病、纹枯病、褐条病、赤霉病等病害发生。重茬地易伴生谷莠杂草。该品种应合理施肥，底肥以农家肥、复合肥、复混肥为宜。田间管理注意防治病虫草害，遇旱及时灌水。本品种常规谷子品种，未经过试验实证的非专用除草剂禁止使用。

4. 保谷 25

由保定市农业科学院以“济 9050×K325”为材料选育而来。幼苗绿色，幼苗叶姿半上冲，植株叶姿半上冲，花药黄色，单株成穗茎数 1 个。生育期夏播区平均 91 天，株高 122.32 厘米。在亩留苗 4.0 万株的情况下，成穗率 85.86%；纺锤穗，穗子松紧适中；穗长 20.87 厘米，穗粗 2.52 厘米，单穗重 20.80 克，穗粒重 16.63 克；千粒重 2.95 克；出谷率 83.52%，出米率 77.89%；黄谷黄米；籽粒胚乳类型为粳型。

保谷 25 在 2014—2015 年参加保定市品比试验，较对照冀谷 19 增产 7.63%；2016—2017 年参加河北省多点试验示范，表现大穗、高产、稳产、抗病性好，较对照豫谷 18 增产 3.59%。

保谷 25 建议在河南、河北、山东春夏播种植；春谷区内蒙古、吉林、辽宁、新疆中南部春季种植。该品种抗倒，高产适合机械化收割。种植时应实行轮作倒茬，避免重茬，重茬易导致谷子线虫病、白发病严重，特殊气候条件下易造成谷瘟病、纹枯病、褐条病、赤霉病等病害发生。雨水大时注意防治谷瘟病和谷锈病。使用本品种不建议自留谷种，否则不能达到应有的技术效果。

5. 保谷 26

由保定市农业科学院以“（狗尾草×矮 2）×K492”为材料选育而来。属于抗烯禾啶除草剂品种。幼苗绿色，幼苗叶姿半上冲，植株叶姿半上冲，花药黄色，单株成穗茎数 1 个。生育期夏播区平均 91 天，平均株高 125.01 厘米。在亩留苗 4.0 万株的情况下，成穗率 88.51%；纺锤穗，穗子松紧适中；穗长 19.93 厘米，穗粗 2.57 厘米，单穗重 17.95 克，穗粒重 15.34 克；千粒重 2.90 克；出谷率 84.55%，出米率 75.47%；黄谷黄米；籽粒胚乳类型为粳型。

保谷 26 在 2015 年参加保定市品比试验，较对照冀谷 19 增产 6.21%；2016—2017 年参加河北省多点试验示范，表现大穗、高产、稳产、抗病性好，较对照豫谷 18 增产 3.22%。

保谷 26 建议在河南、河北、山东春夏播种植；春谷区内蒙古、吉林、辽宁、新疆中南部春季种植。该品种是抗除草剂谷子品种，省工省时，高产适合机械化收割。种植时应实行轮作倒茬，避免重茬，重茬易导致谷子线虫病、白发病严重，特殊气候条件下易造成谷瘟病、纹枯病、褐条病、赤霉病等病害发生。使用本品种不能自留谷种，否则不能达到应有的技术效果。

6. 保谷 928

由保定市农业科学院以“9050×冀谷 25”为材料选育而来。属于抗烯禾啶除草剂品种。幼苗绿色，幼苗叶姿半上冲，植株叶姿半上冲，花药黄色，单株成穗茎数1个。生育期夏播区平均93天，春播区平均118天，株高114.3~123.7厘米。在亩留苗4.0万株的情况下，成穗率95.3%；纺锤穗，穗子松紧适中；穗长19.86~21.54厘米，穗粗2.41厘米，单穗重16.48~23.11克，穗粒重13.11~17.71克；千粒重2.86~2.92克；出谷率72.9%，出米率76.1%；黄谷黄米；米质优等；籽粒胚乳类型为粳型。

保谷928在2015年参加保定市品比试验，较对照冀谷19增产12.97%，居参试品种第3位；2016年参加保定市品比试验，较对照冀谷19增产7.62%，居参试品种第3位；开始在河北省推广。2017—2018年在吉林省参加区域试验亩产分别为376.5千克、324千克（+8%）。

保谷928建议在河南、河北、山东春夏播种植；春谷区内蒙古、吉林、辽宁、新疆中南部春季种植。抗除草剂谷子品种，省工省时，高产适合机械化收割。种植时应实行轮作倒茬，避免重茬，重茬易导致谷子线虫病、白发病严重，特殊气候条件下易造成谷瘟病、纹枯病、褐条病、赤霉病等病害发生。除草剂喷施前注意天气预报，不要在雨前喷施，否则一是达不到理想的防除效果，二是低洼处积水药液汇集易引起谷苗发黄甚至死亡。指定使用的烯禾啶（拿捕净）为本品种专用除草剂，严禁用于其他谷子田，同时严禁将其他除草剂用于本品种，否则会造成田间绝收。使用本品种不能自留谷种，不能达到应有的技术效果。

7. 保谷935

由保定市农业科学院以“201094×K325”为材料选育而来。属于抗烯禾啶除草剂品种。幼苗绿色，幼苗叶姿半上冲，植株叶姿半上冲，花药黄色，单株成穗茎数1个。生育期夏播区平均93天，株高131.53厘米。在亩留苗4.0万株的情况下，成穗率95.0%；纺锤穗，穗子偏紧；穗长19.41厘米，穗粗2.17厘米，单穗重18.86克，穗粒重16.02克；千粒重2.95克；出谷率81.85%，出米率78.88%；黄谷黄米；籽粒胚乳类型为粳型。

保谷935在2015年参加保定市品比试验，较对照冀谷19增产10.96%，居参试品种第2位；2016—2017年参加河北省多点试验示范，表现大穗、高产、稳产、抗病性好，较对照豫谷18增产2.24%。

保谷935建议在河南、河北、山东春夏播种植；春谷区内蒙古、吉林、辽宁、新疆中南部春季种植。抗除草剂谷子品种，省工省时，高产适合机械化收割。种植时应实行轮作倒茬，避免重茬，重茬易导致谷子线虫病、白发病严重，特殊气候条件下易造成谷瘟病、纹枯病、褐条病、赤霉病等病害发生。除草剂喷施前注意天气预报，不要在雨前喷施，否则，一是达不到理想的防除效果，二是低洼处积水药液汇集易引起谷苗发黄甚至死亡。使用本品种不能自留谷种，不能达到应有的技术效果。

（六）河北省农林科学院旱作农业研究所

1. 衡谷26号

河北省农林科学院旱作农业研究所通过有性杂交方法育成的非转基因抗拿捕净除草剂、宜主食加工谷子新品种，粗淀粉含量67.55%，粗脂肪3.26，属高淀粉低脂肪品种，2019年通过农业农村部非主要农作物品种登记，登记编号：GPD谷子（2019）130098。

在2015—2016年参加衡水桃城区、枣强县、深州市，邢台南宫市，邯郸涉县5点的河北省夏谷联合鉴定试验，两年 5 点平均亩产分别为 362.7 千克、351.2 千克，其中，2015 年 5 点平均产量较对照豫谷 18 减产 1.57%，2016 年 5 点平均产量较对照豫谷 18 增产 0.06%。

在冀鲁豫夏谷区适播期为 5 月 20 日至 6 月 30 日，最晚不晚于 7 月 10 日，丘陵山地春播宜在 5 月 10 日左右进行。每亩一般播量在 0.5 千克，亩留苗 4 万~5 万株。在谷子 3~5 叶期，杂草 2~4 叶期，每亩喷施与谷种配套的 42%二甲氯氟吡氧乙酸异辛酯 40~50 毫升混配 12.5%的烯禾啶 80~100 毫升加水 30 千克，实现杀灭双子叶及单子叶杂草。衡谷 26 号适宜在河北两作制地区夏播及丘陵山地春播。

2. 衡谷 36 号

河北省农林科学院旱作农业研究所通过有性杂交方法育成的非转基因抗拿捕净除草剂、优质早熟谷子新品种，2019 年通过农业农村部非主要农作物品种登记，登记编号：GPD 谷子（2019）130116。

在 2015—2016 年参加衡水深州、枣强，石家庄藁城，邢台南宫、威县 5 点河北夏谷多点鉴定试验，亩产分别为 346.7 千克、360.1 千克，分别较对照衡谷 13 号（329.8 千克/亩，347.5 千克/亩）增产 5.12%、3.63%，居 2 年所有参试品种的第 1 位。

在冀鲁豫夏谷区适播期为 5 月 20 日至 6 月 30 日，也可在 7 月中下旬播种，最晚不晚于 7 月 25 日。每亩一般播量在 0.5 千克，亩留苗 4 万~5 万株。在谷子 3~5 叶期，杂草 2~4 叶期，每亩喷施与谷种配套的 42%二甲氯氟吡氧乙酸异辛酯 40~50 毫升混配 12.5%的烯禾啶 80~100 毫升，加水 30 千克，实现杀灭双子叶及单子叶杂草。衡谷 36 号适宜在河北两作制地区夏播及丘陵山地春播。

3. 衡谷 23 号

河北省农林科学院旱作农业研究所通过有性杂交方法育成的非转基因抗拿捕净除草剂、优质早熟谷子新品种，抗旱早熟、米色亮黄、黏软省火，2018 年通过农业部非主要农作物品种登记，登记编号：GPD 谷子（2018）130153。

在 2015—2016 年参加河北省区域试验，平均亩产分别为 406.7 千克、389.1 千克，较对照豫谷 18 分别增产 17.75%、16.50%；两年平均亩产 397.9 千克、较对照豫谷 18 平均增产 17.13%。

在冀鲁豫夏谷区适宜播期 5 月 20 日至 6 月 30 日，最晚 7 月 10 日；冀中南太行山区、冀东及山东丘陵山区春播种植，适宜播种期 5 月 10 日至 6 月 10 日。吉林等地一般要在 4 月下旬至 5 月上旬适时播种。每亩播种量 0.5 千克，一般情况下，不需要人工间苗。在谷子 4~5 叶期，使用谷阔清+拿捕净进行混合喷施，具体为：每亩使用与谷种配套的谷阔清（二甲氯氟吡氧乙酸异辛酯）40~50 毫升加水 30 千克防治双子叶杂草，采用 12.5%烯禾啶（拿捕净）80~100 毫升，加水 30 千克防治单子叶杂草。衡谷 23 号适宜在河北夏谷区夏播或晚春播，吉林省春播。

4. 衡谷 35 号

河北省农林科学院旱作农业研究所通过有性杂交方法育成的非转基因抗拿捕净的谷子新品种，2018 年通过农业部非主要农作物品种登记，登记编号：GPD 谷子（2019）130115。

在 2015—2016 年参加衡水深州、枣强，石家庄藁城，邢台南宫、威县 5 点河北夏谷多点鉴定试验，平均亩产分别为340.2千克、365.3千克，分别较对照衡谷13号（329.8千克/亩，347.5千克/亩）增产3.15%、5.12%，居所有参试品种第2位。

在冀鲁豫夏谷区适宜播期5月20日至6月30日，最晚7月25日；每亩一般播量在0.5千克，亩留苗4万~5万株。在谷子3~5叶期，杂草2~4叶期，每亩喷施与谷种配套的42%二甲氯氟吡氧乙酸异辛酯40~50毫升混配12.5%的烯禾啶80~100毫升，加水30千克，实现杀灭双子叶及单子叶杂草。衡谷35号适宜在河北两作制地区夏播及丘陵山地春播。

三、技术规程

“十三五”期间，河北省共审定发布关于谷子生产的技术规程13项，全部是地方标准（表2-3），其中，省级地方标准10项，市级地方标准3项。主要是关于谷子种植技术、病虫害防治、耐盐碱性评价、品种分子鉴定等方面的标准。另外河北省农林科学院创新工程项目《谷子全产业链绿色生产技术规程》通过专家验收，成为目前推广的技术规程。

表2-3 “十三五”期间关于谷子的发布标准

序号	标准名称	发布号	完成单位
1	饲用谷子种植技术规程	DB13/T 2427—2016	河北省农林科学院谷子研究所
2	油葵—饲用谷子复种技术规程	DB13/T 2426—2016	河北省农林科学院谷子研究所
3	谷子病虫害防治技术规程第一部分：水浇地夏谷	DB13/T 2457.1—2017	河北省农林科学院谷子研究所
4	谷子病虫害防治技术规程第二部分：水浇地春谷	DB13/T 2457.2—2017	河北省农林科学院谷子研究所
5	谷子病虫害防治技术规程第三部分：丘陵旱薄地谷子	DB13/T 2457.3—2017	河北省农林科学院谷子研究所
6	谷子病虫害防治技术规程第四部分：抗除草剂谷子	DB13/T 2457.4—2017	河北省农林科学院谷子研究所
7	谷子耐盐碱性评价技术规程	DB13/T 2753—2018	河北省农林科学院谷子研究所
8	稀疏林地间作谷子栽培技术规程	DB13/T 2903—2018	河北省农林科学院旱作农业研究所
9	谷子杂交种高效制种技术操作规程	DB1307/T 264—2018	张家口市农业科学院
10	谷子—冬绿肥种植技术规程	DB13/T 5206—2020	河北省农林科学院谷子研究所
11	兼抗两种除草剂谷子生产技术规程	DB13/T 5205—2020	河北省农林科学院谷子研究所
12	谷子精量播种技术规程	DB1308/T 278—2020	承德市农林科学院
13	“张杂谷”品种分子鉴定技术规程	DB1307/T 300—2020	张家口市农业科学院

四、论文和著作

（一）发表论文情况

“十三五”期间，河北省从事谷子科学研究的主要科研单位共计发表论文192篇（表2-4），其中SCI论文13篇，一级学报29篇。第一单位发表论文情况：河北省农林科学院谷子研究所115篇，张家口市农业科学院67篇，河北省农林科学院旱作农业研究所1篇，沧州市农林科学院2篇，承德市农林科学院6篇，河北省农业机械化研究所有限公司1篇。

表 2-4 “十三五”期间发表的论文和出版著作

序号	期刊名称	论文标题	第一作者/通信作者	刊物类别/年，（卷）期：页码	第一单位	通信单位
1	Crop & Pasture Science	Stem lodging parameters of the basal three internodes associated with plant population densities and developmental stages in foxtail millet (Setaria italica) cultivars differing in resistance to lodging	田伯红/	SCI/2017，68，349-357	沧州市农林科学院	
2	Field Crops Research	Penalties in yield and yield associated traits caused by stem lodging at different developmental stages in summer and spring foxtail millet cultivars	田伯红/	SCI/2018	沧州市农林科学院	
3	Frontiers in Plant Science	Comprehensive profiling and inheritance patterns of metabolites in foxtail millet	Shuangdong Li/Zhihai Zhao	SCI/2018，(9) 1716	张家口市农业科学院	张家口市农业科学院
4	International Journal of Biological Macromolecules	Genetic variation in starch physicochemical properties of Chinese foxtail millet	/李顺国	SCI/1区/2019，133，337-345		河北省农林科学院谷子研究所
5	Molecules	Variation patterns of the volatiles during germination of the foxtail millet (Setaria Italic): The relationship between the volatiles and fatty acids in model experiments	Pengliang Li/Jingke Liu	SCI/3区/2020	河北省农林科学院谷子研究所	河北省农林科学院谷子研究所
6	Cereal Chemistry	Effects of different cultivars and particle sizes of non-degermed millet flour fractions on the physical and texture properties of Chinese Steamed Bread	Shaohui Li/Jingke Liu	SCI/3区/2020	河北省农林科学院谷子研究所	河北省农林科学院谷子研究所
7	BMC Genomics	Genome-wide analysis of the NAC transcription factor family in broomcorn millet (Panicum miliaceum L.) and expression analysis under drought stress	单忠英/刘国庆	SCI/2区/2020		河北省农林科学院谷子研究所

（续表）

序号	期刊名称	论文标题	第一作者/通信作者	刊物类别/年，（卷）期：页码	第一单位	通信单位
8	Food Chemistry	Diversity analysis of starch physicochemical properties in 95 proso millet (Panicum miliaceum L.) accessions	Kehu Li/Guoqing Liu	SCI/1 区/2020	上海交通大学	河北省农林科学院谷子研究所
9	Food Chemistry	Starch properties of high and low amylose proso millet (Panicum miliaceum L.) genotypes are differentially affected by varying salt and pH	Tongze Zhang/Guoqing Liu	SCI/1 区/2020	上海交通大学	河北省农林科学院谷子研究所
10	Food Hydrocolloids	Diverse mechanical properties and microstructures of sorghum bran arabinoxylans/soy protein isolate mixed gels by duo-induction of peroxidase and calcium ions	/吕芃	SCI/1 区/2020		河北省农林科学院谷子研究所
11	Theoretical and Applied Genetics	The bHLH transcription factor PPLS1 regulates the color of pulvinus and leaf sheath in foxtail millet (Setaria italica)	Hui Bai/Zhiping Dong	SCI/1 区/2020	河北省农林科学院谷子研究所	河北省农林科学院谷子研究所
12	Plant Disease	First report of dwarf disease in foxtail millet (Setaria italica) caused by Barley yellow striate mosaic virus in China	H. R. Shen/H. Bai, Z. Y. Li	SCI/1 区/2020，104（4）：1262		河北省农林科学院谷子研究所
13	Cereal Chemistry	Volatile profiles of 13 foxtail millet commercial cultivars (Setaria italica Beauv) from China	刘敬科/	2016，94（2）	河北省农林科学院谷子研究所	
14	华北农学报	谷子糯质基因共分离分子标记的研究	白辉/	2016，31（4）：7-12	河北省农林科学院谷子研究所	
15	华北农学报	覆膜对夏播谷子生长发育与产量的影响机制及其相关性分析	宋世佳/	2016，31（增刊）：25-30	河北省农林科学院谷子研究所	
16	中国农业资源与区划	自然降雨与旱地谷子单产水平关系研究-以武安市为例	刘猛/李顺国	2016，37（9）：48-51	河北省农林科学院谷子研究所	河北省农林科学院谷子研究所
17	中国农业科技导报	我国谷子轻简高效生产技术研究进展	李顺国/	2016，18（2）：19-24	河北省农林科学院谷子研究所	
18	中国农业科技导报	旱地夏播谷子渗水地膜穴播栽培增产机理研究	夏雪岩/	2016，18（3）：119-125	河北省农林科学院谷子研究所	

（续表）

序号	期刊名称	论文标题	第一作者/通信作者	刊物类别/年，（卷）期：页码	第一单位	通信单位
19	中国农学通报	中国农户谷子种植意愿及其影响因素分析	刘猛/李顺国	2016，32（8）：170–176	河北省农林科学院谷子研究所	河北省农林科学院谷子研究所
20	中国农学通报	微垄膜侧沟播对谷子根系和产量的影响	夏雪岩/	2016，32（30）：68–71	河北省农林科学院谷子研究所	
21	中国种业	优质早熟谷子新品种汇华金米	夏雪岩/	2016，（9）：89–90	河北省农林科学院谷子研究所	
22	中国种业	谷子新品种冀谷 35 及其轻简化配套栽培技术	夏雪岩/	2016，（10）：62–63	河北省农林科学院谷子研究所	
23	农学学报	河北饲用谷子种植技术规程研究	周汉章/	2016，6（11）：58–63	河北省农林科学院谷子研究所	
24	粮食与饲料工业	小米糠及其膳食纤维中的挥发性成分对比	刘敬科/	2016，（8）：33–36	河北省农林科学院谷子研究所	
25	安徽农业科学	河北省山区县域谷子产业发展分析——以武安和蔚县为例	刘斐/李顺国	2016，44（5）：239–242	河北省农林科学院谷子研究所	
26	中国农业信息	抗拿捕净除草剂谷子的快速检测鉴定方法研究	张婷/	2016，（8）：116–117	河北省农林科学院谷子研究所	
27	农业工程	一种快速鉴定抗咪唑乙烟酸除草剂谷子的培养皿方法	张婷/	2016，6（4）：85–87	河北省农林科学院谷子研究所	
28	天津农业科学	华北夏谷区品种联合鉴定	夏雪岩/	2016，22（10）：106–110	河北省农林科学院谷子研究所	
29	草原与草坪	播量与水肥耦合对秋闲田饲用谷子产草量的影响	周汉章/	2016，36（2）：34–43	河北省农林科学院谷子研究所	
30	安徽农业科学	谷田杂草综合防治技术规程	周汉章/	2016，44（30）：84–86	河北省农林科学院谷子研究所	
31	畜牧与饲料科学	油葵–饲用谷子复种栽培技术规程	周汉章/	2016，37（6–7）：34–39	河北省农林科学院谷子研究所	

（续表）

序号	期刊名称	论文标题	第一作者/通信作者	刊物类别/年，（卷）期：页码	第一单位	通信单位
32	畜牧与饲料科学	饲用谷种生产技术规程	周汉章/	2016，37（8）：41-45	河北省农林科学院谷子研究所	
33	畜牧与饲料科学	无公害饲用甜高粱种植技术规程研究	周汉章/	2016，37（11）：31-34	河北省农林科学院谷子研究所	
34	河北农业科学	我国谷子糜子品牌建设现状及发展模式选择	刘斐/李顺国	2016，20（1）：1-3	河北省农林科学院谷子研究所	
35	农业展望	2016年中国谷子糜子产业发展趋势	刘斐/李顺国	2016，5：39-42	河北省农林科学院谷子研究所	
36	河北农业科学	无醇小米饮料的研制与营养分析	张爱霞/	2016，20（1）：8-11	河北省农林科学院谷子研究所	
37	Agricultural Science & Technology	Light Simplified Millet Cultivation Technique Adopting Furrow Sowing beside Plastic Film Covering Micro-ridges（谷子微垄膜侧沟播轻简化栽培技术）	夏雪岩/	2016，17（4）：869-871	河北省农林科学院谷子研究所	
38	Agricultural Science & Technology	Light Simplified Millet Production Technique Adopting Film Mulching and Hole Sowing（谷子全膜穴播轻简化生产技术）	李顺国/	2016，17（4）：887-889	河北省农林科学院谷子研究所	
39	Agricultural Science & Technology	Light Simplified Cultivation Techniques of Wide Row and Double Ridge with Filming, Fertilizing and Sowing on One for Foxtail Millet（谷子宽行双垄覆膜播种施肥一体轻简化生产技术）	夏雪岩/	2016，17（3）：563-565	河北省农林科学院谷子研究所	
40	Agricultural Science & Technology	Technology Regulation of Foxtail Millet Production Combining Machinery and Agronomy（谷子农机农艺结合生产技术规程）	夏雪岩/	2016，17（5）：1106-1109	河北省农林科学院谷子研究所	
41	Agricultural Science & Technology	Effects of Water - permeability Plastic Film Mulching plus Bunch Planting on Root and Yield of Foxtail Millet（渗水地膜穴播对谷子根系和产量的影响）	夏雪岩/	2016，17（8）：1859-1861，1973	河北省农林科学院谷子研究所	

（续表）

序号	期刊名称	论文标题	第一作者/通信作者	刊物类别/年，（卷）期：页码	第一单位	通信单位
42	Agricultural Science & Technology	Breeding and Cultivation Technique of Forage Foxtail Millet Variety Jicaogu 1（饲草专用谷子品种冀草谷 1 号选育及配套技术研究）	夏雪岩/	2016，17（9）：2042-2045	河北省农林科学院谷子研究所	
43	Animal Husbandry and Feed Science	Effects of Seeding Rate，Water and Fertilizer Coupling on Grass Yield of Forage Millet（Setaria itlica）in Hebei（播量与水肥耦合对河北饲用谷子产草量的影响）	周汉章/	2016，8（5）：283-290，314	河北省农林科学院谷子研究所	
44	Agricultural science & Technology	Technical Regulations for Comprehensive Control Weeding in Millet Field（谷田杂草综合防控技术规程）	周汉章/	2016，17（10）：679-686	河北省农林科学院谷子研究所	
45	Asian Agricultural Research	Study on the Influence of Sowing Rate，Water and Fertilizer Coupling on Water Use Efficiency of Fodder Millet（播量与水肥耦合对饲用谷子水分利用率影响的研究）	周汉章/	2016，8（10）：77-87	河北省农林科学院谷子研究所	
46	畜牧与饲料科学	饲用谷子种子清选加工技术规程	周汉章/	2016，（12）：361-364	河北省农林科学院谷子研究所	
47	中国农业科技导报	铵态氮和硝态氮对谷子形态和生物量的影响研究	崔纪菡/	2017，19（10）：66-72	河北省农林科学院谷子研究所	
48	东北农业大学学报	谷子抗旱性鉴定研究进展	崔纪菡/	2017，48（1）：89-96	河北省农林科学院谷子研究所	
49	中国农业科技导报	不同品种小米矿质元素含量差异分析	崔纪菡/	2017，19（8）：84-91	河北省农林科学院谷子研究所	
50	中国农业科技导报	基于密切值模型的谷子新品种示范效果综合评价	刘猛/	2017，19（11）：42-48	河北省农林科学院谷子研究所	
51	中国农学通报	自然降雨与太行山区玉米单产形成的关系	刘猛/	2017，33（31）：11-14	河北省农林科学院谷子研究所	
52	农业展望	2017 年中国谷子糜子产业发展趋势	刘斐/	2017，13（6）：40-43	河北省农林科学院谷子研究所	

（续表）

序号	期刊名称	论文标题	第一作者/通信作者	刊物类别/年，（卷）期：页码	第一单位	通信单位
53	食品科技	小米馒头质构分析和品质评价	张爱霞/	2017，42（6）：156-161	河北省农林科学院谷子研究所	
54	色谱	顶空固相微萃取—气相色谱—质谱法测定小米黄酒风味成分	刘敬科/	2017，35（11）：1184-1191	河北省农林科学院谷子研究所	
55	中国食品添加剂	分散液相微萃取荧光法速测小麦粉中过氧化苯甲酰	张爱霞/	2017，4：1 63-167	河北省农林科学院谷子研究所	
56	中国农业科学	华北夏谷区 2001—2015 年谷子育种变化	张婷/	2017，50（23）：4475-4485	河北省农林科学院谷子研究所	
57	中国农业科学	十五年区试数据分析展示谷子糜子育种现状	程汝宏/	2017，50（23）：4469-4474	河北省农林科学院谷子研究所	
58	河北农业科学	不同类型地膜的谷地杂草防除效果和土壤水温效应研究	崔纪菡/	2017，21（1）：6-11	河北省农林科学院谷子研究所	
59	河北农业科学	富硒谷子生产技术规程	赵宇/	2017，21（1）：12-14	河北省农林科学院谷子研究所	
60	河北农业科学	无公害饲用谷子种植技术	周汉章/	2017，21（2）：4-8	河北省农林科学院谷子研究所	
61	河北农业科学	小米加工副产物的成分分析和营养评价	张爱霞/	2017，21（1）：73-76	河北省农林科学院谷子研究所	
62	安徽农业科学	谷子新品种冀谷 34 的丰产性和稳产性分析	张婷/	2017，45（32）：19-20	河北省农林科学院谷子研究所	
63	畜牧与饲料科学	绿色富硒饲用谷子种植技术规程探讨	周汉章/	2017，38（8）：36-40	河北省农林科学院谷子研究所	
64	畜牧与饲料科学	播期、播量与行距对秋闲田饲用谷子草产量的影响	周汉章/	2017，37（11）：28-34	河北省农林科学院谷子研究所	

（续表）

序号	期刊名称	论文标题	第一作者/通信作者	刊物类别/年，（卷）期：页码	第一单位	通信单位
65	现代农村科技	冀谷系列抗除草剂优质谷子新品种	师志刚/	2017，（7）：107	河北省农林科学院谷子研究所	
66	Agricultural Science & Technology	河北饲用谷子种子清选加工技术规程（英文）	周汉章/	2017，18（2）：361-364	河北省农林科学院谷子研究所	
67	Plant Diseases and Pests	河北省谷子田杂草综合防治技术规程（英文）	周汉章/	2017，8（1）：27-29，33	河北省农林科学院谷子研究所	
68	Agricultural Science & Technology	Technical Regulations for Planting of Forage Millet Rich in Selenium in Hebei Province（河北富硒饲用谷子种植技术规程探讨）	周汉章/	2017，18（10）：1892-1896，1899	河北省农林科学院谷子研究所	
69	中国农业信息	兼抗阿特拉津与拿捕净谷子新品种冀谷 34 的选育研究	张婷/	2017，（21）：51-52	河北省农林科学院谷子研究所	
70	中国农业信息	冀谷 34 配套栽培技术研究	张婷/	2017，（20）：90	河北省农林科学院谷子研究所	
71	江苏农业科学	谷子蔗糖合成酶基因家族鉴定及生物信息学分析	董志平/	2017，45（15）：30-34	河北省农林科学院谷子研究所	
72	植物遗传资源学报	不同光周期条件下谷子农艺性状的光周期敏感性评价	/董志平	2018，19（5）：919-924		河北省农林科学院谷子研究所
73	中国农业科学	谷瘟病菌无毒基因型鉴定及分析	/董志平	2018，51（6）：1079-1088		河北省农林科学院谷子研究所
74	植物病理学报	谷瘟病菌无毒基因 AVR1-CO39 序列变异及遗传多样性分析	/董志平	2018，48（6）：748-757		河北省农林科学院谷子研究所
75	农业生物技术学报	谷子不育系与杂种优势利用研究进展	李琳/	2018，（10）：1787-1796	河北省农林科学院谷子研究所	
76	食品科技	不同品种小米粉流变学特性差异性研究	张爱霞/	2018，（2）：180-184	河北省农林科学院谷子研究所	
77	中国农学通报	中国谷子生产的要素变化与机械化水平分析	李顺国/	2018，34（10）：153-158	河北省农林科学院谷子研究所	

（续表）

序号	期刊名称	论文标题	第一作者/通信作者	刊物类别/年，（卷）期：页码	第一单位	通信单位
78	贵州农业科学	农户对豫谷 18 新品种的采用行为及影响因素	刘猛/	2018，46（3）：167-170	河北省农林科学院谷子研究所	
79	湖北农业科学	谷子轻简高效生产技术集成模式的综合效益评价——以河北省谷子为例	刘猛/	2018，（20）：13-18	河北省农林科学院谷子研究所	
80	山西农业科学	我国谷子生产组织模式选择及倾向因素分析	刘猛/	2018，46（10）：1772-1776	河北省农林科学院谷子研究所	
81	农学学报	新时期中国谷子产业发展技术需求与展望	李顺国/	2018，8（6）：96-100	河北省农林科学院谷子研究所	
82	农业展望	中国谷子主产区病虫鸟害发生程度与防治思路	南春梅/刘猛	2018，（1）：26-34，42	河北省农林科学院谷子研究所	河北省农林科学院谷子研究所
83	农业展望	近期中国谷子高粱产业发展形势与未来趋势	李顺国/	2018，（10）：37-40	河北省农林科学院谷子研究所	
84	华北农学报	谷瘟病菌交配型基因克隆和不同地区交配型基因检测	/董志平	2018，33（3）：56-62		河北省农林科学院谷子研究所
85	河北农业科学	冀谷 34 中自噬相关基因 SiATG5 的克隆及响应干旱胁迫机理研究	王根平/	2018，22（2）：1-5	河北省农林科学院谷子研究所	
86	河北农业科学	河北省区域谷子生产效益综合评价	刘猛/李顺国	2018，22（1）：1-6	河北省农林科学院谷子研究所	河北省农林科学院谷子研究所
87	草业学报	夏播饲用谷子农艺性状与品质评价	任晓丽/	2019，（1）：15-26	河北省农林科学院谷子研究所	
88	植物保护学报	谷子种子白发病菌带菌检测及种群多态性分析	/董志平	2019，（3）：651-657		河北省农林科学院谷子研究所
89	中国农业科学	谷子抗锈病反应相关 MYB 转录因子的鉴定与表达研究	白辉/	2019，52（22）：4016-4026	河北省农林科学院谷子研究所	

（续表）

序号	期刊名称	论文标题	第一作者/通信作者	刊物类别/年，（卷）期：页码	第一单位	通信单位
90	农业生物技术学报	谷子抗病相关基因 SiRAR1 的克隆及表达分析	白辉/	2019，27（12）：2091-2100	河北省农林科学院谷子研究所	
91	华北农学报	谷子种子带线虫检测及分析	/董志平	2019，34（4）：208-216		河北省农林科学院谷子研究所
92	中国农业科学	高粱苗期耐盐性转录组分析和基因挖掘	董明/刘国庆	2019，52（22）：3987-4001	河北省农林科学院谷子研究所	河北省农林科学院谷子研究所
93	山西农业科学	硒的不同价态和浓度对谷子硒含量和生理指标的影响	崔纪菡/	2019，47（7）：1143-1148	河北省农林科学院谷子研究所	
94	New Disease Reports	中国西北地区关于由木贼镰刀菌引起谷子穗腐病的首次报道	郑直/	2019，（8）：	河北省农林科学院谷子研究所	
95 96	中国农学通报	酶法制备低 DE 值小米淀粉糖浆的技术研究	张佳丽/刘敬科	2019，35（3）：154-157	河北省农林科学院谷子研究所	河北省农林科学院谷子研究所
97	食品科技	小米蛋白提取及营养评价	张爱霞/	2019，44（8）：223-227	河北省农林科学院谷子研究所	河北省农林科学院谷子研究所
98	农业灾害研究	利用性诱剂监测与防控谷田玉米螟危害的初步研究	马继芳/	2019，9（3）：7-9，21	河北省农林科学院谷子研究所	
99	粮食与饲料工业	小米糠多肽制备及 DPPH·清除能力的研究	张佳丽/	2019，（4）：23-27	河北省农林科学院谷子研究所	
100	中国植保导刊	谷子粒黑穗病病菌萌发条件及其对生物杀菌剂敏感性测定	/董立	2019，（9）：21-25		河北省农林科学院谷子研究所
101	世界农业	杂交谷子走进尼日利亚研究初探	范光宇/赵治海	2016，（08）：177-179	张家口市农业科学院	张家口市农业科学院
102	河北农业科学	几个骨干谷子雄性不育系和恢复系的配合力分析	李素英/赵治海	2016，20（2）：1-4	河北省农林科学院谷子研究所	张家口市农业科学院
103	草业与畜牧	“张杂谷”饲草饲料转化初探	范光宇/赵治海	2016，（3）：56-59	张家口市农业科学院	张家口市农业科学院

（续表）

序号	期刊名称	论文标题	第一作者/通信作者	刊物类别/年，（卷）期：页码	第一单位	通信单位
104	河北农业科学	谷子光温敏雄性不育系 A2 高产繁育技术研究	王晓明/	2016，20（2）：5-9	张家口市农业科学院	
105	畜牧与饲料科学	“张杂谷”作为饲草料的转化利用分析	范光宇/赵治海	2016，37（2）：43-46	张家口市农业科学院	张家口市农业科学院
106	河北农业科学	张杂谷 9 号高产配套栽培技术研究	宋国亮/	2017，21（5）：1-3+26	张家口市农业科学院	
107	现代农村科技	保水剂基质育苗移栽对谷子生长特征影响初探	王德权/	2017，（3）：72-73	张家口市农业科学院	
108	作物杂志	谷子新不育系的配合力分析	宋国亮/赵治海	2017，（2）：44-50	张家口市农业科学院	张家口市农业科学院
109	现代农业科技	国内对二色补血草的研究进展	王瑞兵/范光宇	2017，（12）：76-77+81	河北巡天农业科技有限公司	张家口市农业科学院
110	种子	新优质谷子杂交种张杂谷 15 号	宋国亮/赵治海	2017，36（07）：108-109	张家口市农业科学院	张家口市农业科学院
111	节水灌溉	极度干旱区杂交谷子水分高效利用研究	赵治海	2017，（7）：42-46+56	张家口市农业科学院	张家口市农业科学院
112	种子	优质谷子新杂交种张杂谷 16 号	宋国亮/赵治海	2018，37（5）：116-117	张家口市农业科学院	张家口市农业科学院
113	中国饲料	收割时期及发酵处理对张杂谷营养成分及其在奶牛瘤胃中降解率的影响	/赵治海	2018，（21）：21-26		张家口市农业科学院
114	河北农业科学	新疆不同小米的硒　脂肪及氨基酸成分分析	王峰/赵治海	2018，22（4）：6-9	张家口市农业科学院	张家口市农业科学院
115	现代农村科技	极度干旱地区谷子杂交种节水种植试验	赵治海	2018，（9）：72-73	张家口市农业科学院	张家口市农业科学院
116	中国农业科技导报	谷子超氧化物歧化酶基因家族生物信息学分析	赵艳/赵治海	2018，20（8）：1-6	河北北方学院	张家口市农业科学院
117	农业展望	农业科研院所创新推广模式探析及展望——杂交谷子走进埃塞俄比亚	范光宇/赵治海	2018，14（9）：79-82	张家口市农业科学院	张家口市农业科学院

（续表）

序号	期刊名称	论文标题	第一作者/通信作者	刊物类别/年，（卷）期：页码	第一单位	通信单位
118	现代农村科技	适宜阿拉善种植的谷子品种筛选	裴晶晶	2019，（6）：52	张家口市农业科学院	
119	中国农学通报	谷子杂交种和常规种耐盐性筛选	邱风仓/赵治海	2019，35（29）：47-51	张家口市农业科学院	张家口市农业科学院
120	现代农村科技	优质杂交谷子新品种张杂谷 13 号的选育及栽培技术	宋国亮	2019，（5）：18	张家口市农业科学院	
121	作物研究	张杂谷 18 号的选育及栽培技术	范光宇/赵治海	2019，33（2）：151-152+157	张家口市农业科学院	张家口市农业科学院
122	种子	张杂谷 13 号选育及应用	范光宇/赵治海	2019，38（3）：120-122	张家口市农业科学院	张家口市农业科学院
123	现代农村科技	扎鲁特旗张杂谷 6 号营养成分分析	裴晶晶	2019，（5）：59-60	张家口市农业科学院	
124	农业科技通讯	张杂谷谷子主要农艺性状与产量的灰色关联度分析	魏玮/赵治海	2019，（9）：182-188	张家口市农业科学院	张家口市农业科学院
125	河北农业大学学报	张家口市坝上地区谷子恢复系的选育研究	宋国亮/赵治海	2019，42（2）：30-35	张家口市农业科学院	张家口市农业科学院
126	山西农业科学	20 个谷子新不育系综合性状分析	张晓磊/史高雷	2020，48（7）：1061-1065+1114	张家口市农业科学院	张家口市农业科学院
127	作物研究	坝上杂交谷子饲用生产性能初步研究	冯小磊/王晓明	2020，34（2）：145-147+165	张家口市农业科学院	张家口市农业科学院
128	耕作与栽培	不同肥料对谷子农艺性状及产量的影响	赵芳/魏玮	2020，40（6）：1-5	张家口市农业科学院	张家口市农业科学院
129	食品工业	不同小米品种氨基酸与脂肪酸营养含量分析	冯小磊/王峰	2020，41（7）：340-344	张家口市农业科学院	张家口市农业科学院
130	东北农业科学	干旱胁迫对张杂谷 3 号及亲本光合特性及物质积累的影响	张晓磊/冯小磊，王晓明	2020，45（4）：16-20	张家口市农业科学院	张家口市农业科学院

（续表）

序号	期刊名称	论文标题	第一作者/通信作者	刊物类别/年，（卷）期：页码	第一单位	通信单位
131	农学学报	河套地区种植方式与密度对‘张杂谷19号’产量的影响	冯小磊/王晓明	2020，10（5）：26-30	张家口市农业科学院	张家口市农业科学院
132	山西农业科学	极度干旱区种植方式对谷子叶部水分特征及产量的影响	冯小磊/张晓磊	2020，48（3）：330-334+357	张家口市农业科学院	张家口市农业科学院
133	陕西农业科学	抗旱新品种张杂谷19号选育研究	张晓磊/王晓明	2020，66（8）：3-5	张家口市农业科学院	张家口市农业科学院
134	作物研究	张杂谷22号的选育及栽培技术	范光宇/赵治海	2020，34（6）：577-579	张家口市农业科学院	张家口市农业科学院
135	中国粮油学报	发芽粟米对高血脂症小鼠血脂调节和抗氧化作用的研究	张佳丽/刘敬科	2020，35（3）：37-44	河北省农林科学院谷子研究所	河北省农林科学院谷子研究所
136	作物学报	不同光温条件谷子光温互作模式研究及SiCCT基因表达分析	贾小平/董志平	2020，46（7）：1052-1062		河北省农林科学院谷子研究所
137	华北农学报	谷瘟病菌无毒基因PWL家族检测及变异分析	申浩冉/董志平	2020，35（3）：178-183		河北省农林科学院谷子研究所
138	广东农业科学	兼业化背景下农户新技术采用意愿及其影响因素分析	赵文庆/李顺国	2020，47（8）：145-153	河北省农林科学院谷子研究所	河北省农林科学院谷子研究所
139	中国酿造	基于OAV值对五谷晒醋香气成分的研究	李少辉/刘敬科	2020，（39）1：88-92	河北省农林科学院谷子研究所	河北省农林科学院谷子研究所
140	食品工业	谷子面粉添加量对馒头色度变化的影响	李少辉/刘敬科	2020，41（10）：127-131	河北省农林科学院谷子研究所	河北省农林科学院谷子研究所
141	食品科技	响应面优化小米馒头工艺及品质特性相关分析	李少辉/刘敬科	2020，45（10）：162-168	河北省农林科学院谷子研究所	河北省农林科学院谷子研究所
142	农业展望	河北省杂粮市场价格预测及建议	刘猛/李顺国	2020，6：3-7，14	河北省农林科学院谷子研究所	河北省农林科学院谷子研究所
143	农业展望	2019年中国谷子高粱产业发展分析及后期展望	刘斐/李顺国	2020，4：67-71	河北省农林科学院谷子研究所	河北省农林科学院谷子研究所
144	农业展望	河北省杂粮生产要素变化及发展趋势	刘猛/李顺国	2020，4：78-84	河北省农林科学院谷子研究所	河北省农林科学院谷子研究所

（续表）

序号	期刊名称	论文标题	第一作者/通信作者	刊物类别/年，（卷）期：页码	第一单位	通信单位
145	农业展望	新冠肺炎疫情对谷子高粱糜子产业的影响	刘猛/李顺国	2020，5：101-120	河北省农林科学院谷子研究所	河北省农林科学院谷子研究所
146	农业展望	基于 Malmquist 指数的河北省杂粮全要素生产率测算	刘猛/李顺国	2020，8：93-101，108	河北省农林科学院谷子研究所	河北省农林科学院谷子研究所
147	安徽农业科学	谷子与花生/大豆间作对产量效益的影响及其品种间差异	崔纪菡/夏雪岩	2020，48（17）：35-40，45	河北省农林科学院谷子研究所	河北省农林科学院谷子研究所
148	安徽农业科学	谷子优势种植区产业发展现状、问题及建议—以河北省武安市为例	刘猛/李顺国	2020，48（17）：236-239	河北省农林科学院谷子研究所	河北省农林科学院谷子研究所
149	河北农业科学	河北省主要杂粮种植成本与收益分析	刘猛/李顺国	2020，24（1）：1-4，25	河北省农林科学院谷子研究所	河北省农林科学院谷子研究所
150	河北农业科学	外源茉莉酸甲酯（MeJA）对几个谷子骨干不育系开花的影响	高翔/董立	2020，24（5）：1-4，34	河北省农林科学院谷子研究所	河北省农林科学院谷子研究所
151	河北农业科学	新夏谷杂交种冀杂谷 8 号高产配套栽培技术研究	高翔/董立	2020，24（3）：3-6	河北省农林科学院谷子研究所	河北省农林科学院谷子研究所
152	农业科技通讯	不同行距谷子与胡萝卜套种模式研究	王冰嵩/	2020，（8）：199-201	承德市农林科学院	
153	农业科技通讯	不同浓度金阿普隆种衣剂对承德主栽谷子品种发芽率的影响	王冰嵩/	2020，（2）：154-156	承德市农林科学院	
154	农业科技通讯	不同温度对承德主栽谷子品种发芽率的影响	王冰嵩/	2020，（6）：111-112，322	承德市农林科学院	
155	中国种业	温度、种衣剂浓度对 6 个谷子品种发芽率的影响及线性分析	李成璞/	2020，（12）：77-79	承德市农林科学院	
156	河北农业科学	承德地区谷子宽窄行种植适宜模式及密度的研究	张玲/栾素荣	2018，22（4）：1-5，46	承德市农林科学院	承德市农林科学院
157	农业科技通讯	初探密度对饲草谷子产量及品质性状的影响	李成璞/栾素荣	2018，（2）：106-109	承德市农林科学院	承德市农林科学院

（续表）

序号	期刊名称	论文标题	第一作者/通信作者	刊物类别/年，（卷）期：页码	第一单位	通信单位
158	西南农业学报	黑龙港流域典型地区 6—9 月水热变化特征	刘朋程/李明哲	2020，33（2）：429-435	河北省农林科学院旱作农业研究所	河北省农林科学院旱作农业研究所
159	河北农业科学	农机农艺相结合提高谷子机械化水平	焦海涛/吴海岩	2020，24（3）：31-33	河北省农业机械化研究所有限公司	河北省农业机械化研究所有限公司
160	世界农业	杂交谷子走进尼日利亚研究初探	范光宇/赵治海	2016，(8)：177-179	张家口市农业科学院	张家口市农业科学院
161	河北农业科学	几个骨干谷子雄性不育系和恢复系的配合力分析	李素英/赵治海	2016，20（2）：1-4	河北省农林科学院谷子研究所	张家口市农业科学院
162	草业与畜牧	“张杂谷”饲草饲料转化初探	范光宇/赵治海	2016，(3)：56-59	张家口市农业科学院	张家口市农业科学院
163	河北农业科学	谷子光温敏雄性不育系 A2 高产繁育技术研究	王晓明/	2016，20（2）：5-9	张家口市农业科学院	
164	畜牧与饲料科学	“张杂谷”作为饲草料的转化利用分析	范光宇/赵治海	2016，37（2）：43-46	张家口市农业科学院	张家口市农业科学院
165	河北农业科学	张杂谷 9 号高产配套栽培技术研究	宋国亮/	2017，21（5）：1-3+26	张家口市农业科学院	
166	现代农村科技	保水剂基质育苗移栽对谷子生长特征影响初探	王德权/	2017，(3)：72-73	张家口市农业科学院	
167	作物杂志	谷子新不育系的配合力分析	宋国亮/赵治海	2017，(2)：44-50	张家口市农业科学院	张家口市农业科学院
168	种子	新优质谷子杂交种张杂谷 15 号	宋国亮/赵治海	2017，36（7）：108-109	张家口市农业科学院	张家口市农业科学院
169	节水灌溉	极度干旱区杂交谷子水分高效利用研究	赵治海	2017，(7)：42-46，56	张家口市农业科学院	张家口市农业科学院
170	种子	优质谷子新杂交种张杂谷 16 号	宋国亮/赵治海	2018，37（5）：116-117	张家口市农业科学院	张家口市农业科学院
171	中国饲料	收割时期及发酵处理对张杂谷营养成分及其在奶牛瘤胃中降解率的影响	/赵治海	2018，(21)：21-26		张家口市农业科学院

（续表）

序号	期刊名称	论文标题	第一作者/通信作者	刊物类别/年，（卷）期：页码	第一单位	通信单位
172	河北农业科学	新疆不同小米的硒、脂肪及氨基酸成分分析	王峰/赵治海	2018，22（4）：6–9	张家口市农业科学院	张家口市农业科学院
173	现代农村科技	极度干旱地区谷子杂交种节水种植试验	赵治海	2018，（9）：72–73	张家口市农业科学院	张家口市农业科学院
174	中国农业科技导报	谷子超氧化物歧化酶基因家族生物信息学分析	赵艳/赵治海	2018，20（8）：1–6	河北北方学院	张家口市农业科学院
175	农业展望	农业科研院所创新推广模式探析及展望——杂交谷子走进埃塞俄比亚	范光宇/赵治海	2018，14（9）：79–82	张家口市农业科学院	张家口市农业科学院
176	现代农村科技	适宜阿拉善种植的谷子品种筛选	裴晶晶	2019，（6）：52	张家口市农业科学院	
177	中国农学通报	谷子杂交种和常规种耐盐性筛选	邱风仓/赵治海	2019，35（29）：47–51	张家口市农业科学院	张家口市农业科学院
178	现代农村科技	优质杂交谷子新品种张杂谷 13 号的选育及栽培技术	宋国亮	2019，（5）：18	张家口市农业科学院	
179	作物研究	张杂谷 18 号的选育及栽培技术	范光宇/赵治海	2019，33（2）：151–152+157	张家口市农业科学院	张家口市农业科学院
180	种子	张杂谷 13 号选育及应用	范光宇/赵治海	2019，38（3）：120–122	张家口市农业科学院	张家口市农业科学院
181	现代农村科技	扎鲁特旗张杂谷 6 号营养成分分析	裴晶晶	2019，（5）：59–60	张家口市农业科学院	
182	农业科技通讯	张杂谷谷子主要农艺性状与产量的灰色关联度分析	魏玮/赵治海	2019，（9）：182–188	张家口市农业科学院	张家口市农业科学院
183	河北农业大学学报	张家口市坝上地区谷子恢复系的选育研究	宋国亮/赵治海	2019，42（2）：30–35	张家口市农业科学院	张家口市农业科学院
184	山西农业科学	20 个谷子新不育系综合性状分析	张晓磊/史高雷	2020，48（7）：1061–1065+1114	张家口市农业科学院	张家口市农业科学院

（续表）

序号	期刊名称	论文标题	第一作者/通信作者	刊物类别/年，（卷）期：页码	第一单位	通信单位
185	作物研究	坝上杂交谷子饲用生产性能初步研究	冯小磊/王晓明	2020，34（2）：145-147+165	张家口市农业科学院	张家口市农业科学院
186	耕作与栽培	不同肥料对谷子农艺性状及产量的影响	赵芳/魏玮	2020，40（6）：1-5	张家口市农业科学院	张家口市农业科学院
187	食品工业	不同小米品种氨基酸与脂肪酸营养含量分析	冯小磊/王峰	2020，41（7）：340-344	张家口市农业科学院	张家口市农业科学院
188	东北农业科学	干旱胁迫对张杂谷3号及亲本光合特性及物质积累的影响	张晓磊/王晓明	2020，45（4）：16-20	张家口市农业科学院	张家口市农业科学院
189	农学学报	河套地区种植方式与密度对张杂谷19号产量的影响	冯小磊/王晓明	2020，10（5）：26-30	张家口市农业科学院	张家口市农业科学院
190	山西农业科学	极度干旱区种植方式对谷子叶部水分特征及产量的影响	冯小磊/张晓磊	2020，48（3）：330-334+357	张家口市农业科学院	张家口市农业科学院
191	陕西农业科学	抗旱新品种张杂谷19号选育研究	张晓磊/王晓明	2020，66（8）：3-5	张家口市农业科学院	张家口市农业科学院
192	作物研究	张杂谷22号的选育及栽培技术	范光宇/赵治海	2020，34（6）：577-579	张家口市农业科学院	张家口市农业科学院

（二）出版著作情况

2016—2020 年，河北省科技人员出版关于谷子的著作 4 部（表 2-5）。其中，关于谷子的 2 部，与谷子相关的 2 部。对著作的主要介绍如下。

表 2-5 “十三五”期间出版著作

序号	著作名称	出版社/年份	出版作者（主编）	单位
1	农产品检验技术	中央广播电视大学出版社（2017. 8）	张爱霞，张玉宗	河北省农林科学院谷子研究所
2	河北省谷子产业发展研究	中国农业科学技术出版社（2018. 5）	李顺国，刘猛，刘斐	河北省农林科学院谷子研究所
3	谷子轻简高效生产技术与产业发展	河北科学技术出版社（2019. 7）	李顺国，夏雪岩，程汝宏	河北省农林科学院谷子研究所
4	河北杂粮	河北科学技术出版社（2019. 8）	李明哲，郝洪波，崔海英，郭安强	河北省农林科学院旱作农业研究所

1.《农产品检验技术》

《农产品检验技术》一书是河北省农林科学院谷子研究所于 2017 年 8 月由中央广播电视大学出版社出版。其前言如下。

为落实我国“三农”特色课程建设，满足农村学习者日益多样化的学习需求，编写了此书，以培养一批符合现代社会经济发展的高素质应用型专业技术人才，适应社会主义新农村建设和现代农业发展需要。

本书系统地介绍了主要农产品的基础理论知识和各种检测技术。在编写过程中，遵循权威性、规范性和适用性原则，参考现行有效的国家相关标准和权威书籍，将传统方法与现代快速检测技术相结合，对每种技术的检测原理、方法步骤和结果分析进行具体介绍，以满足各院校食品专业人员和食品检测部门化验员的技术需求。本书内容丰富，实用性和可操作性更强。

本书共分十章，其中第一章、第二章和第七章由张爱霞编写，第三章、第五章和第十章由李少辉编写，第四章、第六章和第八章由张佳丽编写，第九章由刘敬科编写。全书由张爱霞和张玉宗负责统稿、整理和审定。

本书在编写过程中，得到了河北广播电视大学和河北出入境检验检疫局有关老师和领导的帮助，并参考了许多国家标准、专业书籍等文献资料，在此一并表示衷心的感谢。由于时间和编写者水平有限，书中难免有疏漏和不妥之处，恳请同行专家和读者指正。

2.《河北省谷子产业发展研究》

《河北省谷子产业发展研究》一书是河北省农林科学院谷子研究所于 2018 年 5 月由中国农业科学技术出版社出版。其前言如下。

谷子是起源于我国的传统特色作物，河北省武安市磁山镇出土碳化粟考证谷子距今已有 8 700 多年的栽培历史。谷子在我国农业生产史上曾发挥过举足轻重的作用，数千年来一直作为主栽作物培育了我国北方文明，被誉为中华民族的哺育作物；小米加步枪在革命时期作出突出贡献，谷子又被誉为红色作物。谷子具有抗旱耐瘠、水分利用效率高、适应性广、营养丰富、各种成分平衡、饲草蛋白含量高等突出特点，被认为是应对未来水资源短缺的战略贮备作物，建设可持续农业的生态作物以及人们膳食结构调整、平衡营养的特色作物。

当前，我国农业的主要矛盾由总量不足转变为结构性矛盾，突出表现为阶段性供过于求和供给不足并存，坚持质量兴农、绿色兴农，加快推进农业由增产导向转向提质导向是我国农业发展方向。党的十九大报告中首次提出实施乡村振兴战略，并将其写入党章，是新时代“三农”工作的行动指南。2017 年 12 月中央农村工作会议强调，走中国特色社会主义乡村振兴道路，必须深化农业供给侧结构性改革，走质量兴农之路；必须坚持人与自然和谐共生，走乡村绿色发展之路；必须传承发展提升农耕文明，走乡村文化兴盛之路。谷子具有农耕文明代表、抗旱耐瘠、环境友好、营养保健等特点，谷子产业发展对乡村振兴战略提出的农业供给侧结构性改革、绿色发展、乡村文化兴盛之路具有重大意义。国际经验表明：人均 GDP 达到 6 000 美元时，社会处于转型时期，人们的关注点由吃饱向吃好转变，更加关注自身的营养与健康，注重生活质量的提高。2015 年我国人均 GDP 已超 8 000 美元，我国食品消费正在向营养化、健康化发展。随着人们生活水平提高，谷子等杂粮药食同源、营养保健的特性越来越被消费者认可，小米及其加工产品的消费需求、消费潜力持续增加。新时期乡村振兴战略的实施、农业供给侧结构性改革、绿色农业发展以及人民健康消费需求的增加等也为振兴谷子产业带来重大机遇。

河北省谷子产业在我国占有重要地位，具有明显的生态优势、资源优势、科技优势。河北省地形地貌复杂、生态类型多样，特殊的地理生态环境生产出多个知名小米，如：蔚州贡米、武安小米、黄旗小米、南和金米、黄粱梦小米等，均为获得了地理保护标志产品。资源优势体现在“两山一低”（河北省谷子主产区主要在太行山区、燕山山区和黑龙港低平原区）种植谷子历史悠久，武安磁山出土的谷子距今有 8 700 多年的历史，是我国谷子的发源地；武安市被农业部命名为“中国小米之乡”。在科技支撑上，河北省有国家谷子改良中心、河北省杂粮研究实验室、河北省杂交谷子工程中心等一批科技创新平台，聚集一批优秀的谷子科技专家队伍，科技创新水平在国内居领先地位。河北省目前谷子种植在 20 万公顷左右，面积占全国的 1/5，产量占全国的 1/4，贸易量占全国的 1/3；河北省石家庄藁城、沧州孟村、张家口蔚县、邯郸曲周四大小米集散地，小米加工企业 300 余家，本省谷子产量不够加工，需要大量从内蒙古自治区、辽宁省、吉林省等收购。但是，河北省谷子产业发展缓慢，生态优势、资源优势、科技优势等未能充分发挥出来，产业发展水平落后于临近的山西省。河北省谷子主产区非谷子产业区，存在着初级加工多、精深加工少、谷子产业规模小、组织化水平低、产区优势不能有效转化为产业优势等问题。谷子超小经营规模与农业现代化对资本使用型技术进步的特定要求不适应，谷子产业链短、产前产中产后各环节不协调致使河北省谷子产业长期处于规模不经济状态。河北省谷子产业如何高效率组织？探索适合不同谷子产区以及符合当地生产、市场特色的谷子产业发展模式是谷子产业发展的关键。同时由于谷子目前种植面积小、国际贸易少，涉及谷子产业的成本收益、贸易、价格等基础数据较小麦、玉米、棉花等大作物来说极为缺乏。产业基础数据的缺乏和不明晰在很大程度上限制了谷子科技创新、产业政策制定以及产业化水平的提高。本书针对河北省谷子产业现状、存在问题，通过对河北省谷子生产现状、品种和栽培技术、适度规模经营、流通、消费、加工、文化与产业发展、产业发展模式、世界及中国谷子产业发展等全面分析，搜集整理了谷子产业基础数据，提出了河北省最适宜的产业发展模式和河北省谷子产业发展战略与对策建议，期望在新时期对河北省谷子科研、生产、产业发展起到推动作用。

本书得到国家现代农业产业技术体系资助。国家谷子产业技术体系成立于 2009 年，2011 年调整增加糜子，改为国家谷子糜子产业技术体系，2017 年谷子糜子体系和高粱体系合并为国家谷子高粱产业技术体系。本书为国家谷子高粱产业技术体系产业经济岗位阶段性研究成果。2009 年国家谷子产业技术体系启动以来，针对河北省谷子产业现状、存在问题，通过大量的实地调研、专家访谈、汇总分析，课题组先后发表相关学术论文 30 多篇，完成的“河北省两山一低谷子产业发展战略研究”2013 年获得河北省山区创业三等奖，完成的“河北省谷子产业发展模式研究”2016 年获得河北省山区创业二等奖。“十一五”“十二五”产业经济岗位专家王慧军教授对研究任务指标制定、研究计划、实施方案给予了全程悉心指导，王慧军教授勤勉的治学精神、忘我的工作热情、宽广的胸怀、开阔的学术视野、渊博的知识和甘当人梯、教书育人的高尚品德是我们终身学习的楷模。感谢河北省农林科学院农业信息与经济研究所王桂荣研究员、张新仕助理研究员，他们在资料收集、生产调研方面给予了大力支持。感谢国家谷子高粱产业技术体系育种研究室主任、岗位专家、河北省农林科学院谷子研究所程汝宏研究员在生产数据、品种数据方面的支持。感谢课题组成员赵宇、南春梅、夏雪岩等对信息整理方面做了大量工作。感谢国家谷子高粱产业技术体系全体岗位专家、试验站站长在产业信息平台建设、生产调研等方面给予的帮助和配合。本书虽然耗费了很大的精力，但仍有一些分析需要进一步提高，恳请各位专家、学者、领导批评指正。

3.《谷子轻简高效生产技术与产业发展》

《谷子轻简高效生产技术与产业发展》一书是河北省农林科学院谷子研究所 2019 年 7 月由河北科学技术出版社出版。其前言如下。

谷子古称“稷”“粟”。河北省是中国粟的发源地，也是世界粟的起源中心。谷子数千年来作为主栽作物，培育了北方文明，被誉为“中华民族的哺育作物”。小米加步枪在革命时期做出了突出贡献，谷子又被誉为红色作物。谷子具有抗旱耐瘠、水分利用效率高、适应性广、营养丰富、各种成分平衡、饲草蛋白含量高等突出特点，被认为是应对未来水资源短缺的战略贮备作物，建设可持续农业的生态作物，以及人们膳食结构调整、平衡营养的特色作物。目前，全国谷子年种植面积约 1 300 万亩，占世界种植面积 80%左右，产量占世界的 90%左右。河北省是全国重要的谷子产区，种植面积约占全国的 1/5，产量约占全国的 1/4，主要集中在太行山和燕山浅山区及黑龙港地区的邯郸、邢台、张家口、承德、保定、石家庄、衡水等地。党的十九大报告提出“实施乡村振兴战略”，并将其写入党章，是新时代“三农”工作的总抓手和行动指南，先后出台了《中共中央　国务院关于实施乡村振兴战略的意见》（2018 年中央一号文件）、

《乡村振兴战略规划（2018—2022年）》《中共中央　国务院关于坚持农业农村优先发展，做好“三农”工作的若干意见》（2019年中央一号文件）有关深入乡村振兴战略的纲领性文件，并提出乡村振兴、产业兴旺是基础，以各地资源禀赋和独特的历史文化为基础，加快发展乡村特色产业。谷子等特色杂粮具有显著的溢价能力，带动农民增收作用明显，特别在老少边贫地区是当地的扶贫作物。在当前我国大力实施乡村振兴战略、深入推进农业供给侧结构性改革以及河北省实施压采地下水、季节性休耕等政策的背景下，谷子的经济、社会、生态效益显得尤为重要，河北省谷子产业发展前景广阔。

河北省发展谷子产业具有显著优势。一是资源禀赋优越。河北省地处太行山和燕山浅山丘陵区，气候冷凉、昼夜温差大、光照充足、土质肥沃是全国生产优质谷子的适宜区域。河北省毗邻京津，区域内城市群密集，是全国最大的高端小米消费区域。在京津冀一体化背景下，河北省定位为生态农业区和安全食品生产区，为河北省谷子产业发展提供了更大的发展空间。二是文化底蕴深厚。武安磁山文化遗址出土的碳化粟距今8 700多年。武安粟山、行唐龙兴庄、黄梁梦等典故广为流传。武安市被农业部命名为“中国小米之乡”，蔚县出产的“桃花米”为我国古代的四大名米之一。武安小米、蔚州贡米、南和金米、黄旗小米、黄梁梦小米等获国家地理标志产品保护。三是科研实力领先。河北省拥有“国家谷子改良中心”“河北省杂粮研究实验室”等科技创新平台，河北省农林科学院谷子研究所、张家口市农科院等国际领先的科研单位。在国家谷子高粱现代农业产业体系中有2个功能研究室、7个岗位专家、4个综合试验站，居全国首位。从学科门类上，涵盖了谷子种质资源、分子遗传、育种、栽培生理、农机、病虫害防控、产后加工、产业经济等谷子产业整个链条，并在谷子优质育种、抗除草剂育种、杂种优势利用、病虫害防控等居国际领先水平。四是品种知名度高。河北省培育的冀谷系列品种和张杂谷系列品种享誉全国，优质简化栽培品种占据全国70%，杂交谷子占据全国90%以上的品种市场。武安小米被评为2017年河北十大区域公用品牌，并多次获中国国际农产品交易会金奖和中国绿色食品博览会金奖。张杂谷不仅在国内干旱地区大面积推广，还赢得非洲等国外干旱地区的青睐。五是消费潜力大。本团队对小米消费影响因素分析研究表明：年龄越大、受教育水平越高、对小米营养健康、历史文化价值了解越多，小米消费意愿越强烈；青年群体由于知识层次高，对小米消费潜力巨大。当前，我国中老年人口比例上升，年轻一代越来越注重养生保健，中等收入群体不断壮大，消费层次由温饱型向小康型转变，消费结构将发生重大的转型，具有营养、健康、保健功能的小米将越来越受到消费者青睐。综合判断：我国小米消费呈“U”形发展趋势，并已经超越拐点，未来我国小米消费呈持续增加趋势，加之政策利好，谷子产业发展迎来重大战略机遇期。

在市场拉动、政策支持、科技支撑下，谷子种植大户、合作社、企业等新型经营主体发展谷子产业意愿强烈，对谷子品种、栽培技术、加工技术、市场动态信息等需求持续增加，传统种植业逐步向“种养+”“一二三”产业融合发展。为此，河北省农林科学院谷子研究所充分利用本所学科齐全的优势，组织全所育种、栽培、植保、加工、产业经济不同学科专家，编写了《谷子轻简高效生产技术与产业发展》一书。系统地介绍了谷子产业现状、发展趋势、新品种、轻简高效生产技术、谷子营养价值与产品、病虫害防控、粟文化等，基本涵盖了谷子产业的全部环节，旨在以通俗易懂的语言介绍谷子产业。在大家的共同努力下，河北省谷子产业大有可为，一定能将小谷子做成河北特色的大产业！由于编写时间仓促，加之水平有限，不妥之处，敬请谅解。

4.《河北杂粮》

《河北杂粮》一书是河北省农林科学院旱作农业研究所于 2019 年 8 月由河北科学技术出版社出版。其前言如下。

河北省是我国杂粮杂豆主要生产和贸易省份，目前生产的杂粮主要包括谷子、糜（黍）子、食用豆（绿豆、红小豆、豌豆、蚕豆、豇豆、芸豆等）、荞麦、燕麦、高粱等，这些小宗粮豆作物生育期较短，地域性较强，主要分布在河北省的干旱、半干旱地区和西北高寒山区。小杂粮是河北省区域性特色农作物，在当前河北省农业种植结构调整、供给侧结构性改革、维持粮食安全、地下水压采、季节性休耕、丰富人民膳食等方面具有独特的、不可替代的作用。

河北省是全国最大的地下水漏斗区，其地下水超采量和超采面积均占全国的 1/3。深层地下水位降落漏斗区有 7 个，范围涉及 17 个县（市），影响面积最大的是衡水—德州漏斗区，达到 7 933.5 平方千米，主要包括衡水市、景县、吴桥、冀州、枣强等地，事实上，华北平原深层地下水降落漏斗已经连成一片，形成华北区域大漏斗。人类开采地下水是该区域地下水位下降的主导因子，而冬小麦为该区农业灌溉用水的主要消耗作物，是造成农业水分供需失衡的主要原因。从我国食物安全的角度来看，完全放弃冬小麦种植不太可行。在地下水严重超采区适度压缩小麦种植，能够在一定程度上缓解或恢复地下水漏斗带来的生态和地质负面影响，但同时造成大量土地春季闲置，也造成大量光热资源的浪费。因此，在节水压采的大背景下，调整种植结构，压减小麦、玉米等高耗水作物，逐渐增加高粱、谷子、杂豆等杂粮节水作物在农业种植中的比重，适度开展季节性休耕，对于推动河北省农业供给侧结构性改革，保证粮食安全，加快构建现代农业产业体系、生产体系、经营体系，建成产能稳定、产业协调、产品安全、功能拓展、生态节水、优质高效的现代农业生产格局具有重要意义。而且随着经济水平提高，居民膳食结构发生了巨大变化，动物性食物的摄入量不断攀升，谷类食物及其他植物性食物摄入量显著下降。全国营养调查数据显示，1982—2012 年，我国居民谷类食物的摄入量下降了 172.4 克/天。谷类食物构成显示，2012 年我国居民粗杂粮类食物摄入量不足 20 克/天，因此，《中国居民膳食指南 2016》在建议一般成年人每日摄入谷薯类食物 250~400 克的基础上，强调其中全谷物和杂豆类要达到 50~150 克。但是 2010—2012 年，我国成年人杂粮摄入量为男性 13.9 克/天，女性 14.6 克/天，仅 13.1%的居民杂粮摄入量在推荐量 50~150 克的范围内。城市化程度越高地区的居民，谷类食物和谷薯类食物的摄入量越低。全谷物营养健康食品是当今世界公认有效预防心血管疾病、癌症，慢性呼吸道疾病和糖尿病等“富贵病”的健康食品。全谷物食品已经是全球粮食加工和食品工业的发展方向。因此，因地制宜发展小杂粮，推进杂粮产业发展，对于丰富粮食多样性，调整农业产业结构，保障国民健康，实现农业可持续发展具有重要意义。河北省小杂粮种植分散，生产地区地形、气候环境各异，栽培技术不高，优良品种推广困难，杂粮生产潜力受到严重制约。因此，积极对杂粮作物开展综合研究，集成新品种新技术高效栽培技术，因地制宜调整产业布局，实现产、学、研相结合，对于提升河北省小杂粮的综合生产力，促进杂粮产业化进程，实现可持续发展都具有积极作用。多年来，河北省农林科学院旱作农业研究所一直坚持杂粮研究，尤其在抗旱育种、节水栽培技术研究、病虫害防治等方面科研成果颇丰。为此，在河北省重点研发专项（项目编号：179276117H）的资助下，由河北省农林科学院旱作农业研究所牵头，组织相关专家共同撰写出版《河北杂粮》一书。书中介绍的部分研究成果是在国家谷子高粱产业体系、河北省杂粮杂豆产业体系的资助下取得的。全书以研究与栽培为两条主线，突出主要杂粮的种质资源、育种及栽培技术和病虫害，全书始终贯穿河北省杂粮布局问题，旨在抛砖引玉，以期对河北省杂粮产业发展有所裨益。

五、专利及软件著作权

（一）获得专利

"十三五"期间，获得关于谷子的专利63项（表2-6），其中发明专利19项，新型专利44项。

表2-6 "十三五"期间获得与谷子相关的专利

序号	知识产权名称	类别	授权日	专利授权号	产权单位
1	谷子精密穴播机	发明专利	2017. 8. 25	ZL201510353765. 8	河北省农林科学院旱作农业研究所
2	一种饲草专用谷子的选育方法	发明专利	2018. 3. 2	ZL201610188403. 2	河北省农林科学院谷子研究所
3	一种抗拿捕净饲用谷子杂交种育种方法	发明专利	2018. 3. 2	ZL201610188404. 7	河北省农林科学院谷子研究所
4	一种适于主食加工的谷子品种的选育与栽培方法	发明专利	2018. 6. 29	ZL201610879463. 9	河北省农林科学院谷子研究所
5	抗烟嘧磺隆谷子种质的选育方法及应用	发明专利	2018. 12. 2	ZL2016108177193	河北省农林科学院谷子研究所
6	一种谷子试验用可升降防鸟网架支撑杆	发明专利	2018. 8. 3	ZL201510690100. 6	河北省农林科学院旱作农业研究所
7	一种谷子团粒处理的方法	发明专利	2018. 8. 31	ZL201610246168. X	河北省农林科学院旱作农业研究所
8	抗旱优质谷子的选育方法	发明专利	2019. 2. 15	ZL201710533950. 4	河北省农林科学院旱作农业研究所
9	兼抗拿捕净、咪唑啉酮类除草剂谷子品质选育及栽培方法	发明专利	2019. 4. 16	ZL201610879314. 2	河北省农林科学院谷子研究所
10	一种青刈饲草谷子的种植方法	发明专利	2019. 6. 18	ZL201610160736. 4	河北省农林科学院谷子研究所
11	一种谷子套盆渗吸一次干旱苗期抗旱鉴定方法	发明专利	2020. 7. 17	ZL201710099800. 7	河北省农林科学院旱作农业研究所

（续表）

序号	知识产权名称	类别	授权日	专利授权号	产权单位
12	谷子、二月兰雨养少免耕种植方法	发明专利	2020. 8. 4	ZL201710107218. 0	河北省农林科学院旱作农业研究所
13	与谷子穗长性状相关的分子标记及其检测引物和应用	发明专利	2019. 12. 31	ZL201710183552. 4	张家口市农业科学院
14	一种谷子白化苗的种植培养方法	发明专利	2020. 1. 31	ZL201710273058. 7	张家口市农业科学院
15	与谷子脖长性状相关的分子标记及其检测引物和应用	发明专利	2020. 2. 21	ZL201710184040. X	张家口市农业科学院
16	与谷子码粒数性状相关的分析标记及其检测引物和应用	发明专利	2020. 2. 21	ZL201710184039. 7	张家口市农业科学院
17	富硒谷子的鉴定方法	发明专利	2020. 10. 27	ZL201711444113. 0	河北省农林科学院谷子研究所
18	一种检测谷子抗咪唑乙烟酸的分子标记方法	发明专利	2020. 12. 8	ZL201610587008. 1	河北省农林科学院谷子研究所
19	摆动式疏苗机	发明专利	2019. 7. 23	ZL201610728959. 6	河北省农业机械化研究所有限公司
20	一种支撑杆扣帽及其构成的防鸟网架支撑杆	实用新型	2016. 8. 3	ZL201620204443. 7	河北省农林科学院谷子研究所
21	一种地膜覆盖装置	实用新型	2016. 11. 30	ZL201620662874. 8	河北省农林科学院谷子研究所
22	一种可以调控土壤水分的盆栽容器	实用新型	2016. 5. 18	ZL201521064935. 2	河北省农林科学院旱作农业研究所
23	一种双筒谷子脱粒机	实用新型	2016. 11. 23	ZL201620305111. 8	河北省农业机械化研究所有限公司
24	一种折叠式谷田中耕除草装置	实用新型	2017. 4. 21	ZL201620861627. 0	河北省农林科学院谷子研究所
25	一种轮式谷田中耕除草装置	实用新型	2017. 4. 21	ZL201620862156. 5	河北省农林科学院谷子研究所
26	一种耙式残膜回收机	实用新型	2017. 6. 1	ZL201621421232. 5	河北省农林科学院谷子研究所
27	一种微垄膜侧播种机	实用新型	2017. 4. 26	ZL201620861697. 6	河北省农林科学院谷子研究所
28	一种覆膜播种机	实用新型	2017. 1. 4	ZL201620868301. 0	河北省农林科学院谷子研究所
29	一种手扶覆膜播种机	实用新型	2017. 1. 4	ZL201620868326. 0	河北省农林科学院谷子研究所
30	新型膜侧播种机	实用新型	2017. 4. 21	ZL201720698117. 0	河北省农林科学院谷子研究所

（续表）

序号	知识产权名称	类别	授权日	专利授权号	产权单位
31	一种及时全方位保护喷雾机	实用新型	2017.6.6	ZL201621389337.X	河北省农林科学院谷子研究所
32	一种工作深度可调的中耕机	实用新型	2017.1.4	ZL201620868285.5	河北省农业机械化研究所有限公司
33	收割机中的拨禾轮弹齿	实用新型	2017.5.17	ZL201621164936.9	河北省农业机械化研究所有限公司
34	双圆盘槽缝式气吸排种器	实用新型	2017.8.29	ZL201720050902.5	河北省农业机械化研究所有限公司
35	一种可调式鸭嘴排种器	实用新型	2017.11.14	ZL201720368329.2	河北省农业机械化研究所有限公司
36	一种饲用谷子快速发芽装置	实用新型	2018.2.23	ZL201721004644.3	河北省农林科学院谷子研究所
37	一种饲用作物种子用培育箱	实用新型	2018.5.11	ZL201721447166.3	河北省农林科学院谷子研究所
38	一种饲用谷子种子贮存袋	实用新型	2018.2.13	ZL201720978117.6	河北省农林科学院谷子研究所
39	一种便于移动的饲用谷子种子烘干机	实用新型	2018.5.4	ZL201721416667.5	河北省农林科学院谷子研究所
40	一种饲用谷子种子预清装置	实用新型	2018.3.2	ZL201721004619.5	河北省农林科学院谷子研究所
41	一种便捷式饲用谷子种子筛选机	实用新型	2018.5.25	ZL201721421125.7	河北省农林科学院谷子研究所
42	一种便捷式饲用谷子种子包衣机	实用新型	2018.5.11	ZL201721445700.7	河北省农林科学院谷子研究所
43	一种便于匀播的饲用谷种播种机	实用新型	2018.5.11	ZL201721445687.5	河北省农林科学院谷子研究所
44	一种可以调整饲用谷子垄距的小型起垄机	实用新型	2018.2.13	ZL201720984192.3	河北省农林科学院谷子研究所
45	一种饲用谷草收割机	实用新型	2018.3.13	ZL201721003349.6	河北省农林科学院谷子研究所
46	一种饲用谷草切碎装置	实用新型	2018.2.13	ZL201720978551.4	河北省农林科学院谷子研究所
47	一种便于饲用谷子种子除尘装置	实用新型	2018.5.23	ZL201721475986.3	河北省农林科学院谷子研究所
48	一种便于搬运的防腐青贮饲用谷子包装袋	实用新型	2018.5.23	ZL201721475981.0	河北省农林科学院谷子研究所
49	一种稻草人型发声驱鸟器	实用新型	2018.5.1	ZL201721261215.4	河北省农林科学院谷子研究所
50	一种种粒间距和数量精确可调的下种机构	实用新型	2018.1.30	ZL201720926345.9	河北省农业机械化研究所有限公司
51	仿形开沟播种机	实用新型	2019.1.4	ZL201821007560.X	河北省农业机械化研究所有限公司

（续表）

序号	知识产权名称	类别	授权日	专利授权号	产权单位
52	谷物联合收割机	实用新型	2019. 1. 8	ZL201820836045. 6	河北省农业机械化研究所有限公司
53	一种便于移动的饲用谷草烘干机	实用新型	2019. 5. 31	ZL201920017852. X	河北省农林科学院谷子研究所
54	一种杂粮作物精量穴播机	实用新型	2019. 10. 8	ZL201920017852. X	河北省农林科学院谷子研究所
55	一种分类谷穗脱粒机	实用新型	2019. 10. 25	ZL201920222152. 4	河北省农业机械化研究所有限公司
56	一种用于播种机的谷物均匀撒播机构	实用新型	2019. 12. 10	ZL201920413687. X	河北省农业机械化研究所有限公司
57	一种粟米发芽用喷淋装置	实用新型	2020. 1. 14	ZL201920743781. 1	河北省农林科学院谷子研究所
58	一种促使粟米发芽的自动搅拌装置	实用新型	2020. 1. 14	ZL201920743755. 9	河北省农林科学院谷子研究所
59	一种粟米发芽加工设备	实用新型	2020. 1. 14	ZL201920743754. 4	河北省农林科学院谷子研究所
60	一种车载式撒肥机	实用新型	2020. 3. 10	ZL201920879317. 5	河北省农林科学院谷子研究所
61	一种智能化调控杀虫灯	实用新型	2020. 3. 17	ZL201920887215. 8	河北省农林科学院谷子研究所
62	一种新型播种机	实用新型	2020. 4. 7	ZL201920606268. 8	河北省农林科学院谷子研究所
63	一种苗期鉴定复水自走喷水可调淋灌装置	实用新型	2020. 4. 14	ZL201921135070. 2	河北省农林科学院旱作农业研究所

（二）获得软件著作权

“十三五”期间，获得关于谷子的软件著作权 25 项（表 2-7）。

表 2-7 “十三五”期间获得与谷子相关的软件著作权

序号	知识产权名称	授权日	软著授权登记号	产权单位
1	均衡营养测算软件 V1. 0	2016. 10. 8	2016SR283523	河北省农林科学院谷子研究所
2	杂交谷子信息数据库查询系统 V1. 0	2017. 2. 9	2017SR036306	河北省农林科学院谷子研究所
3	谷子生长环境监测系统 V1. 0	2017. 8. 15	2017SR450813	河北省农林科学院谷子研究所
4	盐碱地谷子滴灌系统 V1. 0	2017. 8. 15	2017SR450541	河北省农林科学院谷子研究所
5	饲用谷子饲喂奶牛监控管理平台 V1. 0	2017. 9. 14	2017SR516236	河北省农林科学院谷子研究所

（续表）

序号	知识产权名称	授权日	软著授权登记号	产权单位
6	饲用谷子生产加工信息管系统 V1.0	2017. 9. 14	2017SR516241	河北省农林科学院谷子研究所
7	简化栽培谷子品种育种信息录入系统	2017. 3. 31	2017SR099827	河北省农林科学院谷子研究所
8	谷子产比数据快速自动分析系统 V1.0	2018. 5. 28	2018SR386050	河北省农林科学院谷子研究所
9	智能识别谷物脱壳控制系统 V1.0	2018. 5. 8	2018SR315418	河北省农林科学院谷子研究所
10	谷子不育系表型数据分析系统 v1.0	2018. 8. 1	2018SR607947	河北省农林科学院谷子研究所
11	杂交谷子小区产量快速录入系统 V1.0	2018. 8. 1	2018SR607247	河北省农林科学院谷子研究所
12	谷子考种及管理分析系统 V1.0	2018. 8. 1	2018SR606885	河北省农林科学院谷子研究所
13	苗期复水自走喷水控制系统 V1.0	2019. 10. 28	2019SR1087222	河北省农林科学院旱作农业研究所
14	杂粮主食产品电子网络销售管理平台 V1.0	2019. 1. 18	2020SR0066110	河北省农林科学院谷子研究所
15	视频监管安全分类汇总软件 V1.0	2019. 1. 18	2020SR0066095	河北省农林科学院谷子研究所
16	杂粮食品工业生产配方管理软件 V1.0	2019. 1. 18	2020SR0066596	河北省农林科学院谷子研究所
17	谷子生长期营养诊断系统 V1.0	2019. 3. 5	2020SR0214658	河北省农林科学院谷子研究所
18	谷草商品品质评价系统 V1.0	2019. 3. 5	2020SR0214679	河北省农林科学院谷子研究所
19	谷草营养品质评价系统 V1.0	2019. 3. 4	2020SR0203903	河北省农林科学院谷子研究所
20	杂粮黄酒生产质量检测管理平台 V1.0	2020. 4. 16	2020SR0340391	河北省农林科学院谷子研究所
21	杂粮黄酒酿造过程实时监管系统 V1.0	2020. 4. 16	2020SR0338723	河北省农林科学院谷子研究所
22	低血糖生成指数食品开发原料复配软件 V1.0	2020. 11. 19	2020SR1607948	河北省农林科学院谷子研究所
23	谷子全生育期土壤养分监测系统 V1.0	2020. 5. 8	2020SR0417404	河北省农林科学院谷子研究所
24	谷子全生育期表型监测系统 V1.0	2020. 5. 8	2020SR0417408	河北省农林科学院谷子研究所
25	谷子品种（品系）抗倒级别评价系统	2020. 9. 3	2020SR1039817	沧州市农林科学院

六、谷子深加工产品

（一）粟米沙包

粟米沙包（图 2–27）以小米为原料，通过对小米进行熟化处理和进一步的生物酶解，制备出色泽金黄、甜香软糯、口感爽滑的粟米沙馅，研制了粟米沙包产品。将小米添加量提升到 80%以上，满足市场多元化需求。

粟米沙包为冷冻熟食制品，冷冻贮存保存期为 12 个月，从冰箱取出后经过蒸汽蒸制 5 分钟即可食用，口感香甜软糯，营养健康，老少皆宜。粟米沙包产品适宜从事杂粮加工和食品加工等相关企业推广应用。粟米沙包产品已在唐山广野食品有限公司进行产业示范生产，具有良好的商品性能，市场调研反馈良好。

图 2–27　粟米沙包

（二）小米面条系列产品

小米面条系列产品以小米为原料，通过微细化和熟化预处理技术，提高小米粉的延展性和柔韧性，研发了耐煮性良好、断条率低的小米挂面及小米面条专用粉。该小米面条色泽金黄，口感爽滑筋道，具有小米特有的香气。同时在小米面条（图 2–28）生产技术基础上，搭配不同品种蔬菜研发了胡萝卜挂面、番茄挂面、菠菜挂面一系列小米蔬菜挂面，以及补充多种营养素的营养强化小米挂面。产品适宜从事杂粮加工和食品加工等相关企业推广应用。

锅中加入适量的水，水沸后，加入小米面条，搭配自己喜欢的青菜，加入适量盐，煮 5 分钟捞出即可食用。该产品在河北玉桥食品有限公司产业化示范生产，市场调研反馈良好。

图 2–28　小米面条

（三）小米发酵营养饮料

小米发酵营养饮料（图 2–29）以小米为原料，经过筛选、淘洗、浸泡、蒸煮糊化和冷却，然后加入糖化曲搅拌均匀，并在适宜温度下经过一定时间的糖化过程，通过低温后发酵和成熟，最后对物料进行压榨、澄清过滤、装瓶、灭菌等工序制成的发酵型小米营养饮料。本发明产品，在不添加任何添加剂的情况下其溶液清亮透明；有纯正的米香味和浓郁的发酵芳香；口味甜中微酸，口感爽滑，醇厚柔和，留香持久；富含易于被人体消化吸收的葡萄糖、麦芽糖和糊精等低聚糖类，同时含有丰富的人体健康所需的多种氨基酸、多肽和微量元素，具有调节人体机能的功效。小米发酵营养饮料迎合了人们对补营养、增体质、保健康的消费需求。

该产品在河北古黄粱酒业有限公司示范生产，市场调研反馈良好。

图 2–29　小米发酵营养饮料

（四）小米醋

小米醋（图2-30）精选粟米为原料，以传统固态发酵、熏醅、淋醋等工艺为基础，利用代谢组学和风味组学技术优化小米醋酿造工艺中的发酵温度、时间和酸度，保证小米醋具有优良品质。产品特点：色泽棕红，香气浓郁，不仅很好地保留了粟米中的营养成分，还具备了“绵、香、酸、柔”的特点。

图 2-30　小米醋

（五）小米胚芽护肤品

小米胚芽护肤品（图2-31）是由河北省农林科学院谷子研究所杂粮加工团队开发。在对小米胚芽油的提取和成分鉴定的基础上，明确了小米油中多种功能成分如不饱和脂肪酸（油酸、亚油酸和亚麻酸等）、维生素 E、谷维素、植物甾醇和角鲨烯等，为小米胚芽护肤品研发奠定了化合物基础。小米胚芽护肤品以小米胚芽为原料，利用萃取技术将小米油（粟米提取物）从小米胚芽中精炼提取，结合配方试验，感官评审，功能和毒理试验，形成了独特产品。产品特点：小米胚芽护肤品具有补充肌肤水分和营养，改善肌肤因各种因素引起的细纹和皱纹，延缓皮肤衰老的功效。

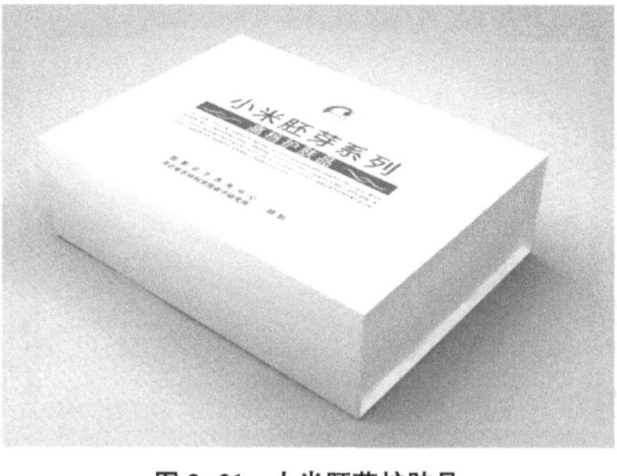

图 2-31　小米胚芽护肤品

七、谷子产业建议汇集

（一）关于弘扬粟文化振兴我省粟产业的建议

2016 年 4 月 26 日，赵勇书记批示：建议很好，请白刚同志认真听取专家意见的基础上，拿出振兴我省粟产业的一揽子措施。请永瑞同志当顾问，邀请一批医学专家，在全球各大媒体发文章、微视频等，弘扬文化、扩大消费，引领加工和种植。

批示和建议如下（图 2-32）。

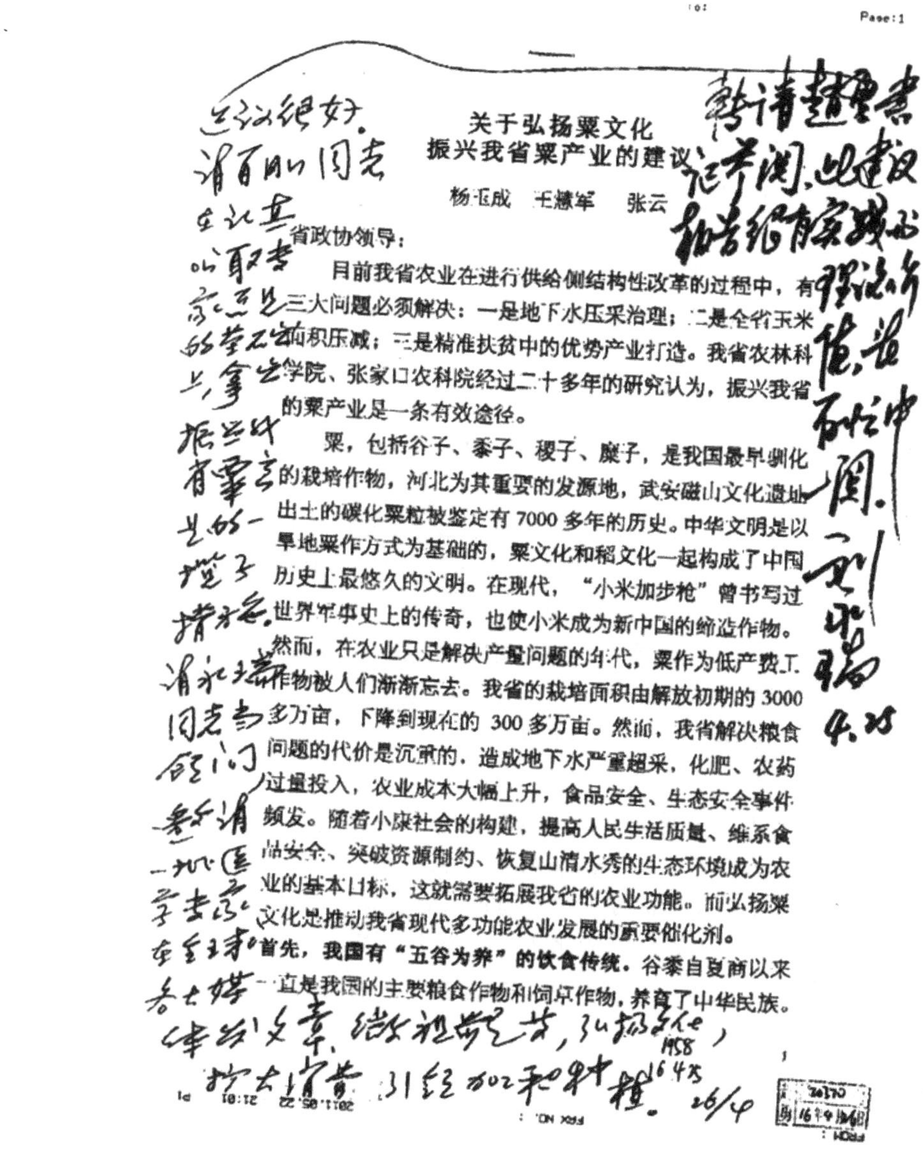

关于弘扬粟文化
振兴我省粟产业的建议

杨iE成　王慧军　张云

省政协领导：

目前我省农业在进行供给侧结构性改革的过程中，有三大问题必须解决：一是地下水压采治理；二是全省玉米面积压减；三是精准扶贫中的优势产业打造。我省农林科学院、张家口农科院经过二十多年的研究认为，振兴我省的粟产业是一条有效途径。

粟，包括谷子、黍子、稷子、糜子，是我国最早驯化的栽培作物，河北为其重要的发源地，武安磁山文化遗址出土的碳化粟粒被鉴定有 7000 多年的历史。中华文明是以旱地粟作方式为基础的，粟文化和稻文化一起构成了中国历史上最悠久的文明。在现代，“小米加步枪”曾书写过世界军事史上的传奇，也使小米成为新中国的缔造作物。

然而，在农业只是解决产量问题的年代，粟作为低产费工作物被人们渐渐忘去。我省的栽培面积由解放初期的 3000 多万亩，下降到现在的 300 多万亩。然而，我省解决粮食问题的代价是沉重的，造成地下水严重超采，化肥、农药过量投入，农业成本大幅上升，食品安全、生态安全事件频发。随着小康社会的构建，提高人民生活质量、维系食品安全、突破资源制约、恢复山清水秀的生态环境成为农业的基本目标，这就需要拓展我省的农业功能。而弘扬粟文化是推动我省现代多功能农业发展的重要催化剂。

首先，我国有“五谷为养”的饮食传统。谷黍自夏商以来一直是我国的主要粮食作物和饲草作物，养育了中华民族。

图 2-32 《关于弘扬粟文化振兴我省粟产业的建议》

关于弘扬粟文化振兴我省粟产业的建议

粟，包括谷子、黍子、稷子、糜子，是我国最早驯化的栽培作物，河北为其重要的发源地，武安磁山文化遗址出土的碳化粟粒被鉴定有7 000多年的历史。中华文明是以旱地粟作方式为基础的，粟文化和稻文化一起构成了中国历史上最悠久的文明。在现代，“小米加步枪”曾书写过世界军事史上的传奇，也使小米成为新中国的缔造作物。

然而，在农业只是解决吃饭问题的年代，粟被人们渐渐忘却。我省的栽培面积由解放初期的3 000多万亩，下降到现在的300多万亩。我省解决粮食问题的代价是沉重的，地下水的严重超采，化肥、农药的过量投入，农业成本大幅上升，食品安全、生态安全事件频发。随着小康社会的构建，提高人民生活质量、维系食品安全、突破资源制约、恢复山清水秀的生态环境成为农业的基本目标，这就需要拓展我省的农业功能。而弘扬粟文化是推动我省现代多功能农业发展的重要催化剂。

首先，我国有“五谷为养”的饮食传统。谷子自夏商以来一直是我国的主要粮食作物和饲草作物，养育了中华民族。然而，近几十年来主粮向水稻、小麦、玉米三大作物集中。医学和营养学研究表明，主粮单一化不利于国民的营养与健康，全盘西化的饮食结构也不适合亚洲人群，这成为糖尿病、肥胖症、心脑血管病等“富贵病”发病率上升的主要推手之一。

其次，粟类作物的生态功能不可替代。粟类作物具有节水抗旱、耐瘠、粮饲兼用、耐贮藏等特点。我省是水资源严重短缺的省份，发展节水农业是今后农业发展的基本路径。同样产量水平，谷子的耗水量是小麦的1/3，玉米的1/2，是我省干旱半干旱丘陵区、黑龙港缺水区最适于生长的粮食作物。随着科技的进步，谷子低产、费工的问题在我省已经解决，张杂谷的产量水平已稳定通过500千克/亩，实现了谷子的全程机械化栽培，谷子会成为我省地下水超采治理，减少玉米栽培的最为理想替代作物。

再次，粟类作物产业链可大大延伸。我省建有国家谷子改良中心，加以支持后会开发出适宜不同消费人群的健康营养食品，可大大延长食品产业链，不断增加农民收入、企业利润，地方财政收入。如今，小米功能食品、小米饮品、小米保健品在国际市场广受欢迎，急需我们去开发。

最后，粟文化可以恢复我们民族自信。粟文化的经济价值、社会价值、生态价值和文化价值是显而易见的。“锄禾日当午，汗滴禾下土”的诗句，表达了农民吃苦耐劳、自强不息的“谷子精神”。粟文化作为乡情乡愁的载体，某种程度上还是凝聚海内外华人情感的纽带。“小米加步枪”的红色文化传奇，至今仍是我党我军战无不胜的精神财富。可以说，粟文化作为中华民族文化软实力的重要组成部分，是推动中华民族伟大复兴的重要文化基础。

为此，我们建议：

一、支持我省粟文化的研究和宣传。我省是中国粟文化的发源地，但由于种种原因，对粟文化的研究远远不够。令人欣喜的是，最近河北省农林科学院组织完成了对中国粟文化的系统梳理，并出版了《中国粟文化研究》专著，填补了我国粟文化研究的空白。该书受到中国工程院副院长刘旭院士、海外华人学者周坚强、我国农史专家曹幸穗的高度赞扬。建议我省要抢占制高点，组织力量进行粟文化的挖掘与宣传，学术研究与文化传播相配合，制作相应的影视作品、图书出版物，掀起中国五谷文化研究与普及的新热潮，将发源于我省的中国粟文化推向全国，推向世界。

二、加强小米营养保健功能的宣传普及。历史的经验和科学研究已经证明小米是东方人群最为平衡的营养食品。为应对全球化的挑战，抵制饮食西方化，东亚及南非许多国家普遍掀起了民族食育运动。我省应由农业、科技、文化、食品、卫生等部门共同发起民族食育运动，建立一个具有权威性、公信力的食育平台，发布科学的营养饮食知识，将粟类作物的营养作用、历史地位、未来消费趋势等文化内涵广泛宣传，深入人心，引领健康营养消费方向。

三、一二三产业融合振兴我省粟产业。我省应在丘陵山区、黑龙港区恢复粟种植面积 1 000 万亩以上，既解决地下水压采压力，又解决压缩玉米种植面积问题。鼓励和支持我省食品加工企业开发五谷杂粮主食化产品，与养殖企业开发谷草、谷糠为原料的肉蛋奶食品。同时，促进粟文化与谷子产业融合发展。吸引企业、社会团体等多主体参与，打造粟文化产业园，配合旅游农业的发展，将粟作生态景观、生产基地、加工方式、生活体验及礼仪习俗融为一体，将其打造成我省的金字招牌。总之，生产、生活、生态三点发力，将粟培育成为产出高效、产品安全、资源节约、环境友好的作物，将粟产业打造成为我省农民增收、企业增效、世界知名的产业。

（作者：杨玉成　河北省政协农业委员会主任、教授、博士
王慧军　河北省委省政府决策咨询委员会副主任、河北省农林科学院院长、教授
张　云　河北经贸大学教授，河北省农林科学院博士后）

（二）关于“对接健康中国战略，振兴河北杂粮产业，助力乡村振兴”的报告

2019 年 11 月 18 日，时清霜副省长在省委省政府决策咨询委农业农村组等部门《关于“对接健康中国战略，振兴河北杂粮产业，助力乡村振兴”的报告》上批示：请省农业农村厅阅研。

赵文鹤副主席 11 月 15 日批示：振兴杂粮产业，是促进食品安全健康和助力乡村振兴的重要内容。建议引起重视。

臧胜业书记 11 月 16 日批示：这是一个一举多得的大事和好事，建议省政府予以重视和支持。

董经纬部长 11 月 15 日批示：先请文鹤副主席、胜业书记审阅后，建议请时清霜副省长阅示。

王慧军院长 11 月 14 日批示：请报经纬部长、文鹤主席、胜业书记，建议报省政府。

批示和报告如下（图 2-33）。

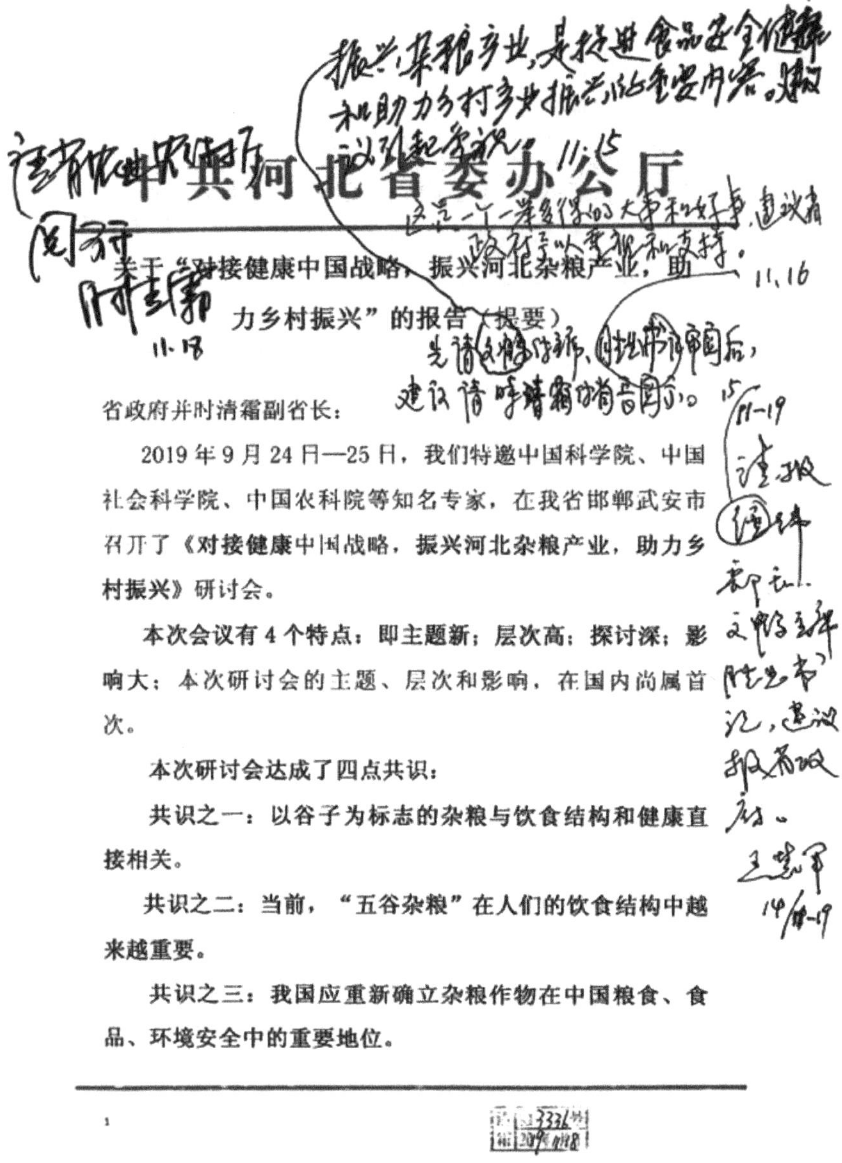

中共河北省委办公厅

关于“对接健康中国战略，振兴河北杂粮产业，助力乡村振兴”的报告（提要）

省政府并时清霜副省长：

2019 年 9 月 24 日—25 日，我们特邀中国科学院、中国社会科学院、中国农科院等知名专家，在我省邯郸武安市召开了《对接健康中国战略，振兴河北杂粮产业，助力乡村振兴》研讨会。

本次会议有 4 个特点：即主题新；层次高；探讨深；影响大；本次研讨会的主题、层次和影响，在国内尚属首次。

本次研讨会达成了四点共识：

共识之一：以谷子为标志的杂粮与饮食结构和健康直接相关。

共识之二：当前，“五谷杂粮”在人们的饮食结构中越来越重要。

共识之三：我国应重新确立杂粮作物在中国粮食、食品、环境安全中的重要地位。

1

图 2–33 《关于“对接健康中国战略，振兴河北杂粮产业，助力乡村振兴”的报告（提要）》

关于“对接健康中国战略，振兴河北杂粮产业，助力乡村振兴”的报告（提要）

省政府并时清霜副省长：

2019 年 9 月 24 日—25 日，我们特邀中国科学院、中国社会科学院、中国农业科学院等知名专家，在我省邯郸武安市召开了《对接健康中国战略，振兴河北杂粮产业，助力乡村振兴》研讨会。

本次会议有 4 个特点：即主题新；层次高；探讨深；影响大；本次研讨会的主题、

层次和影响，在国内尚属首次。

本次研讨会达成了四点共识：

共识之一：以谷子为标志的杂粮与饮食结构和健康直接相关。

共识之二：当前，“五谷杂粮”在人们的饮食结构中越来越重要。

共识之三：我国应重新确立杂粮作物在中国粮食、食品、环境安全中的重要地位。

共识之四：挖掘、弘扬谷子文化，为农业增效、农民增收、乡村振兴、塑造健康中国服务，需要政府、科学家、企业家、社会学者共同发力。

本次研讨会提出了五点建议

1. 加强顶层设计，推进河北省杂粮产业高质量发展。
2. 恢复太行山、燕山丘陵区、黑龙港低平原区以谷子为代表的杂粮主体种植地位。
3. 加大宣传力度，培育壮大区域公用品牌。
4. 将谷子等杂粮纳入我省粮食收储范围，给予政策性支持。
5. 加大对杂粮加工企业的支持力度，鼓励提高研发、加工转化能力。

河北省委省政府决策咨询委农业农村组
河北省老科技工作者协会
河北省乡村振兴促进会
河北省农林科学院
2019 年 11 月

附件一：与会专家名单；
附件二：《报告》（原文）；
联系人：河北省农业科学院李顺国

附件一：出席会议的知名专家学者名单

姓名	单位	职务/职称
刘　旭	中国工程院	全国政协常委、中国工程院原副院长、院士
臧胜业	河北省老科技工作者协会	会长、河北省委原常委、省纪委原书记
赵文鹤	河北省政协	原党组副书记、副主席
曹幸穗	中国农史学会	全国政协委员、会长、研究员
李成贵	北京市农林科学院	全国政协委员、研究员
李新彦	人民日报社	教科文部原主任、教授
吴远镇	中国台湾“中华有机农业协会”	执行会长
刁现民	中国农业科学院作科所	国家谷子高粱产业技术体系首席专家、研究员
赵志军	中国社会科学院考古所	研究员
董经纬	河北省委农工部	原部长、省委省政府决策咨询委农业农村组副组长
王慧军	河北省农林科学院	原院长、教授、国务院特贴专家
王新民	河北省科学院	原党委书记
张文军	河北省农业厅	原巡视员
赵治海	张家口市农业科学院	全国人大代表、杂交谷子发明人
刘山国	同福碗粥集团	董事长、中国食品协会副会长

程汝宏	河北省农林科学院	国家谷子改良中心主任
李建华	河北省文化厅	原副厅长
陆　平	中国农业科学院作科所	研究员
杨天育	甘肃省农业科学院	研究员
李书田	内蒙古赤峰农科院	研究员
冯书妙	九知农业科技公司	董事长
孙　钊	中国元一智库	董事长
张鹏越	河北三九药业	董事长

附件二：《报告》（原文）

关于“对接健康中国战略，振兴河北杂粮产业，助力乡村振兴”的报告

河北省委省政府决策咨询委农业农村组
河北省老科技工作者协会
河北省乡村振兴促进会
河北省农林科学院

2019 年 9 月 24 日—25 日，我们组织中国科学院、中国社会科学院、中国农业科学院、中国农业博物馆、国家谷子高粱产业技术体系、国家谷子改良中心、河北省老科技工作者协会、乡村振兴促进会的专家以及部分国内知名企业家，在我省邯郸武安市召开了“挖掘谷子文化，对接健康中国，壮大谷子产业，助力乡村振兴”研讨会。

一、本次会议的特点

1. 主题新：本次研讨会的主题是“对接健康中国战略，振兴河北杂粮产业，助力乡村振兴”，这个主题的论坛或研讨会，在国内尚属第一次。这个主题既符合习近平总书记关于健康中国的重要论述，也符合《乡村振兴战略规划（2018—2022 年）》的目标。这次会议立意新颖，特点突出。

2. 层次高：出席会议的人数多、专家层次高。出席这次会议人数达 160 多人，其中著名专家学者有：全国政协常委、中国工程院原副院长刘旭院士；全国政协委员、中国农史学会会长曹幸穗研究员；全国政协委员、北京市农林科学院院长李成贵研究员；人民日报教科文部原主任李新彦教授；中国台湾“中华有机农业协会”执行会长吴远镇先生；国家谷子高粱产业技术体系首席科学家刁现民研究员；中国社会科学院考古所赵志军研究员；全国人大代表、杂交谷子发明人赵治海研究员以及国家谷子高粱产业技术体系、河北杂粮创新团队的有关专家。中国老科协副会长、河北省老科协会长、河北省委原常委、纪委书记臧胜业同志；河北省乡村振兴促进会顾问、河北省政协党组原副书记、副主席赵文鹤同志也出席了会议。出席会议专家之多，层次之高为近年少有。

3. 探讨深：就谷子及杂粮产业发展进行了大跨度研讨，从 1 万年前的谷子驯化诞生，到历朝历代的变革、今日现状及未来发展方向。传递的信息、知识量极大，对谷子、杂粮的诞生、科技进步、生产管理、品牌建设以及其对人类、中华民族所做的贡献等方方面面问题进行了探讨。本次研讨会不仅仅是探讨谷子一个农作物问题，而是对谷子及杂粮的物质、精神层面的全面认识，同时，对杂粮产业发展寄予了极大期望。

4. 影响大：政府领导、相关部门、科学家、企业家、文化工作者，自然科学、社会科学、历史、文化、产业经济学者一起研究问题，多视角、广领域研究谷子及杂粮产业的发展问题，克服了专家学者自娱自乐研究、坐而论道、泛泛而谈、不能落地的弊端。新闻媒体高度关注，人民日报、中央电视总台、各类网络新媒体、农民日报、河北日报等纷纷从健康中国、乡村振兴、产业发展、农耕文化等不同角度予以报道，引发专家学者、企业家、媒体人对谷子等杂粮在新的时代背景下的深层次思考，

影响广泛。

二、会议共识

这次会议形成了一些非常值得关注的新共识。

1. 共识之一：以谷子为标志的杂粮与饮食结构和中国人的健康直接相关。与会专家一致认为，当前，随着工业化、城镇化、人口老龄化的加快，我国人民的生产和生活方式发生很大变化，不合理饮食，不健康生活方式引发许多新疾病、亚健康，慢性病病人急剧增加，直接影响国人健康和工作状态。2016 年 8 月，习近平总书记在全国卫生与健康大会上指出，要把人民健康放在优先发展的战略地位；2016 年 10 月，中共中央、国务院印发了《健康中国 2030 规划纲要》；2019 年 6 月 24 日，国务院印发了《关于实施健康中国行动的意见》；2019 年 7 月 15 日，国务院办公厅印发了《健康中国行动实施与考核方案》。这些文件都强调要坚持以“人民为中心”的发展思想，从“以治病为中心”转变为以“保障人民健康为中心”，加强早期干预，形成有利于健康的生活方式、生态环境和社会环境，为建设健康中国奠定坚实的基础。

2. 共识之二：当前，五谷杂粮在人们的饮食结构中越来越重要。与会专家指出，解决中国人的健康问题不能简单照搬国外。中华民族发端于农耕文明，以植物食品为主的饮食习惯哺育和培养了中国人特有的肠道微生物种群，是我们的基因所在。早在《黄帝内经·素问》中就有“五谷为养，五果为助，五畜为益，五菜为充，气味合而服之，以补精益气”的饮食调养原则，五谷在我国通常是指稻、麦、粟、粱、豆，这充分说明了五谷杂粮在中国饮食中的地位。解决中国人健康问题必须下决心改变当前国人不合理的膳食结构，建立适宜中国人的健康营养标准。

3. 共识之三：我国应重新确立杂粮作物在中国粮食、食品、环境安全中的重要地位。与会专家强调，近年来，虽然杂粮种植面积不大，区域有限，但它仍是中华民族膳食结构中不可或缺的食品。数量多了不行，种类少了也不行，缺了更不行。如今虽不是主粮，但必须要摆上中国人的每日餐桌。作为营养配餐，它老少皆宜、南北通吃，营养丰富，健康必备。作为环境友好作物，它资源节约、省水、省肥、省药、质量安全。杂粮中的植物蛋白富含人体必需的 8 种氨基酸，可提高脑部代谢效率；磷脂对脑部神经的发育、活动有良好的功效；膳食纤维在肠道内可吸附水分子，使食物残渣或毒素迅速排出体外，达到排毒的效果。此外，它药食同源，还有许多功能成分有待深入研究与开发。

4. 共识之四：挖掘、弘扬谷子文化，为农业增效、农民增收、乡村振兴、塑造健康中国人服务，需要政府、科学家、企业家、社会学者共同发力。政府要给予强有力的政策支持，加大宣传力度，引导国人建立包括五谷杂粮在内的合理膳食结构，由吃饱、吃好，向吃品质、吃营养、吃健康转变；科学家要从优良品种培育开始，进行杂粮的全产业链研发，为杂粮生产、加工、消费提供强有力的科技支撑；企业家应适应现代人工作、生活节奏不断加快的特点，针对不同消费人群，开发孕妇、儿童、少年、青年、中年、老年、男人、妇女、健康人群、亚健康人群、各种疾病人群等需求的健康营养食品，为打造健康中国人奠定基本的食品基础。广泛宣传合理膳食是人类健康最基础的工作，恢复五谷杂粮的本来面目，告知大众，它是中华民族的传统主食作物，是特色营养作物，是环境友好作物，是优质高效作物。

三、五点建议

我们认为，我省是中国杂粮主产区，种类齐全，分布广泛，栽培历史悠久。邯郸武安考古证明，在 8 700 年以前我们的先民就开始在这里种植谷子、黍子，是我国北方旱作农业和农耕文明的发源地。在我国几千年的发展历史中，五谷杂粮长期养育了中华民族，培育了中华文明。当前，我省正在进行农业供给侧结构性改革，产业结构调整，维系生态涵养功能，压缩高耗水作物、治理超采地下水，发展草食性畜牧业等，这些都为恢复杂粮生产提供了极好发展机遇。尤其是京津冀区域，这是中国高档消费人群最为集中、生态功能较为脆弱的地方，振兴杂粮产业更为重要。为此，我们建议：

1. 加强顶层设计，推进河北省杂粮产业高质量发展。我国杂粮主产省（区）纷纷借助实施乡村振兴战略契机，制定本区域杂粮产业发展规划，出台系列支持政策。如：山西省政府出台了《山西小米品牌建设实施方案》，组织召开了三届全国小米产业大会；内蒙古敖汉旗制定了《敖汉旗小米产业发展规划》，目标打造百亿元小米产业，连续组织召开了六届小米起源与发展会议。建议我省要加强顶层设计，组织相关专家依据我省区域资源禀赋、生态特点、产业竞争力制定《河北省杂粮产业发展规划》，推介河北省“杂交谷子”“轻简化栽培技术”和“磁山文化”品牌，树立河北形象，促进河北杂粮产业转型升级和绿色高质量发展。

2. 恢复太行山、燕山丘陵区、黑龙港低平原区以谷子为代表的杂粮主体种植地位。将其作为种植结构调整、地下水压采治理的重要内容，种植面积至少应恢复到 1 000 万亩以上。这两个区域曾是我省杂粮的主产区，20 世纪 50 年代仅谷子种植面积就有 1 000 多万亩。进入 90 年代以后，由于产量低、费工、费时、难以实现机械化等因素种植面积逐年缩减，改为小麦—玉米一年两熟种植制度。这种种植制度引发了区域地下水的严重超采，从而形成 7 万多平方公里的地下漏斗区。目前，谷子产量低、费工、费时、难以机械化的问题随着科技进步都已解决。我省发明的杂交谷子产量已稳定通过 500 千克/亩，创出超过 700 千克/亩的高产纪录，常规谷子已稳定通过 400 千克/亩，创出超过 500 千克/亩的高产纪录。我省发明的轻简化栽培技术已使谷子生产实现全程机械化。生产同样粮食产量，谷子需水量只有小麦的 1/2，玉米的 2/3，近年来谷子价格却比小麦、玉米高一倍，且谷草是优质饲草，有利于构建优质畜牧业，因此，发展杂粮可以实现农业增效、农民增收。

3. 加大宣传力度，培育壮大区域公用品牌。当前，我国谷子等特色杂粮产业正处于重大机遇期，兄弟省份特色杂粮产业快速发展。例如：山西的沁州黄小米、内蒙古的敖汉小米纷纷登陆高铁、央视甚至纽约时代广场，有力拉动了优质小米消费。河北谷子等杂粮产业具有显著区域优势、科研优势、资源优势，但是在宣传力度、区域品牌打造方面较先进省市还有一定差距。建议政府在不同媒体全方位、多角度、立体式宣传河北杂粮，推出河北谷子和杂粮知名品牌，讲好河北故事，提高河北杂粮知名度和消费意愿；设立特色优势产业专项，集中打造一批区域公用品牌；深度挖掘武安磁山粟文化，将磁山文化写进中小学教科书，让全国广大青少年深入学习了解中华民族这段光辉灿烂的历史，加强爱国主义教育，把小杂粮做成大产业，使其走向全国，走向世界。

4. 将谷子等杂粮纳入我省粮食收储范围，给予政策性支持。目前，谷子等杂粮消费形式单一，多以粥饭为主，市场需求量有限，面积与价格不稳。杂粮大多种在贫困地区，为农民的主要收入来源之一，扩大种植面积，价格就可能会降低，可能会出现增产不增收现象。扩大杂粮的销售出路在于加工转化，但是企业加工转化需要稳定的谷子货源。目前，种植面积受市场价格波动影响，致使总产量小，远远不能满足企业转化的需求，导致了投资深加工领域的企业数量少、产业链延伸产品研发严重滞后。专家指出，凡是起源于中国的作物都带有皮壳，利于贮藏，是中华文明历史得以延续以及战胜各种大灾大难的重要原因。为了提高农民扩大种植杂粮的积极性，稳定加工企业货源，建议：在我省试点启动对杂粮保护性收购机制，在主产区纳入国家政策性收购范围，制定最低保护收购价格，以稳定市场价格，逐步扩大种植面积及产量，促进市场稳定运行，保护农民利益。同时，给予地方杂粮储备以政策支持和储备补贴支持，使杂粮储备成为农民生产和企业消化的促进剂。

5. 加大对杂粮加工企业的支持力度，鼓励提高研发、加工转化能力。杂粮营养平衡、人体必需，随着消费者膳食消费理念的转变，未来食品的要求是安全、营养、美味、快捷、方便，追求品质、品牌。而目前我省杂粮企业多数还停留在原粮初加工阶段，不好吃、不便捷、品质不高、品牌不响等问题突出。建议政府、科学家、企业家、金融、保险、农民“六家握手”，共同发力，打造我省杂粮加工品牌企业，给予政策支持，延伸产业链条，从初级加工、深加工、精深加工等方面，优化产品结构，细分消费产品，提高产品附加值，稳步扩大杂粮产品市场份额，形成“以加促销，以销带产”的良性循环。

执笔：王慧军	河北省委省政府决策咨询委农业农村组组长
张文军	河北省老科协农业农村分会会长
张彦惠	河北省乡村振兴促进会执行会长
李顺国	河北省农林科学院谷子研究所副所长
	2019. 11. 14

（三）关于深入推进院市合作打造邯郸小米优势产业助力乡村振兴的建议

2019 年 12 月 17 日，邯郸市副市长杜树杰批示：感谢省决策咨委对邯郸谷子的支持。请市农业农村局和农科院认真学习研究，提出具体措施，推动“邯郸小米”产业科学健康发展。

批示和建议如下（图 2–34）。

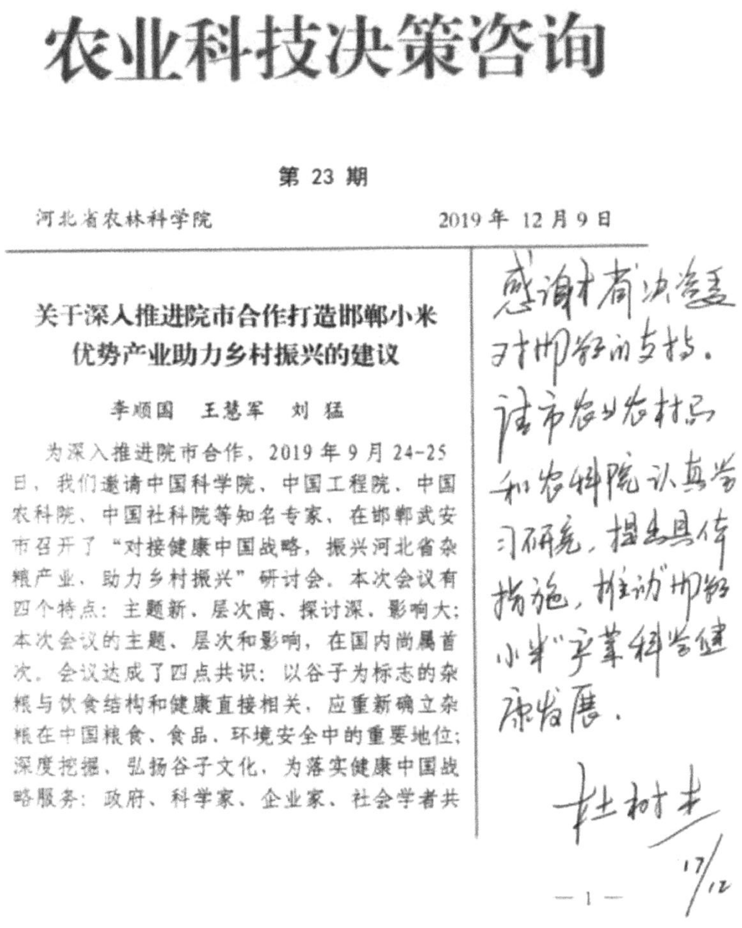

农业科技决策咨询

第 23 期

河北省农林科学院　　2019 年 12 月 9 日

关于深入推进院市合作打造邯郸小米优势产业助力乡村振兴的建议

李顺国　王慧军　刘猛

为深入推进院市合作，2019 年 9 月 24-25 日，我们邀请中国科学院、中国工程院、中国农科院、中国社科院等知名专家，在邯郸武安市召开了“对接健康中国战略，振兴河北省杂粮产业，助力乡村振兴”研讨会。本次会议有四个特点：主题新、层次高、探讨深、影响大；本次会议的主题、层次和影响，在国内尚属首次。会议达成了四点共识：以谷子为标志的杂粮与饮食结构和健康直接相关，应重新确立杂粮在中国粮食、食品、环境安全中的重要地位；深度挖掘、弘扬谷子文化，为落实健康中国战略服务；政府、科学家、企业家、社会学者共

感谢省决咨委对邯郸谷子的支持。请市农业农村局和农科院认真学习研究，提出具体措施，推动邯郸小米产业科学健康发展。

杜树杰

17/12

— 1 —

图 2–34　关于深入推进院市合作打造邯郸小米优势产业助力乡村振兴的建议

关于深入推进院市合作打造邯郸小米优势产业助力乡村振兴的建议

为深入推进院市合作，2019年9月24—25日，我们邀请中国科学院、中国工程院、中国农业科学院、中国社会科学院等知名专家，在邯郸武安市召开了“对接健康中国战略，振兴河北省杂粮产业，助力乡村振兴”研讨会。本次会议有四个特点：主题新、层次高、探讨深、影响大；本次会议的主题、层次和影响，在国内尚属首次。会议达成了四点共识：以谷子为标志的杂粮与饮食结构和健康直接相关，应重新确立杂粮在中国粮食、食品、环境安全中的重要地位；深度挖掘、弘扬谷子文化，为落实健康中国战略服务；政府、科学家、企业家、社会学者共同发力，让谷子产业为农民增收、农业增效、乡村振兴助力。会后，我们撰写了《对接健康中国战略，振兴河北杂粮产业，助力乡村振兴》的报告，受到臧胜业、赵文鹤等省老领导的高度评价，时清霜副省长做出了批示。通过本次会议宣传了邯郸文化、提高了武安小米的知名度，对于推进院市合作具有重要意义。

2019年中央一号文件提出因地制宜发展多样性特色农业，强化农产品地理标志和商标保护。全国谷子主产区纷纷制定发展规划、支持发展谷子特色产业。山西省出台了《“山西小米”品牌建设三年发展规划》，成立山西小米产业联盟运营中心，制定了“山西小米”团体标准；延安市注册“延安小米”商标，出台系列政策支持延安小米发展；内蒙古敖汉旗制定了《敖汉小米产业发展规划》，提出了发展百亿元小米产业的目标。

邯郸是我国历史文化名城，悠久的历史孕育了灿烂的文化，其中磁山文化是中国农耕文化的代表，出土了8 700多年的碳化粟，将中华文明上溯到8 000年前，被誉为是世界小米的发源地，以“黄粱美梦”“粟山”“小米加步枪”为代表的谷子文化是我国粟文化的重要组成部分。邯郸市大力发展谷子特色产业，打造邯郸小米优势区，有着其他区域无与伦比的优势。除了悠久的历史外，邯郸市常年谷子种植面积在80万亩左右，是我国太行山优质谷子产业带的核心区。

邯郸发展小米产业具有三大优势：一是产业优势。武安小米、曲周小米、涉县梯田小米在全国具有较高知名度，现有一批小米产业化龙头企业，磁山粟、杨氏田乡源、晶秋、农夫果园品牌小米畅销大江南北；武安先后被命名为“河北小米之乡”“中国小米之乡”，武安小米获“地理保护标志产品”“河北省十大区域公用品牌”；曲周为河北省四大小米集散地，年交易小米10万吨以上，曲周小米为“地理保护标志产品”；涉县旱作梯田具有800年历史，被列入中国重要农业文化遗产，涉县梯田小米在市场上具有较高知名度。二是科技支撑优势。河北省农林科学院谷子研究所是国家谷子改良中心、河北省杂粮实验室和河北省杂粮创新团队的依托单位，围绕谷子全产业链建立了完善的学科体系，创新的抗除草剂谷子新品种及其配套技术是我国谷子栽培历史的一次革命。谷子研究所在武安建设示范基地已达15年，在院市合作的推动下于2019年11月29日在曲周依托河北东粮农业科技有限公司启动了河北省杂粮产业研究院，将进一步促进科技和经济的深度融合。三是政策优势。邯郸是我省地下水压采重点区域，省政府要求2022年要实现地下水采补平衡。邯郸也是河北省季节性休耕重要地区，年季节性休耕面积要求达到40万亩以上，休耕区技术路径为“一季休耕，一季雨养”，每亩补助500

元，休耕和旱作雨养，谷子是理想的替代作物。

为此，我们提出以下建议：

一、加强顶层设计，科学制定邯郸市谷子产业发展规划

建议邯郸市在全省先行一步，加强顶层设计，组织专家依据邯郸市资源禀赋、文化特点、产业竞争力制定《邯郸市谷子产业发展规划》，优化谷子生产区域布局，促进邯郸市谷子产业转型升级和绿色高质量发展。建议实施“三区一园一院”战略布局，种植面积力争利用5年时间发展为120万亩，打造成百亿元产业，建成全国谷子产业链示范样板和全国谷子产业先行区。以曲周为核心，打造休耕区谷子全程机械化示范区；发挥丘陵山区谷子旱作雨养比较优势，以武安为核心打造丘陵区优质谷子示范区；发挥涉县梯田农业文化遗产优势，以涉县王金庄为中心，打造原生态谷子休闲体验示范区；打造武安同会现代农业园区为谷子循环经济农业园区，争取申报国家现代农业园区；打造河北省杂粮产业研究院为新型研发机构，为谷子产业提供强有力的科技支撑。

二、强化全产业链科技支撑，助推产业发展

依托河北省农林科学院谷子研究所、河北省杂粮产业研究院以及全国谷子科研优势单位，强化谷子全产业链科技支撑。调优品种结构，以优质品种、加工专用品种、营养强化品种分类建设示范基地，为开发多元产品提供原料，提高产品附加值。调绿生产技术，以地膜替代技术、有机肥替代技术、绿色防控技术为主，示范推广谷子绿色高效生产技术。调顺产业体系，着力发展新产业新业态，促进一二三产深度融合，实现谷子产业“全环节升级、全链条升值”。同时突出新技术的应用，将信息化、智能化技术应用在谷子生产、加工、质量追溯领域，全面提高谷子产业的科技水平。

三、打造区域公用品牌，建立全域质量追溯体系

以武安小米、曲周小米、涉县梯田小米为核心，打造区域公用品牌。通过设立区域公用品牌建设专项、积极争取国家相关项目，为区域公用品牌建设提供项目支撑；通过高铁、高速公路广告牌、电视、报纸、微信等多渠道，加强区域公用品牌的宣传和打造。建立全域质量追溯与监测系统，从播种、田间管理、收获、加工、储运、销售等全产业链建立二维码系统，实现谷子质量全环节可追溯，确保邯郸小米品质和质量。

四、加强信息监测预警，保障市场平稳运行

依托河北东粮农业科技有限公司电商平台，建立谷子/小米价格监测预警中心，强化市场供需形势分析与研判，及时发布生产、价格、供求等信息，有效引导生产和经营者及时均衡上市销售，避免价格大起大落，促进市场稳定运行。通过中心建设形成在全国有影响的谷子定价中心，对外发布谷子供求信息、谷子价值指数，加强邯郸在全国谷子的定价权。

五、加强宣传力度，促进小米消费

我们研究表明：对小米历史、文化、营养知识了解越多，小米消费意愿越强烈，充分说明宣传的重要性。我们拍摄的谷子专题片《粟说：一粒小米的故事》2018年12月在CCTV-7播出后，直接受众达到3 000万人次，已成为小米的消费潜在人群。建议充分发挥邯郸粟文化丰富的优势，积极拍摄有关谷子文化、历史、营养的专题片，在电

视、网络、微信等各类媒体报道；组织食品、营养、农学、文化领域专家学者在网络、电视、报纸等媒体积极宣传小米营养、文化、历史，增强民众对小米的认知水平。

（作者李顺国系河北省农林科学院谷子研究所副所长；王慧军系河北省委省政府决策咨询委农业农村组组长；刘猛系河北省农林科学院谷子研究所副研究员）

（四）关于恢复和振兴河北省黑龙港流域谷子产业的建议

2020年11月6日，沧州市委书记王景武对《关于恢复和振兴河北省黑龙港流域谷子产业的建议》做出批示。2020年11月20日衡水市委书记赵革对《关于恢复和振兴河北省黑龙港流域谷子产业的建议》做出批示。

批示和全文建议如下（图2-35）。

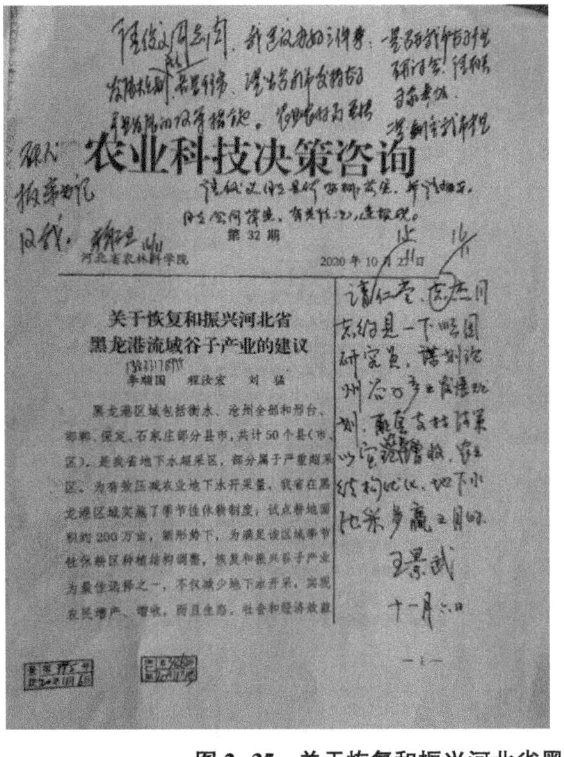

农业科技决策咨询

第32期

河北省农林科学院　2020年10月27日

关于恢复和振兴河北省黑龙港流域谷子产业的建议

李顺国　程汝宏　刘猛

黑龙港区域包括衡水、沧州全部和邢台、邯郸、保定、石家庄部分县市，共计50个县（市、区），是我省地下水超采区，部分属于严重超采区。为有效压减农业地下水开采量，我省在黑龙港区域实施了季节性休耕制度，试点耕地面积约200万亩，新形势下，为满足该区域季节性休耕区种植结构调整，恢复和振兴谷子产业为最佳选择之一，不仅减少地下水开采，实现农民增产、增收，而且生态、社会和经济效益

王景武

十一月六日

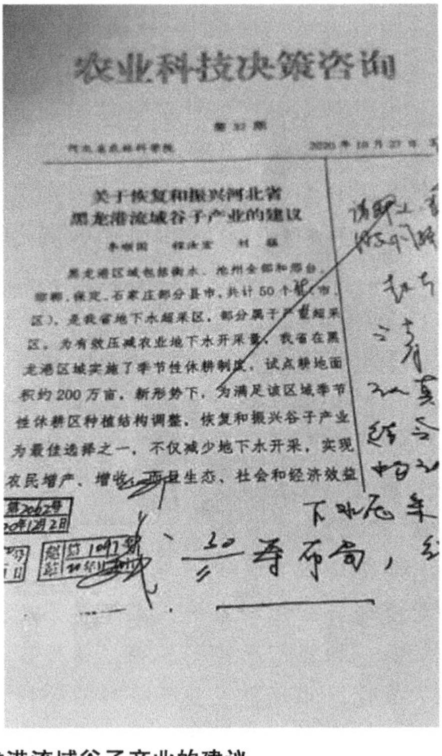

农业科技决策咨询

第32期

河北省农林科学院　2020年10月27日

关于恢复和振兴河北省黑龙港流域谷子产业的建议

李顺国　程汝宏　刘猛

黑龙港区域包括衡水、沧州全部和邢台、邯郸、保定、石家庄部分县市，共计50个县（市、区），是我省地下水超采区，部分属于严重超采区。为有效压减农业地下水开采量，我省在黑龙港区域实施了季节性休耕制度，试点耕地面积约200万亩，新形势下，为满足该区域季节性休耕区种植结构调整，恢复和振兴谷子产业为最佳选择之一，不仅减少地下水开采，实现农民增产、增收，而且生态、社会和经济效益

图2-35　关于恢复和振兴河北省黑龙港流域谷子产业的建议

关于恢复和振兴河北省黑龙港流域谷子产业的建议

黑龙港区域包括衡水、沧州全部和邢台、邯郸、保定、石家庄部分县市，共计50个县（市、区），是我省地下水超采区，部分属于严重超采区。为有效压减农业地下水开采量，我省在黑龙港区域实施了季节性休耕制度，试点耕地面积约200万亩，新形势下，为满足该区域季节性休耕区种植结构调整，恢复和振兴谷子产业为最佳选择之一，不仅减少地下水开采，实现农民增产、增收，而且生态、社会和经济效益显著。

一、谷子产业具备的优势

（一）耐旱节水。谷子在禾本科作物中节水优势明显，其种子吸收本身重量26%的水分即可发芽，而玉米需要48%，小麦需要45%；每生产1克干物质，谷子需水257克，玉米需水369克，小麦需水510克。黑龙港流域年降水量500毫米左右，集中降雨期6月下旬至8月中旬，与谷子生育期吻合度高，90%以上的年份雨养可达到正常产量，与玉米相比，每亩节水100立方米左右。

（二）生产成本低。新中国成立初期黑龙港流域谷子年种植面积达1 000多万亩，目前不足50万亩，谷子面积萎缩的主要原因是生产繁琐，粒小难以实现精量播种，需人工除草和间苗，且缺乏相应的播种和收获机械。进入21世纪，在河北省农林科学院科研人员的努力下，谷子轻简化生产技术取得突破，在国内外首创了5种非转基因谷子抗除草剂材料，育成15个抗除草剂、适合机械化生产的谷子品种，无需人工间苗，研发出从播种到收获的系列机械，实现了谷子全程机械化轻简化生产，效率提高20倍。黑龙港区域地势平坦，适合谷子机械化规模化生产，比丘陵山区每亩节约成本300元左右。

（三）生产效益高。据统计，2018年全国谷子平均亩产400千克左右，最高达600千克，平均单产较10年前提高90.6%。随着人们对谷子生态、营养等认知水平的提升，谷子消费需求不断扩大，价格呈持续上涨趋势，目前谷子价格每千克6.5~7.0元，是玉米的3倍以上。国家谷子产业技术体系多年监测数据表明，种植谷子效益呈持续增长趋势，较同期玉米亩增收300元以上。此外，谷子不同于其他粮食作物，新旧小米价格差异很大，在黑龙港区域旱作雨养和季节性休耕区采取油菜、绿肥接茬种植谷子，与小麦—谷子模式相比，谷子播种期提前1个月左右，可在中秋、国庆节前上市，成为全国最早上市的小米，比高峰期上市的价格每千克高1.5~2.0元，亩增收300元左右。

（四）市场空间大。黑龙港区域目前已形成藁城、孟村、曲周等小米加工贸易集散地，加工贸易量超过全国的40%，年销售额达50亿元。但河北省谷子生产量不足，80%以上的原料谷子来自内蒙古赤峰、辽宁朝阳。黑龙港地区是优质谷子生产和高端小米加工的理想区域，京津冀有1亿多人的庞大消费人群，河北省扩大种植面积的市场空间巨大，为恢复和振兴黑龙港区域谷子产业奠定了坚实的市场基础。

（五）研发实力强。河北省农林科学院建有国家谷子改良中心、河北省杂粮研究实验室、河北省谷子产业技术创新战略联盟、河北省杂粮产业研究院等创新平台，是国家和河北省谷子产业技术体系的主要技术依托单位，具有谷子育种、栽培生理、病虫害防控、产后加工、产业经济等全产业链研发优势，获得国家科技进步奖1项和省科技进步一等奖2项，整体研究居国际先进水平。近年育成的冀谷39实现了抗除草剂、一级优质、适合机械化生产等优良性状的聚合，米色金黄，克服了以往夏谷品种籽粒小、出米率低、米色浅的不足，商品性、适口性突出，2019年推广面积达70万亩，在部分地区实现了订单种植。

二、发展谷子产业建议

（一）加强顶层设计，科学制定黑龙港谷子产业发展规划

依据黑龙港区域资源禀赋、文化特点、产业竞争力，结合河北省地下水超采综合治

理、乡村振兴和健康中国等战略部署，组织专家制定《黑龙港区域季节性休耕区谷子产业发展规划》，在季节性休耕区规划种植100万亩谷子，同时以石家庄、邢台富硒土壤和小米集散地为核心打造富硒谷子产业带，以衡水、沧州为核心，打造休耕区谷子全程机械化生产产业带，以藁城马庄、曲周西刘庄等特色小镇为主、结合乡村振兴战略的深入推进，打造系列小米小镇，逐步将该区建成全国谷子产业示范样板和全国谷子产业先行区，促进区域谷子产业转型升级和绿色高质量发展。

（二）实施谷子良种补贴和试点保护性收购

对适合黑龙港区域种植的一级优质、适合轻简化机械化生产的高效谷子品种实施普遍性、稳定性的良种补贴政策，提高种植大户、合作社等新型经营主体的积极性；针对市场价格、种植面积波动较大等问题，在黑龙港区域试点启动保护性收购机制，作为战备粮、应急粮纳入政府政策性收购范围，制定最低保护收购价格，以稳定市场价格。

（三）强化全产业链科技支撑，助推产业发展

依托河北省农林科学院谷子研究所（国家谷子改良中心、河北省杂粮研究实验室）、国家和河北省谷子产业技术体系、河北省杂粮产业研究院等，强化谷子全产业链科技支撑，加强优质专用品种、绿色轻简化节水生产技术示范与应用，促进谷子一二三产业深度融合，实现谷子产业"全环节升级、全链条升值"，全面提升谷子产业科技水平。

（四）打造区域公用品牌，建立全域质量追溯体系

以藁城宫米、南和金米、曲周小米为核心，设立区域公用品牌建设专项，争取国家相关项目，多渠道宣传，为区域公用品牌建设提供支撑，打造河北省知名区域公用品牌，建立谷子产业全域质量追溯与监测二维码系统，实现谷子产业全链条质量追溯。

（五）加强信息监测预警，保障市场平稳运行

依托河北省杂粮产业研究院电商平台，建立谷子/小米价格监测预警中心，强化市场供需形势分析与研判，对外发布谷子生产、价格、供求信息和谷子价值指数，有效引导生产和经营者及时均衡上市销售，使黑龙港谷子产业成为全国谷子价格风向标，促进市场稳定运行。

（六）加强宣传力度，促进小米消费

充分发挥黑龙港区域粟文化丰富的优势，积极拍摄有关谷子文化、历史、营养的专题片，在电视、网络、微信等各类媒体报道，增强民众对小米的认知水平，促进小米消费市场健康发展。

作者：李顺国系河北省农林科学院谷子研究所副所长、研究员、国家谷子高粱产业技术体系产业经济研究室主任、产业经济岗位专家。

程汝宏系河北省农林科学院谷子研究所所长、研究员、国家谷子改良中心主任、国家谷子高粱产业技术体系遗传育种研究室主任。

刘猛系河北省农林科学院谷子研究所科办主任、副研究员。

（五）我国粮食安全战略中尚需关注西北地区杂粮产业发展

2021年11月20日，农业农村部科教司周云龙司长批示：产业经济岗位就该做这

样的工作，对谷子产业经济岗位予以表扬，其他体现也要常做此类工作。

批示和报告如下（图 2-36）。

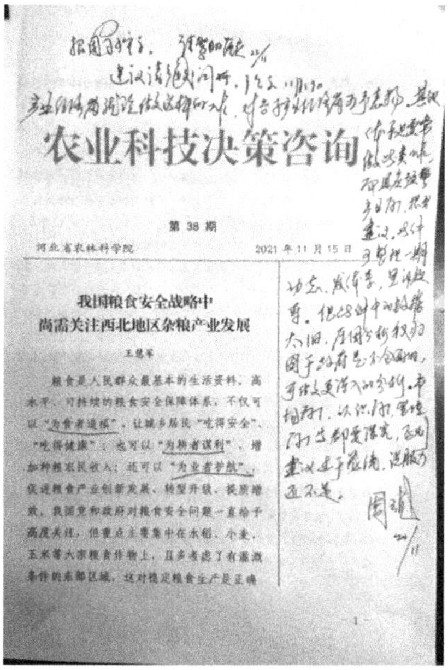

农业科技决策咨询

第 38 期

河北省农林科学院　　2021 年 11 月 15 日

我国粮食安全战略中
尚需关注西北地区杂粮产业发展

王慧军

粮食是人民群众最基本的生活资料。高水平、可持续的粮食安全保障体系，不仅可以“为食者造福”，让城乡居民“吃得安全”、“吃得健康”；也可以“为耕者谋利”，增加种粮农民收入；还可以“为业者护航”，促进粮食产业创新发展、转型升级、提质增效。我国党和政府对粮食安全问题一直给予高度关注，但重点主要集中在水稻、小麦、玉米等大宗粮食作物上，且多考虑了有灌溉条件的东部区域，这对稳定粮食生产是正确

1

图 2-36　我国粮食安全战略中尚需关注西北地区杂粮产业发展

我国粮食安全战略中尚需关注西北地区杂粮产业发展

粮食是人民群众最基本的生活资料。高水平、可持续的粮食安全保障体系，不仅可以“为食者造福”，让城乡居民“吃得安全”“吃得健康”；也可以“为耕者谋利”，增加种粮农民收入；还可以“为业者护航”，促进粮食产业创新发展、转型升级、提质增效。

我国党和政府对粮食安全问题一直给予高度关注，但重点主要集中在水稻、小麦、玉米等大宗粮食作物上。且多考虑了有灌溉条件的东部区域，这对稳定粮食生产是正确的。然而，占我国国土面积达 51% 的干旱、半干旱区域地域广阔，耕地资源丰富。西北及长城沿线干旱、半干旱区，国土面积占全国的 23.2 %，耕地面积 4 亿多亩，占全国的 22.6%。该区气候干燥，降水量少，是粮食生产的不利条件。但该区域生态类型多样，气候冷凉，昼夜温差大，日照时数长，生物多样性明显，表现适应性强、抗旱耐瘠、生育期短的杂粮为适宜作物，能够形成优势产区和特色产业。该区人口密度在 100 人/平方千米以下，利于实现机械化、大规模的现代农业生产。

中华民族发端于农耕文明，发源于西北的干旱半干旱区域。以植物食品为主的饮食习惯哺育和培养了中国人特有的肠道微生物种群，是我们的基因所在。早在《黄帝内经·素问》中就有“五谷为养，五果为助，五畜为益，五菜为充，气味合而服之，以补精益气”的饮食调养原则，五谷在我国北方通常是指“粟、稷、麦、麻、菽”，这充分说明了五谷杂粮在中国饮食中的地位。

现代社会，人们越来越重视膳食结构的多元化和饮食的均衡化。杂粮除含有碳水化

合物、蛋白质、脂肪外，富含多种维生素、膳食纤维和矿物质及微量元素。杂粮中的植物蛋白富含人体必需的8种氨基酸；磷脂对脑部神经的发育、活动有良好的功效；膳食纤维在肠道内可吸附水分子，使食物残渣或毒素迅速排出体外。有研究指出，低杂粮饮食在造成疾病负担因素方面排在各种因素第一位。精细化米面主食及过量油脂消费是造成目前“富贵病”流行的重要原因，全谷物食品消费已成为一种国际性潮流。

西北地区杂粮单产水平低，增产潜力要大大高于小麦、玉米等主粮作物。以该区域种植面积最大的杂粮作物谷子为例，2020年单产为217.3千克/亩，比雨养旱作杂交谷子的产量水平低200千克以上。如果我国在该区布局1亿亩杂交谷子，可为国家增产100亿千克以上粮食，且成本低、效益高。

杂粮生产省水、省肥、省药，资源节约、环境友好、质量安全。其特有的生育期短、抗旱耐瘠、水肥消耗少特性，决定了它是适应当地的生态作物。如谷子每生产1克干物质仅耗水271克，而玉米、小麦均在470克以上。在相同产出的情况下，每亩较玉米、小麦等高耗水作物节水100立方米左右，可有效缓解西部水资源紧缺状况。同时，杂粮生育期具有很大的伸缩性，拥有较宽松的播期，是“发展资源节约型和环境友好型农业”的首选作物。

谷子、糜子等杂粮起源于我国，具有丰富的遗传资源，系统研究，可以在国家粮饲安全上起到意想不到的效果。谷子在20世纪70年代，产量与玉米、小麦产量一个水平，由于国家的粮食安全重点放在了小麦、玉米、水稻三大作物，使得谷子产量与三大作物拉开了距离。但是，三大作物的增产基因已经基本明确，这些作物的基因功能不断挖掘，给谷子、糜子的产量提高，提供了捷径。我国加大这方面的研究力度，可以占领干旱节水、耐瘠薄的作物育种高地。

为此，特提出如下建议：

1. 将西北地区杂粮作为生态作物布局，扩大种植面积。西北地区曾是我国杂粮的主产区，20世纪50年代该区仅谷子种植面积就有近亿亩。进入90年代以后，由于水利条件改善，增加粮食产量，改为小麦或玉米种植，这种种植制度引发了区域水资源的高度耗费，直接影响农业的可持续发展。目前，谷子产量低、费工、费时、难以机械化的问题随着科技进步都已解决。杂交谷子在西北地区创出超过700千克/亩的高产纪录，常规谷子也已稳定通过400千克/亩。轻简化栽培技术已使谷子生产实现全程机械化。在我国农业发展历史上，杂粮的籽粒、麸皮和秸秆作为优质饲料，能明显提升畜禽产量和品质，显著提升牛、羊、马、驴等牲畜的抗病性，有利于构建优质畜牧业，可缓解区域畜牧业饲草短缺的现状。

2. 做好杂粮消费大文章。健康中国战略是习近平新时代中国特色社会主义思想中“以人为本”的基本方略，我们应宣传、引导国人建立包括五谷杂粮在内的合理膳食结构，由吃饱、吃好，向吃品质、吃营养、吃健康转变。科学家要从优良品种培育开始，进行杂粮的全产业链研发，为杂粮生产、加工、消费提供强有力的科技支撑；企业家应适应现代人工作、生活节奏不断加快的特点，针对不同消费人群，开发孕妇、儿童、少年、青年、中年、老年、男人、妇女、健康人群、亚健康人群、各种疾病人群等需求的健康营养食品，为打造健康中国人奠定基本的食品基础。广泛宣传合理膳食是人类健康最基础的工作，恢复五谷杂粮的本来面目，告知大众，它是中华民族的传统主食，是特色营养食品。

3. 建立杂粮储备制度，服务国家长期粮食安全。专家研究指出，起源于我国的杂粮作物都带有皮壳，利于贮藏，是中华文明历史得以延续以及战胜各种大灾大难的重要原因。扩大杂粮的销售出路在于加工转化，但是企业加工转化需要稳定的货源。目前，种植面积受市场价格波动影响大，远远不能满足企业转化长期供货需求，导致了投资深加工领域的企业数量少、深加工产品研发严重滞后。建议在我国西北地区试点启动对杂粮保护性收购机制，在主产区纳入国家政策性收购范围，制定最低保护收购价格，以稳定市场运行，保护农民利益。给予地方杂粮储备以政策支持和储备补贴支持，使杂粮储备成为农民生产和企业消化的促进剂。

4. 加大对杂粮加工企业的支持力度。“产业强，粮食安”。要以“粮头食尾”和“农头工尾”为抓手，推动杂粮精深加工，做强绿色食品加工业。建议政府、科学家、企业家、金融、保险、农民“六家握手”，共同发力，打造西北杂粮加工品牌企业，给予政策支持，延伸产业链条，从初级加工、深加工、精深加工等方面，建立杂粮产业加工体系，瞄准多样化市场需求，以突破杂粮精深加工技术为重点，优化产品结构，细分消费人群，例如，开发适合老人、儿童、学生、孕妇等不同消费群体的产品，提高产品附加值，稳步扩大杂粮产品市场份额，形成“以加促销，以销带产”的良性循环。

5. 加大宣传力度，扩大杂粮消费。组织食品、营养、农学、文化领域专家学者撰写有关杂粮营养、文化、历史知识的科普文章和图册，增强民众对杂粮的认知水平；结合地方食物资源、饮食习惯、传统食养理念，宣传以杂粮配伍为主的膳食结构的食品制作方法、健康营养知识和保健功能等；发挥我国杂粮文化历史悠久的特点，拍摄适应不同目标消费群体的专题片，利用各类新媒体手段定向、精准地将科普信息传播到不同人群，从而促进国人的杂粮消费。

6. 建议启动西北地区百亿千克杂粮增产工程。针对制约杂粮优质、丰产、轻简化、信息化等关键问题，以增产100亿千克杂粮为目标，建议国家启动实施西北地区百亿千克杂粮增产工程，为西北地区杂粮生产提供科技支撑。开展西北地区高肥效杂粮品种筛选、化肥农药减施增效、中低产田地力提升、撂荒地开发利用、全程机械化设备、智能化管理系统技术创新与研发，将优质高肥效品种、绿色高效生产技术、物联网技术等杂粮产业关键技术进行集成，形成标准化技术体系，在西北杂粮主产区开展高产创建、产业化示范区建设，从而带动杂粮增产增效。

附：西北及长城沿线干旱区杂粮产业发展现状调研报告

国家谷子高粱产业技术体系产业经济研究室

2021年12月8日

（六）强化产业后端导向型发展模式促进河北优质谷子产业集群高质量发展

2021年6月24日批示：将此报告印发各厅领导学习借鉴（专班负责）。各产业集群都要像谷子集群这样，拓展思路，学习先进，一个链条一个链条提出提升发展的具体办法。请越祥同志将意见拉出若干事情清单，提出目标、责任人、完成时限，一项一项推进。

报告和批示如下（图 2-37）。

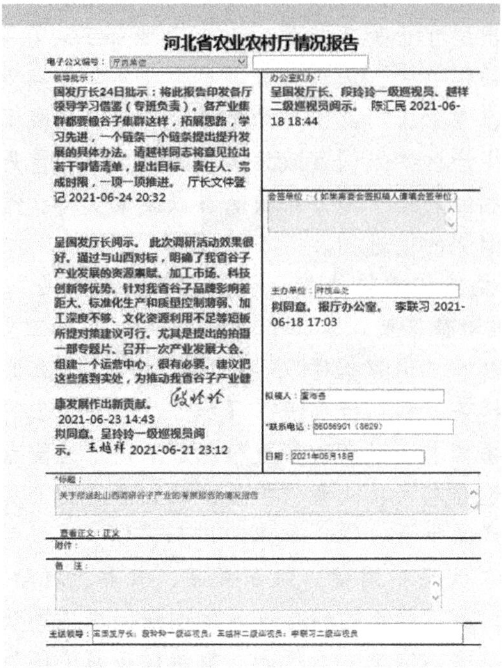

河北省农业农村厅情况报告

电子公文编号：

领导批示：

国发厅长24日批示：将此报告印发各厅领导学习借鉴（专班负责）。各产业集群都要像谷子集群这样，拓展思路，学习先进，一个链条一个链条提出提升发展的具体办法。请超祥同志将意见拉出若干事情清单，提出目标、责任人、完成时限，一项一项推进。 厅长文件登记 2021-06-24 20:32

呈国发厅长阅示。 此次调研活动效果很好。通过与山西对标，明确了我省谷子产业发展的资源禀赋、加工市场、科技创新等优势，针对我省谷子品牌影响差距大、标准化生产和质量控制薄弱、加工深度不够、文化资源利用不足等短板所提对策建议可行。尤其是提出的拍摄一部专题片、召开一次产业发展大会、组建一个运营中心，很有必要。建议把这些落到实处，为推动我省谷子产业健康发展作出新贡献。 段玲玲 2021-06-23 14:43

拟同意。呈玲玲一级巡视员阅示。 王超祥 2021-06-21 23:12

办公室拟办：

呈国发厅长、段玲玲一级巡视员、超祥二级巡视员阅示。 陈汇民 2021-06-18 18:44

会签单位：（如果需要会签拟稿人请填会签单位）

主办单位：

拟同意。报厅办公室。 李联习 2021-06-18 17:03

拟稿人：

*联系电话：86066901（8629）

日期：2021年06月18日

*标题：

查看正文：正文

附件：

备 注：

主送领导：

图 2-37 强化产业后端导向型发展模式促进河北优质谷子产业集群高质量发展

强化产业后端导向型发展模式促进河北优质谷子产业集群高质量发展

——赴山西省调研谷子产业的考察报告

为学习借鉴山西省谷子产业发展经验，加强省际间现代农业交流合作，促进河北省优质谷子产业集群建设，近日，由省农业农村厅分包优质谷子产业集群的厅领导带队，厅种植业处、省农业技术推广总站，省农林科学院谷子研究所，武安市、蔚县、藁城区三个谷子产业重点县（市、区）政府及企业负责人等一行 20 余人，对接山西省农业农村厅、山西省农业科学院，调研了山西小米运营中心和山西农业大学（山西省农业科学院）经济作物研究所，考察了太行明珠、沁州黄、太行沃土（羊肥小米）、汾阳皇、粮缘金土地、山花烂漫 6 家谷子种业、肥料、加工企业。通过考察学习山西省谷子产业快速发展的经验，强化了“需求牵引供给、供给创造需求”的理念，坚定了走产业后端导向型发展模式的信心，力争通过 3~5 年的努力，将河北小米打造成全国知名品牌，带动河北优质谷子产业集群实现跨越式发展。

一、山西省谷子产业概况和经验做法

（一）山西省谷子产业概况

1. 谷子产业总体情况。山西省是全国谷子主产省之一，2018 年谷子种植面积 296.7 万亩，居全国第一位，占全国谷子种植面积的 25.4%；谷子总产量 47.26 万吨，占全国总产量的20.2%；谷子单产159.3千克/亩，是全国平均单产的79.4%。谷子在山西省11个地市均有种植，主要分布在太行山、吕梁山、晋西北区域。20世纪70年代中后期，山西省谷子种植面积为850万亩左右，总产90万吨。80年代以来，山西省谷子种植面积不断下降，2004年以后，谷子种植面积基本稳定在300万亩左右，总产量50万吨左右。

2. 谷子种植主要品种。山西省谷子种植品种主要有晋谷系列、长谷系列和张杂谷系列。晋谷系列、长谷系列品种主要种植在太行山、吕梁山地区，种植面积约占全省谷子的75%，以沁州黄、汾州香、东方亮三大品牌为代表，主要品种有沁黄1号、沁黄2号、晋谷21号、晋谷29号、晋谷40号、长农35号、长生07、长生08等优质品种，其中晋谷21号以其突出的商品性、适口性长期为山西省种植面积最大的品种；张杂谷系列品种主要分布在晋西北地区，种植面积约占山西省谷子的25%，主要品种有张杂谷3号、张杂谷5号、张杂谷10号、张杂谷13号等。晋谷系列与张杂谷系列相比，晋谷系列品种品质更佳，色泽金黄，谷香味浓，适口性好，但产量相对较低，约为200~300千克/亩；张杂谷系列品种虽品质不如晋谷，口感稍差，但产量较高，能达到350千克/亩以上。

3. 谷子种植方式。山西省谷子80%以上分布在丘陵旱地，且以春播为主。沁州黄、羊肥小米、山花烂漫、东方亮等品牌小米基地均以有机旱作种植为主，施用农家肥、有机肥，不使用化肥、除草剂等化学制品，绿色有机基地种植面积占15%左右；地膜覆盖（包括全膜穴播、膜侧沟播等）占有较大面积，约占30%。山西省谷子机械化率在45%左右，除草剂使用率在30%左右，整体轻简化水平在全国处于较低水平。

4. 谷子品牌建设与加工企业建设情况。2017年以来，山西集中全省之力打造省级区域公用品牌“山西小米”，突出“优质”和“特色”两张牌，整合小米产业生态、品种、技术、功能、品牌五大优势，融入农耕文明、红色历史、传统旱作、制作工艺、养生保健、人文情怀等传统农业文化元素，充分将山西优质小米资源优势转化为产业优势和经济优势。“小米还是山西的好”这句朴实而又响亮的广告语，已变成实实在在的业内共识，涌现出一批成长性好、核心竞争力强的骨干企业，“山西小米”已成为山西现代特色农业的一张“黄金名片”。全省有小米加工企业200余家，其中有自主品牌的小米加工企业90余家，省级龙头企业21家、市级龙头企业24家，著名商标24个，驰名商标3个，“三品一标”认证89家。30年老品牌沁州黄年销售收入增长30%，“沁州黄小米”品牌价值达到14.7亿元；入盟企业河曲县万家福小米销售额增长20倍；汾阳皇米业有限公司由做产品开始做品牌，投资4 500万元新建年加工能力年产3万吨小米生产线，初步实现“好米变名米，名米卖好价”的目标。

（二）山西省发展谷子产业经验做法

山西省谷子产业始终坚持以“品牌建设”为引领的现代农业发展模式，聚焦政府、企业和农户力量同向发力抓推进，引导资源要素向重点区域集中提绩效，强化核心种植区域和加工基地辐射带全局。

1. “政府推动、品牌打造”是推动山西省谷子产业快速发展的保障。“山西小米”省级区域公用品牌打造发端于2017年习近平总书记视察山西提出的“立足优势，扬长避短，发展旱作有机农业和现代特色产业。”山西省委、省政府将发展“山西小米”特色产业作为贯彻落实习近平总书记视察山西讲话精神的具体举措，率先在全国打造省级小米区域公用品牌“山西小米”。省政府先后出台了《“山西小米”品牌建设实施方案》《“山西小米”品牌建设三年发展规划》《关于加快杂粮全产业链开发的实施意见》等一系列政策文件，积极筹措省财政资金、申请中央投资给予“山西小米”产业持续支持。2018 年以来，省级统筹 6 000 余万元支持小米产业，其中投入 2 074 万元用于品牌打造，2 000 万元用于交易中心建设，2 000 万元用于仓储建设；积极争取中央财政 3. 3 亿元、省级补助 1. 2 亿元用于优质粮食工程建设，主要实施内容包括“山西小米”标准体系建设、良种繁育工程、生产基地建设、质量监测体系建设、营销体系建设、品牌宣传推介、品牌管理、技术集成与成果转化、文化挖掘等，“山西小米”基地、标准、良种、质量保障、营销五大体系建设初见成效。

2. “科技引领、创新驱动”是推动山西省谷子产业快速发展的原创力。山西省高度重视谷子产业科技创新，借打造“山西晋中国家农业高新技术产业示范区”契机，山西农业大学与山西省农业科学院合并成立新的山西农业大学，先后加强了与谷子产业相关的“国家功能农业工程中心”“有机旱作农业实验室”，正在积极谋划成立“国家杂粮重点实验室”建设，投入专项资金支持杂粮项目研究，开发了“太行明珠”小米方便粥、沁州黄小米营养粉等系列产品。组织 27 名专家成立标准委员会，先后制定了《山西小米种植技术规范》《山西好粮油生产质量控制技术规范》，形成了地方、团队、企业标准体系。积极推行人才兴粮战略，加大人才培养与引进力度，以“百名博士服务”、人才入企等形式推动企业与科研院所加强对接，提供全方位服务。

3. “以优质品种高标准打造原粮基地”是实施“山西小米”品牌战略的根基。“山西小米”定位中高端市场，把质量视为“山西小米”品牌建设的生命，坚持高标准高质量贯穿“山西小米”品牌建设的始终，贯穿整个生产环节。山西小米优势企业均是以优质谷子晋谷 21 号为主推品种，通过优质谷子品种、有机栽培技术、特色产区“三位一体”培育区域公用品牌和企业品牌。羊肥小米、沁州黄小米、汾州香、山花烂漫等品牌小米严格按照有机栽培要求管理，不使用化肥、农药等化学制品，施用农家肥、有机肥，坚持三年轮作制度，保障了小米品质。羊肥小米是中国首家高端私人订制服务省级扶贫龙头企业，依据轮作年份，开发出 3 年、4 年、5 年不同档次的优质小米高端产品，并给予农户种植轮茬补贴。沁州黄小米公司严格实行统一地块标准、统一种植品种、统一技术规程、统一配方施肥、统一订单收购的“五统一”基地管理模式，确保小米质量。

4. “深入挖掘山西小米文化”是“山西小米”品牌建设的灵魂。山西小米文化源远流长，他们把小米文化与“山西小米”品牌建设有效嫁接，给“山西小米”品牌植入了鲜活、厚重的文化元素。深入挖掘“山西小米”在农耕文明中的历史定位，弘扬“小米加步枪”的红色文化，宣传“山西小米”的特殊营养功效，传播传统与现代小米制品的制作工艺。举办“山西小米”文化节、开设“山西小米”高端论坛，组织创作宣传“山西小米”的文艺作品，讲述“山西小米”故事，感悟“山西小米”天人合一的文化价值，解码“山西小米”好吃、营养、养生、保健的独特品质，体味“山西小米"文化与众不同的天然奥妙。拍摄"山西小米文化宣传片",组织编写《山西小米志》等,让"吃山西小米、品灿烂文化、享养生之道"的品牌核心价值深入人心,家喻户晓。文化挖掘赋予了"山西小米"灵魂,"中国杂粮之都""中国小米之都"一批杂粮市县陆续揭牌,地理标志保护产品达到18个,占全国小米地标产品的1/3,居全国首位。

5."依托山西小米运营中心,统筹山西小米品牌建设"是推动山西谷子产业发展的龙头。在省政府引导下,山西省粮食行业协会、山西省粮油交易中心、山西鹏异昌农牧有限公司牵头成立山西小米运营中心有限公司,对内服务"山西小米"的整条产业链,对外服务"山西小米"经销商和广大消费者。公司紧紧依托"山西小米"品牌产品,大力弘扬小米文化、科学倡导健康理念、高度整合优质资源、积极参与市场竞争、全面创新经营模式,先后在北京、哈尔滨、天津、重庆等地举办数场"山西小米"品牌推介活动,受到社会各界广泛关注和充分肯定。公司先后同阿里巴巴、京东、天猫等大型电商签订了战略合作协议,全力拓展线上"山西小米"销售平台;加快"山西小米"品牌专营店、直营柜和专店专柜直销,在北京、天津、上海、深圳、广州、武汉、重庆等地开设20个专营店,在大型超市设立"山西小米"专柜,加强线下销售体系建设。建设"中国杂粮交易网",定期发布全国"产、购、储、加、销"信息,为宏观调控、市场预警提供决策依据。"山西小米"品牌采用申请授权制度,授权后才能使用"山西小米"品牌,建立准入与退出机制,使用"山西小米"品牌,必须严格遵守品牌规则,执行品牌标准。

二、河北省谷子产业优势和短板

(一)河北省谷子产业的优势

1. 资源禀赋优越。河北省是中国地貌最全的省份,有高原、山地、丘陵、平原、湖泊和海滨,地貌的多样性导致谷子品种类型丰富、特点鲜明,既有生育期短的夏谷,也有生育期长的春谷,夏谷生产的小米煮粥省火、粥色鲜亮、入口绵香,适合快节奏的现代生活;黑龙港区域实施季节性休耕,夏谷春播可在国庆节、中秋节之前上市,是全国最早上市的当年小米,价格通常比10月初正常上市的小米高1.0元/千克;冀中南冲积扇平原石家庄—邢台—邯郸谷子主产区富硒土壤达1 800平方千米,生产天然富硒小米优势明显。河北省谷子文化底蕴深厚,武安磁山文化遗址出土的碳化粟距今达10 300多年,重量测算达到50 000千克之多,出土时间之久远、数量之多属全球之最。河北省有龙兴贡米、蔚州贡米、黄旗小米、藁城宫米等众多皇家文化属性小米,具备开发高端精品小米的潜力。河北省毗邻京津,区域内城市群密集,是全国最大的高端小米消费区域,开发高端小米具备运输成本低的优势,在京津冀一体化背景下,河北省定位为生态农业区和安全食品生产区,为我省谷子产业发展提供了更大的发展空间。尤其是近年来,面对地下水压采任务,谷子作为抗旱节水的秋季作物,可在旱作雨养项目区大面积种植,既节水又能保证产量和效益。

2. 谷子轻简化栽培水平较高。2018年河北省谷子种植面积177.6万亩,占全国的15.2%,居全国第三位;总产量43.61万吨,占全国的18.62%;单产245.6千克/亩,是全国平均单产的1.22倍,较山西省谷子单产高86.3千克/亩,是山西谷子单产水平的1.54倍。河北省在全国率先推广抗除草剂谷子品种，除草剂使用率达到80%以上，谷子综合机械化水平为65.7%，较全国平均水平领先13.6个百分点，较山西领先18.5个百分点。

3. 谷子加工集散地优势显著。河北省有石家庄藁城马庄、邯郸曲周、沧州孟村、张家口蔚县吉家庄镇等全国知名四大小米集散地，分布着300余家小米加工厂，购销覆盖全国，加工原粮80%需要外省调入，贸易量高峰时期曾占全国加工量的1/2，小米集散地谷子加工产值达60亿元左右。加工总量高，副产品产量高，也为谷子综合利用、开发小米面、米糠油等提供了原料优势。

4. 谷子科技创新全国领先。河北省拥有“国家谷子改良中心”“国家谷子改良中心张家口分中心”“河北省杂粮研究实验室”“河北省谷子产业技术创新战略联盟”“中国作物学会粟类作物专业委员会”等科技创新平台、产业与学术组织，有河北省农林科学院谷子研究所、张家口市农业科学院等科研实力国际领先的科研单位。在国家谷子高粱产业技术体系有6个岗位4个试验站，数量居全国首位，从学科门类上，涵盖了谷子种质资源、分子遗传、育种、栽培生理、农机、病虫害防控、产后加工、产业经济等谷子产业整个链条。我省培育的冀谷和张杂谷系列品种享誉全国，优质简化栽培品种占据全国60%，杂交谷子占据全国90%以上的品种市场，张杂谷、冀谷品种已成为河北省响亮的名片。

（二）河北省谷子产业的短板

1. 品牌建设差距较大影响产业效益提升。对标山西省小米品牌建设，我省在小米区域公用品牌、企业品牌、产品品牌建设方面差距较大。全省还没有形成省级区域公用品牌，各县区域公用品牌在全国影响力较小，缺乏“沁州黄”一类的全国知名小米品牌。小米由于品牌建设不足，附加值较低，缺乏市场竞争力，平均销售价格远低于山西小米价格。我省四大小米集散地以低端产品为主营，多以无商标无品牌的大包装向批发市场销售，盈利能力和企业效益较低。

2. 标准化生产与质量控制体系相对薄弱影响产业整体实力提升。山西省沁州黄、羊肥小米、山花烂漫等高端小米基地均是以晋谷21号优质品种为主，建立了标准化有机旱作生产质量体系和监控体系，严格按照技术标准种植谷子。例如，羊肥小米依据谷子轮作年份开发出了三年、五年高端精品小米，售价分别达到100元/千克、160元/千克。而我省品牌小米多数还没有建立一套绿色有机谷子生产和控制体系，小米质量生产控制不稳定，影响了高端品牌打造。市场谷种繁杂、品质参差不齐，产出的谷子多为混购混销，难以形成商品性好、优质率高、品质统一的规模原粮，严重影响我省小米平均售价水平。

3. 加工深度不够影响产业做强做大。我省谷子90%以上以初级加工为主，缺乏精深加工规模龙头企业，加工企业中仅9家为深加工企业，深加工产品多以小米酒、小米醋、小米面条为主，品种单一、开发深度浅、附加值低，企业规模小、盈利水平低。而山西的“太行明珠小米方便粥”“沁州黄小米营养粉”等深加工产品目前在市场上已具有了较高知名度。就全国而言，小米深加工产品目前快速发展，英伦之恋小米锅巴、巧媳妇小米醋等深加工产品开发与市场营销模式都值得我省学习借鉴。

4. 文化资源利用不足影响产业发展后劲。河北省谷子文化历史悠久、内涵丰富。我省有目前世界上出土碳化粟最早的磁山文化，有全国重要农业文化遗产涉县王金庄旱作梯田系统，多地流传与谷子有关诸如黄粱梦、粟山等典故、故事。河北省农林科学院对中国粟文化进行了系统梳理，出版的《中国粟文化研究》专著，填补了世界粟文化研究空白；拍摄了第一部谷子专题纪录片《粟说：一粒小米的故事》，在CCTV-7播出后反响热烈。但是在充分利用文化资源打造企业文化、塑造企业形象方面做得还远远不够，与山西的沁州黄、内蒙古的敖汉米文化影响力相比有很大差距。

三、对策和建议

对标山西省谷子产业发展，看到了我省谷子产业发展的明显差距和蕴藏的巨大提升空间，从我省谷子产业的优势看到了产业发展的强大后劲，按照《河北省人民政府印发关于持续深化“四个农业”促进农业高质量发展行动方案（2021—2025年）的通知》《河北省谷子产业高质量推进方案（2021—2025年）》《河北省优质谷子产业集群2021年推进方案》有关部署和工作要求，我省推动谷子产业发展，要突出“科技、绿色、品牌、质量”四大要素，强化“发挥优势、错位发展，突出特色、打造精品”的思路，从品牌、加工、营销等产业链后端入手，重塑产业后端导向型发展模式，在营造需求与供给的动态平衡中积极开拓市场，力争通过三至五年努力，实现河北省谷子产业高端化、品牌化、精品化目标，促进河北优质谷子产业集群持续高质量发展。

（一）坚持“四动”模式，统筹推进产业发展。遵循市场规律，构建“政府推动、企业带动、创新驱动、协会联动”的谷子产业高质量发展模式。政府部门负责统筹中央、地方各类资金，加大谷子产业集群支持力度，重点支持绿色谷子基地建设、社会化服务组织、科技创新、基础设施提升改造、区域公用品牌打造等基础性、公共性领域，形成强大的产业推动力。企业以及新型经营主体负责产品开发、市场运作、企业品牌打造等，通过市场培育壮大支柱性企业。科研院所与部分企业针对产业需求研发新工艺、新品种、新产品，成为驱动产业发展的核心动力。行业协会负责制定行业标准、准入制度等，组织行业攻关、搭建产学研交流平台。

（二）挖掘粟文化内涵，强化品牌打造。深入挖掘武安磁山10 300年粟文化，蔚州贡米、南和金米、孤竹小金米、龙兴贡米、车亭贡米等文化内涵，为“河北小米”插上文化的翅膀。与健康中国、乡村振兴、文化旅游相结合，提炼文化亮点，开展文化研究，创新微电影、短视频、品牌故事、功能与营养著作等多样文艺作品，开展乡村田园体验等多种形式宣传活动，挖掘“河北小米”品牌文化；组织开展拍摄“河北小米”以及各县区域品牌专题片，在高铁、航空以及各级媒体广泛宣传，提升河北小米知名度。充分利用我省粟发源地、小米历史文化丰富的优势，计划今年9月份在粟的发源地武安市组织召开首届“粟之源”谷子产业发展大会暨第三届中国谷子文化与产业发展高峰论坛。邀请全国知名专家、院士、各级领导、全国谷子龙头企业、谷子产业链各环节代表，从谷子历史文化、品种、绿色高效生产技术、产后加工、品牌建设、市场营销等方面开展高峰论坛，举办河北优质小米、深加工产品展会，邀请各级媒体给予广泛报道，提升河北小米知名度。会议将对河北小米特色优势达成共识，集中各级专家智慧研讨河北谷子产业发展方向，对河北省谷子产业高质量发展提供智力支持，并形成长效机制，以后逐年召开，形成品牌。

（三）组建河北小米运营中心，提升河北小米组织化水平。学习山西小米运营中心的经验，创新河北省小米组织机制，计划由河北省谷子产业技术创新战略联盟、河北省杂粮产业研究院以及河北省优势谷子企业共同组建河北小米运营中心。中心主要职责包括河北小米区域公用品牌建设，品牌形象设计、品牌发布会、品牌宣传、品牌管理等；产业信息监测预警，定期发展各地谷子小米价格、价格指数，根据调研、数据分析结构发展产业预警简报；品质化验以及全省谷子质量追溯体系建设，对全省各地谷子、小米不定期抽检，从生产、加工、运行等建设质量追溯体系。

（四）加强谷子加工产品研发和市场建设，延伸小米产业链条。充分利用河北省谷子轻简化水平高、生产成本低、加工量大的优势，加强谷子深加工产品开发力度。一是对接国家体系、省体系以及国内加工研究优势单位，研发小米大众化食品、功能食品等系列产品；二是对河北省小米醋、小米酒等传统加工产品进行转型升级，强化资产重组、优势整合，加强宣传、品牌建设和营销体系建设；三是重点对小米集散地开展谷子副产品综合利用产品开发，开发米糠油、小米面粉、小米面条等附加值高的产品，延伸产业链条，提高产业附加值。重点对武安市同会现代农业园区、蔚县景蔚五谷香米业有限公司等龙头企业改造优化小米加工工艺，建设现代化、全自动小米加工生产线，配套建立仓储设施，确保小米质量。重点对藁城马庄小米集散地改造提升，完成市场道路、门面和重点企业加工设备的更新换代，建设现代物流、仓储与交易市场。逐步实现谷子产品物流网络化、信息化、标准化和设施现代化。

（五）健全标准化生产与质量安全体系，全面提升品质和质量安全水平。组织专家制定"河北小米"标准与生产技术规程+N个地标小米标准与生产技术规程，形成包括种植、储藏、运输、加工技术等环节的"河北小米"生产技术标准体系。建设"河北小米"质量信息采集和检验检测体系，实现谷子生产、收购、储藏、加工、运输、销售等流通环节全过程监测，及时排查质量安全隐患。完善建立质量追溯体系，按照"河北小米"产品"生产有记录、流向可追踪、信息可查询、安全可追溯"的质量管理要求，推动企业建立质量追溯体系，实现品质保证、品牌保护，满足消费者需求。

（六）发挥育种优势，做强种子产业。凭借优势品种，抢占市场制高点，开启河北小米产业的新天地。一是强化育种工作。充分依托国家谷子改良中心、河北省农林科学院、张家口市农业科学院、巡天种业等单位技术优势，加快谷子优质新品种研发和老旧品种更新换代，瞄准市场需求选育推广适口性、商品性兼优粥用品种，高抗性淀粉及富硒、富锌功能品种，高油酸、冻融稳定性强加工专用品种。围绕3个育种方向，组建专家团队，尽快取得突破性进展。二是加快品种筛选。发挥省杂粮杂豆产业技术体系创新团队作用，加快品种筛选步伐。在武安、藁城、蔚县、景县等气候和立地条件不同地区，建立4个谷子品种展示田，对现有品种进行展示与综合筛选评价，突出保健功效，从产量、抗逆、品质、食味等多角度评价展示品种，筛选市场认可和适宜机械轻简化栽培的品种。2021年底推介品质出众、符合区域特色的品种2~4个，功能元素生物富集效果出众的专用品种2~3个，为实现区域单一品种规模化种植奠定基础。同时，研发饲草型谷子品种，扩大张承地区退耕区域种植面积。三是建立优质谷子扩繁中心。依托我省优势种业公司，选定适宜区域，按照技术规程，精心组织良种生产。

（七）加强品种展示，优化基地布局。在武安、蔚县、藁城建设品种展示田3个，通过产量、品质、抗逆性综合评估，向加工企业推介优质专用品种；进一步优化“两山一中心”优质谷子基地布局，在武安重点打造太行山夏谷高端谷子基地，在蔚县重点打造燕山春谷高端谷子基地，在藁城重点打造谷子产业集群加工中心。采用国家一级优质谷子新品种，配套绿色防控技术、全程机械化生产技术、富硒谷子生产技术，对接小米加工企业，采取“全程不落地”收储模式。创新资金补贴机制，形成地方、省级、国家、自筹多元化投入机制。对龙头企业建立的精品有机小米基地，重点补助良种、有机肥、太阳能杀虫灯、绿色防控等；对小米加工集散地重点支持订单农业，对企业选定的良种给予补助；鼓励支持社会化服务组织建设，重点对农机服务、绿色防控给予补助，提高谷子机械化、轻简化、绿色化生产水平。

报告起草人：
李顺国　河北省农林科学院谷子研究所副所长、研究员
董海岳　河北省农业农村厅种植业处二级调研员
刘　猛　河北省农林科学院谷子研究所副主任、副研究员
王成敏　河北地质大学管理学院副教授
赵文庆　河北省农林科学院谷子研究所助理研究员
李令蕊　河北省农业农村厅植保植检总站推广研究员

第三章　河北省谷子生产的投入与产出

第一节　河北省谷子生产现状

谷子是起源于我国的传统作物，历史上曾是北方的主粮作物，后来逐渐成为杂粮作物。中国谷子种植面积在1937年曾达到1.7亿亩，1952年接近1.5亿亩，随着玉米、小麦、水稻等大宗作物的发展，谷子种植面积逐渐降低。进入21世纪，谷子种植面积依然在下滑，2013年以后面积、产量出现小幅度增加，单产水平逐渐提高，主要是国家谷子产业技术体系的成立以及后期持续的科研投入。河北省是全国第三大谷子生产省份，仅次于内蒙古自治区和山西省。

一、河北省历年谷子面积变化

1952年，河北省谷子生产面积最高达到183.98万公顷。纵观河北省谷子种植历史，可以发现，河北省谷子种植面积分为4个重要时期。第一，快速下滑期：1952—1960年，8年间河北省谷子生产面积从183.98万公顷下降到56.33万公顷，平均每年下降15.93万公顷。第二，上下波动期：1961—1984年，这一期间，谷子生产面积上下波动，最高达到104.01万公顷，最低达到54.23万公顷，到1983年河北省谷子生产面积为68.79万公顷。第三，缓慢下降期：1985—2009年，25年间谷子生产面积从70.6万公顷下降到14.99万公顷，平均每年下降2.24万公顷。第四，缓慢升降期：2010—2018年，9年间谷子生产面积呈现缓慢升降趋势，2010—2011年有所增加，2012年、2013年降低，随后2014年和2015年又出现增长趋势，随后又降低，2018年谷子生产面积11.84万公顷。虽然国家统计局在2017—2018年对统计数据进行了调整，但是这一期间的升降趋势不受影响（本段数据均来源于国家统计局）。

图3-1显示自新中国成立后，河北省谷子面积与全国的谷子面积变化是一致的。另外也显示河北省谷子面积在全国的地位也发生较大的变化，1985年以前，河北省谷子面积占比不到全国的20%，在1985年以后上升到20%以上，1993年最高达到25.6%（图3-2）。2009年开始，河北省谷子面积比例逐渐降到20%以下，近3年在15%左右徘徊。与此同时，一方面河北省谷子的总产表现出了与面积的一致性，基本是同一时期总产比例超过20%；另一方面是总产的比例在20世纪60年代末以前与面积的比例相接近，而从60年代末开始，总产比例逐渐高于面积比例，说明产能在提高（本段数据均来源于国家统计局）。

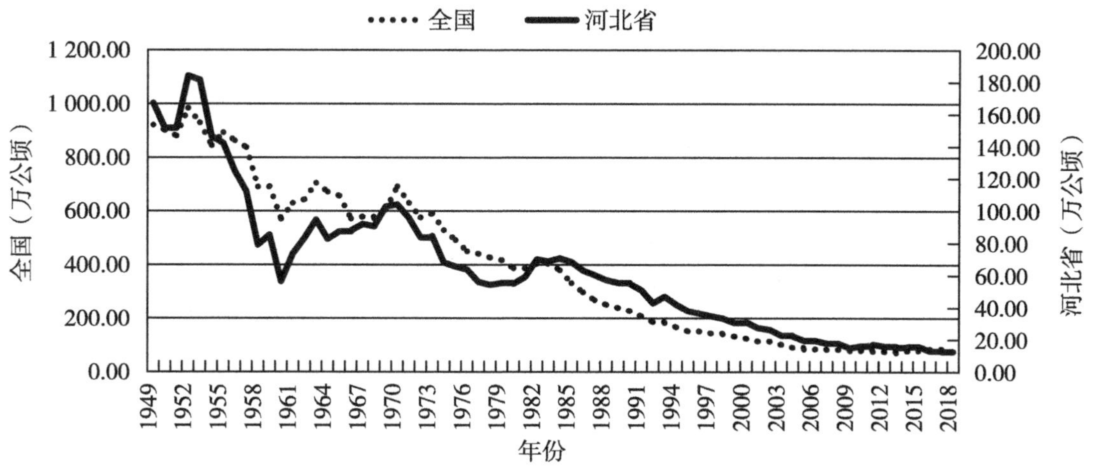

图 3-1　河北省与全国谷子面积变化趋势

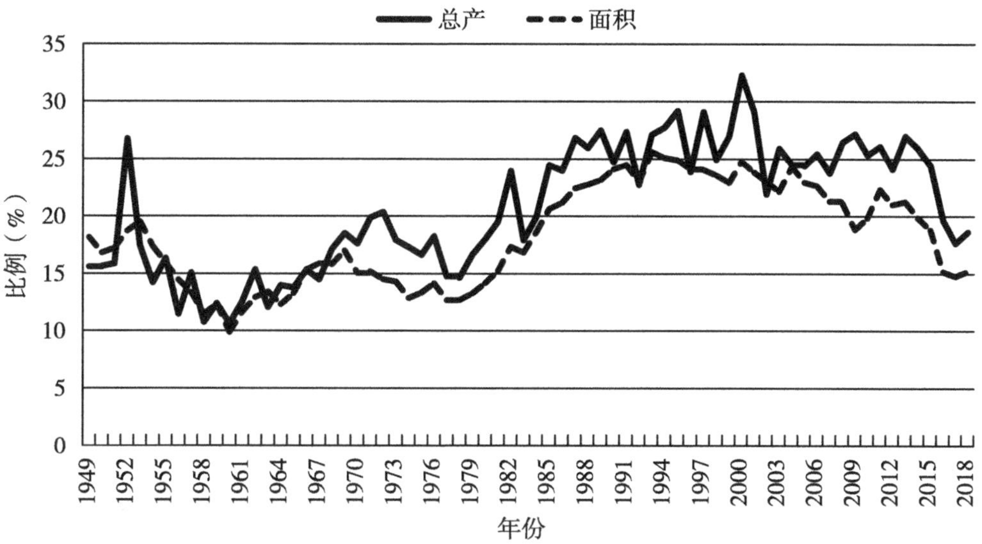

图 3-2　河北省谷子总产与面积占全国的比例趋势

二、河北省历年谷子总产变化

谷子的总产量受面积的变化而变化，但是在面积稳定的情况下，总产受气候、环境的影响较大。从历史数据分析，河北省谷子总产主要是受面积的影响呈现波动下降。1949—2000 年呈现上下波动的变化，且逐渐降低趋势。2000—2008 年，谷子总产呈线性下降趋势，2008 年谷子总产最低 33 万吨。2009 年以后河北省谷子总产又出现线性增加趋势，2015 年总产达到 51. 69 万吨，占全国的 24%。2016—2018 年谷子总产又变成降低趋势，这种现象和国家对数据调整有关系（图 3-3）（本段数据来源于国家统计局）。

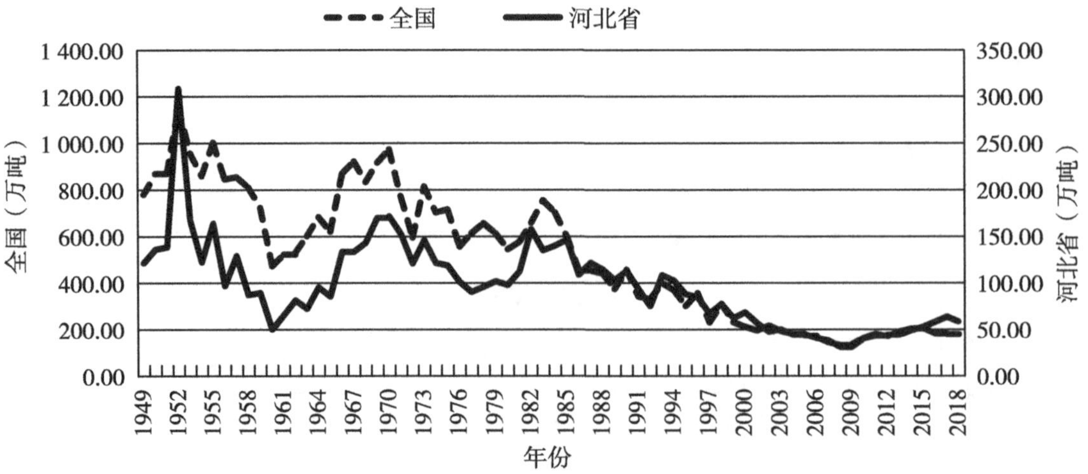

图 3-3　河北省与全国谷子总产变化趋势

三、河北省历年谷子单产变化情况

河北省谷子单产 1949 年为 727. 4 千克/公顷，2018 年为 3 684. 21 千克/公顷，67 年间增长了 4. 1 倍，年均增速 7. 4%，但单产年际间波动较大，上下振幅明显。从图 3-4 可以看出河北省单产变动趋势与全国谷子单产变动趋势一致，但河北省的谷子单产水平远高于全国平均谷子单产水平。也正是由于单产水平的大幅度提高，河北省谷子在 2009 年以来在面积的减少下，总产仍然增加（本段数据来源于国家统计局）。

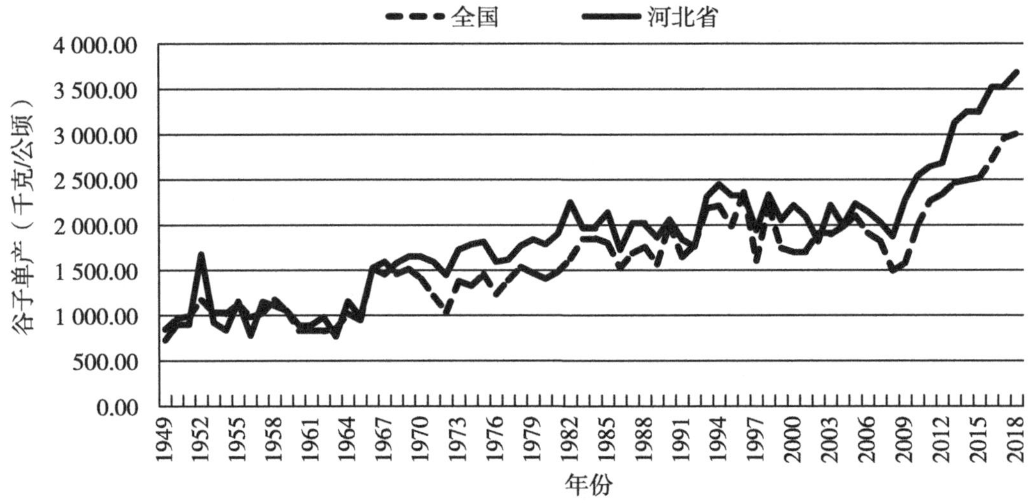

图 3-4　河北省与全国谷子单产变化趋势

（一）河北省谷子单产区域变化

当前河北省谷子区域单产水平呈现山前平原大于低平原，大于北部燕山和西部太行山。解放后至 20 世纪 80 年代，由于谷子的单产水平较低，全省差距不大，但是随着科技的投入和单产水平的提升，到21世纪初山区和平原出现了单产差距，但是到2018年以后，单产水平又趋于缓和。2009年谷子区域单产呈现如下变化特征：种植谷子的县域由2002年的128个下降到2009年的117个；单产增长的县为93个，占2009年种植谷子县数的79.5%，其中坝上高原区、燕山山区、太行山丘陵区、山前平原区、低平原区和滨海平原区分别占本区种谷县数的100%、95.2%、90.9%、50.0%、85.0%和100.0%，33.5%的县增产在800~2 000千克/公顷；单产水平下降的县有20个，占种植谷子县域数的21.5%，主要分布在山前平原和低平原区，35.0%的县域减产在396~1 009千克/公顷；从谷子单产水平比较看，2009年各区域谷子平均单产3 337.9千克/公顷，比2002年的2 622.0千克/公顷高715.93千克/公顷，高产区主要分布在山前平原区和低平原区，2002年两个区域各县的谷子单产水平高于平均值的县数占种谷县数的39.8%；2010年两个区域各县的谷子单产水平高于平均数的县数占种谷县数的35.0%；从谷子单产的空间变化趋势看，河北省谷子单产水平较高的区域有河北南部的山前平原区和低平原区向北部燕山山区扩张的趋势，燕山山区、太行山区和低平原区谷子单产提高很快，成为该期谷子增产的主要区域，形成了向南北两极方向发展的谷子增产带。截至2018年河北省谷子单产的格局变化逐渐受到新品种、新技术的推广，单产趋于缓和。综上分析，河北省谷子区域单产变化有以下特征：第一，谷子单产较高的县域主要分布在山前平原和低平原区，单产水平较低的县域主要分布在太行山、燕山山区和坝上高原区；第二，各县域的谷子单产总体呈增长态势，谷子单产增加的县域占主导地位；第三，从空间变化看，单产水平较高的区域总体表现为由南部山前平原区向周边低山丘陵区扩张，并且向北部燕山山区延伸，单产水平较低的区域则有向西北部的燕山山区和坝上高原区缩减的趋势。

（二）谷子单产水平变化成因分析

1. 谷子主要分布在干旱少雨地区造成单产水平偏低

随着人们生活水平的提高和食粮消费结构的改变，谷子由人们的主粮演化为附属食品，使得谷子播种面积一降再降，并且主要集中在干旱和半干旱地区，这些区域年降水量比较少，地表、地下水十分缺乏，土壤贫瘠，谷子生产容易受到干旱等自然条件的影响，而玉米和小麦等高产作物主要分布在山前平原和低平原区，这些区域气候环境适宜，农业基础设施比较完善，水肥条件好，机械化程度高，使得小麦、玉米单产水平远高于谷子的单产水平。

2. 科技进步水平相对较低，影响了谷子单产的提高

20世纪80年代以前谷子的单产水平与小麦、玉米的差异不大，80年代以后谷子单产水平远远落后于小麦、玉米。虽然统计数据与实际数据有可能存在一些偏差，但也能反映出一定的问题，即使在同一区域，谷子和小麦、玉米单产相差也较大，造成这种现象的原因主要是作为单产变化原动力的科技进步对小麦、玉米单产提高的作用尤为突出，玉米杂种优势利用和小麦矮化育种的突破极大提高了玉米和小麦的单产，而谷子单产长期以来没有实质性突破。随着谷子面积的逐步缩小，谷子科研人员、科研项目也随之减少，科技创新驱动严重不足。据统计，全国谷子科研单位从1985年的41家减至2005年的21家，科研人员数量从200人减至约70人；虽然，“十一五”以来，国家加

大了谷子科研的支持力度，从事谷子科研的人员在上升，但也仅仅有百余人，且大多数集中在育种领域，从事谷子基础研究、农机农艺、栽培植保、产后加工等领域的人才极为匮乏。据测算，河北省 2000—2007 年谷子的科技进步贡献率为 17.8%，而小麦、玉米的科技进步贡献率分别为 66.1%和 73.0%。

3. 病虫草鸟害对谷子单产影响很大

谷子病虫害一直是影响谷子生产的重要因素，每年由此造成的产量损失巨大，部分地区甚至造成毁种和绝产。20 世纪 80 年代以来，全国谷子锈病多年大流行，对谷子单产影响较大。

谷子是小粒半密植作物，精量播种困难，且一般品种缺乏适宜的除草剂，千百年来，谷子生产一直依赖人工间苗、除草，不仅劳动繁重，而且苗期一旦遇到连续阴雨天，极易造成苗荒和草荒而导致严重减产甚至绝收，常年因此减产 30%左右。

谷子的鸟害主要是麻雀，特别是谷子面积小的地方，鸟害损失更加严重。鸟害的特点是种植面积越大，鸟害越轻；种植面积越小，鸟害越严重。近几年平原区谷子种植面积不断减少，鸟害呈严重趋势，单产减少的区域比其他区域多，鸟害损失是其原因之一。

4. 生产管理粗放严重制约了谷子单产的提高

目前，在丘陵山区，由于谷子分散种植，大型农机具难以使用，谷子生产还存在着广种薄收、管理粗放的现象，谷子的生产方式与现代农业的距离越来越远，现代物质投入远落后于玉米、小麦等主要农作物，如化肥、农药、机械化作业等，由于管理粗放，水肥跟不上，严重制约了谷子单产水平的提高。

5. 新品种新技术的推广促进了谷子单产的稳定

随着国家对谷子等杂粮的科研投入，新品种新技术推广应用增加，且品种和技术的适用性非常强。新品种突破了区域的限制，以豫谷 18 为标志，谷子品种的适应性取得新突破。生产管理技术推广应用范围加大，绿色防控技术、化肥减施技术、地膜及其替代技术逐渐推广到生产中，对单产的稳定和提高起到了促进作用。

四、河北省各地市谷子生产情况

近几年河北省谷子生产发生了很大变化，本段分析了近几年（2014—2018 年）全省各地市谷子的生产情况（表 3-1）。近几年全省谷子种植面积平均每年 13.83 万公顷，总产平均 47.43 万吨，单产 3 430 千克/公顷。

表 3-1 河北省 2014—2018 年全省谷子生产平均情况

省、市	面积（万公顷）	总产（万吨）	单产（千克/公顷）	面积比例（%）	总产比例（%）
河北省	13.83	47.43	3 430	100.0	100.0
石家庄市	0.65	1.12	1 718	4.7	2.4
唐山市	0.26	0.95	3 626	1.9	2.0
秦皇岛市	0.46	1.54	3 345	3.3	3.3
邯郸市	3.05	10.50	3 444	22.1	22.1

（续表）

省、市	面积（万公顷）	总产（万吨）	单产（千克/公顷）	面积比例（%）	总产比例（%）
邢台市	2.61	11.09	4 244	18.9	23.4
保定市	0.75	2.34	3 120	5.4	4.9
张家口市	3.48	11.06	3 175	25.2	23.3
承德市	1.51	5.44	3 595	10.9	11.5
沧州市	0.40	1.30	3 236	2.9	2.8
廊坊市	0.07	0.14	2 122	0.5	0.3
衡水市	0.45	1.64	3 660	3.2	3.5
定州市	0.00	0.00	3 261	0.0	0.0
辛集市	0.13	0.30	2 390	0.9	0.6

注：数据来源于国家统计局，河北省农业、统计部门。

全省面积最大的是张家口市，3.48 万公顷，占全省的 25.2%；其次是邯郸市，3.05 万公顷，占全省 22.1%；邢台市谷子面积 2.61 万公顷，占 18.9%；承德市是第 4，面积 1.51 万公顷，占全省 10.9%。以上 4 个市的谷子面积占全省 77.1%，近几年中，张家口、邯郸、邢台三市谷子面积逐年减少，而承德却呈现增加趋势。

全省总产最高的是邢台市，总产 11.09 万吨，占全省 23.4%；其次是张家口市，总产 11.06 万吨，占全省 23.3%；邯郸市总产 10.5 万吨，排第 3，占全省 22.1%；承德排第 4，总产 5.44 万吨，占全省 11.5%。4 个市的总产占全省 80.3%。

全省单产高于平均单产水平的包括唐山市、邢台市、邯郸市、承德市、衡水市，单产最高的是邢台市，其次是衡水市。

第二节　河北省谷子生产成本效益

一、河北省谷子生产成本效益

近几年，河北省谷子生产的成本效益呈现较高趋势，河北省谷子种植大户逐渐增加。河北省谷子种植在全国具有明显的优势，一是河北省谷子贸易占全国的比重较大，拥有全国最大的藁城马庄小米集散地，以及孟村小米集散地、曲周小米集散地、蔚县小米集散地；二是河北省谷子生产技术水平较西部地区具有地势和交通的优势；三是河北省谷子科技支撑较为明显，河北省谷子的单产 245.6 千克/亩，较全国平均单产 200.6 千克/亩，高 22.4%。

依托国家谷子高粱产业技术体系信息平台数据和 10 年跟踪调研，整理并分析河北省谷子生产经济效益。在不考虑人工费用的情况下，2019 年谷子的经济效益是 15 132 元/公顷，考虑人工的情况下，谷子的经济效益是 12 252 元/公顷。由于受年度间谷子价格变化较大的影响，各年的谷子经济效益不同。2014 年就是一个明显的例子，2014 年谷子价格上涨到历史上最高点，约 9~10 元/千克，也导致了 2014 年河北省谷子利润最高 26 269 元/公顷（表 3-2）。

表 3-2 河北省谷子种植成本收益情况

年份	总投入（元/公顷）	单产（千克/公顷）	主产品产值（元/公顷）	利润（元/公顷）	产投比	不计人工费利润（元/公顷）
2010	7 358	4 298	14 614	7 256	1.99	12 936
2011	8 250	4 420	15 912	7 662	1.93	13 912
2012	10 937	4 395	18 465	7 528	1.69	13 709
2013	11 523	4 508	25 462	13 939	2.21	20 285
2014	8 234	4 424	34 503	26 269	4.19	29 534
2015	6 780	4 591	16 795	10 015	2.48	13 650
2016	10 223	4 560	16 416	6 193	1.61	10 541
2017	9 525	4 680	14 976	5 451	1.57	9 216
2018	6 375	4 521	19 892	13 517	3.12	16 499
2019	6 240	4 623	18 492	12 252	2.96	15 132

注：数据来源于国家谷子高粱产业技术体系信息平台。

二、河北省谷子种植效益的影响因素

生产经营追求的是利润，有利润就有动力，谷子生产也不例外。谷子种植利润的大小与投入、产出有直接关系。投入包括物质投入和人工投入，河北省谷子生产品种和技术的选择对物质投入影响变化不大；但是品种技术的选择对人工的投入影响非常大，人工主要是除草间苗环节的用工，占到谷子生育期用工的 80%，当前谷子简化栽培技术就是一种采用化学除草间苗的最新最前沿的生产技术，因此选择简化栽培技术品种可以减少人工的使用。

关系谷子种植利润的另一个因素是产出。产出包含两个方面，一个是单产，另一个是价格，虽然优质的品种可以影响价格，但在集散地、农产品批发市场上价格方面影响较小，价格受供求关系影响显著。单产可以受品种和技术的影响，选择高产的谷子品种，可以提高单产；另外选用某一技术也可以获得高产目标，如地膜栽培。

以上所述显示谷子种植利润受多种因素的影响，因此若想获得高利润，第一是选择适宜的栽培技术和高产优质谷子品种，促进单产提升。第二是选择可以化学除草间苗的简化栽培技术以及配套农机的使用，减少人工的使用，节约成本。

三、河北省谷子种植效益与全国对比

根据 2012—2019 年的谷子种植效益显示，河北省谷子种植效益由 2014 年前的低于全国水平到 2014 年以后高于全国水平变化（图 3-5）。2014—2019 年，河北省谷子种植利润比全国谷子种植利润平均高 2 271.7 元/公顷，其中 2018 年河北省谷子种植利润比全国平均高 2 852 元/公顷，比全国平均高出 26.7%。另外，2014—2019 年，效益差值变化较大的原因是价格的影响，2014 年谷子单价 8~10 元/千克，随后逐渐下降。

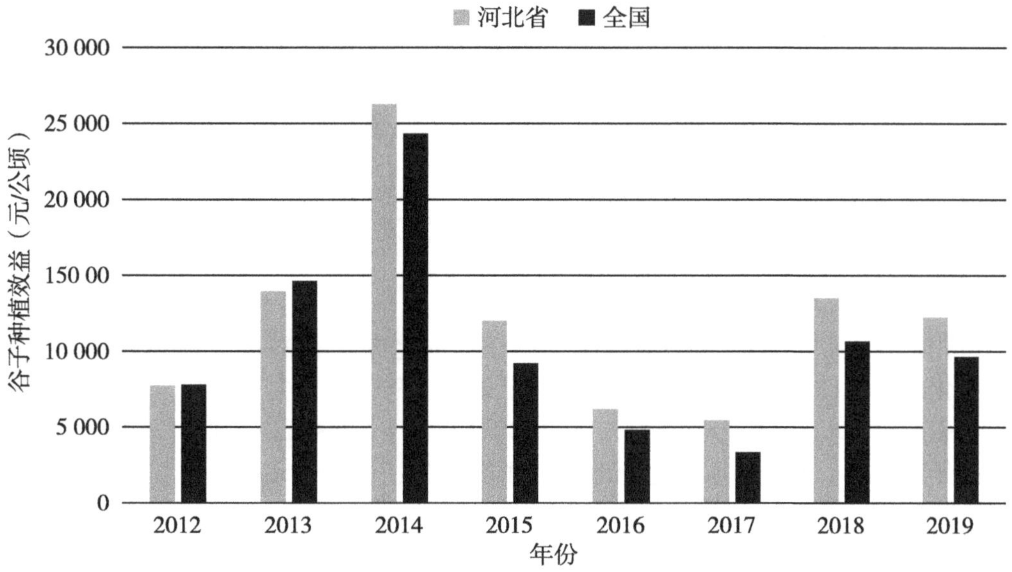

图 3-5　2012—2019 年河北省与全国谷子种植效益情况

四、河北省谷子与玉米种植效益

谷子和玉米在河北省基本属于同一季作物，无论在山区还是在平原区，无论是春播还是夏播，它们之间的可比性非常强。谷子效益高还是玉米效益高是河北省未来种植业结构调整中作物选择的关键因素。本书采用 2017—2019 年国家谷子高粱产业技术体系信息数据中的谷子与玉米生产投入与产出的数据，进行了谷子与玉米种植效益的对比分析（表 3-3）。

根据单位面积的谷子产值，测算了产生同样产值时的玉米单产，2017 年河北省谷子产值 14 976 元/公顷，按照 2017 年的玉米平均价格 1 600 元/吨计算，玉米的单产是 624 千克/亩，根据调研发现，河北省玉米的单产不到 500 千克/亩，若要实现 624 千克/亩的单产较为困难。同样对 2018 年和 2019 年的情况进行了测算，发现 2018 年和 2019 年产生同样谷子产值的玉米干粒单产超过了 650 千克/亩。

表 3-3　谷子单位产值与玉米单产的对比

年份	谷子产值（元/公顷）	玉米价格（元/吨）	玉米单产（千克/公顷）	玉米单产（千克/亩）
2017	14 976	1 600	9 360	624
2018	19 892	1 885	10 553	704
2019	18 492	1 850	9 996	666

第三节　河北省谷子生产要素变化

为明确河北省谷子生产发展的要素变化以及生产机械化水平的现状，采用国家谷子高粱产业技术体系信息平台数据开展谷子生产要素投入分析，期望能够指导谷子实际生产，为相关部门提供参考依据，对谷子产业发展、推进农业供给侧结构性改革、调整优化粮食种植结构具有指导意义。

一、河北省谷子生产要素费用变化及全国对比

（一）谷子生产总投入费用变化

河北省谷子生产的总投入费用整体呈现下降的趋势（图3-6），与全国谷子生产总投入变化相反，且河北省谷子生产总投入逐渐低于全国谷子生产总投入。2012年河北省谷子生产总投入10 937元/公顷，到2019年下降到9 788元/公顷，降低1 149元/公顷，降低10.5%。变化的原因是河北省谷子轻简化、机械化水平不断提高，节约了人工投入。

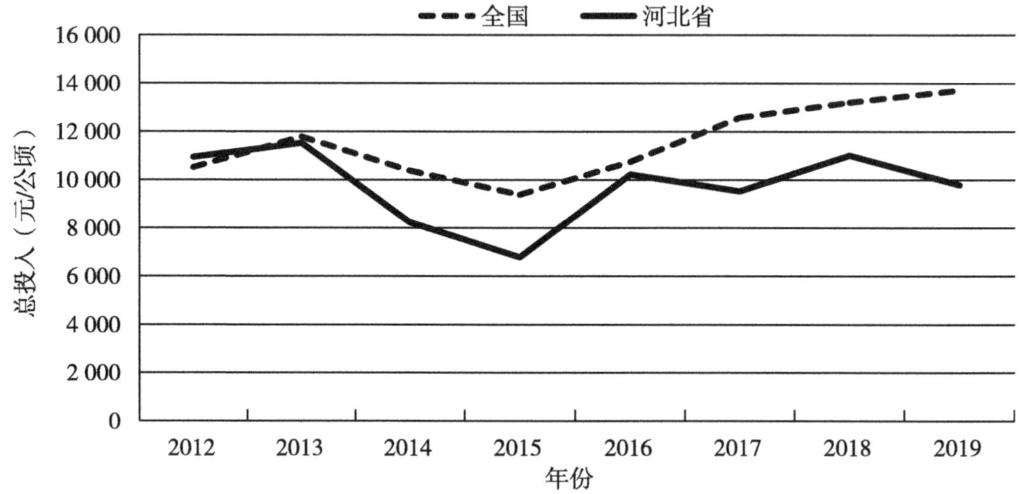

图3-6　谷子生产总投入变化

（二）谷子生产物质费用变化

河北省谷子生产的物质费用整体呈现增长的趋势（图3-7），与全国谷子生产物质费用变化基本一致，且费用相差不大。2012年河北省谷子生产物质费用4 757元/公顷，到2019年增长到6 280元/公顷，增长1 523元/公顷，增长32%。变化的原因是机械化水平提升，增加了机械费用。

种子费用呈现降低的趋势（图3-8）。2012年种子费572元/公顷，2019年降低到352元/公顷，降低220元/公顷，降低38.5%。肥料费呈现增加的趋势。2012年河北省谷子生产的肥料费用2 370元/公顷，2019年增长到2 748元/公顷，增长378元/公顷，

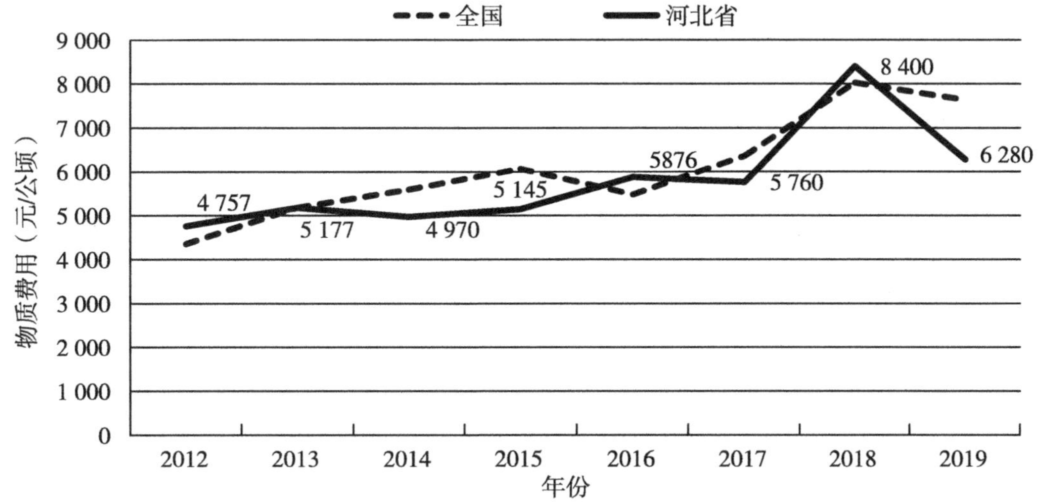

图 3-7　谷子生产物质费用变化

增长 15.9%。机械费用呈现增加的趋势。2012 年河北省谷子生产的机械费用 600 元/公顷，2019 年增长到 2 105 元/公顷，增长 1 505 元/公顷，增长 251%。农药费用呈现降低的趋势。2012 年农药费 390 元/公顷，2019 年降低到 348 元/公顷，降低 42 元/公顷，降低 10.8%。地膜和排灌费用在河北省年度间不同，部分年度未有排灌费和地膜费。

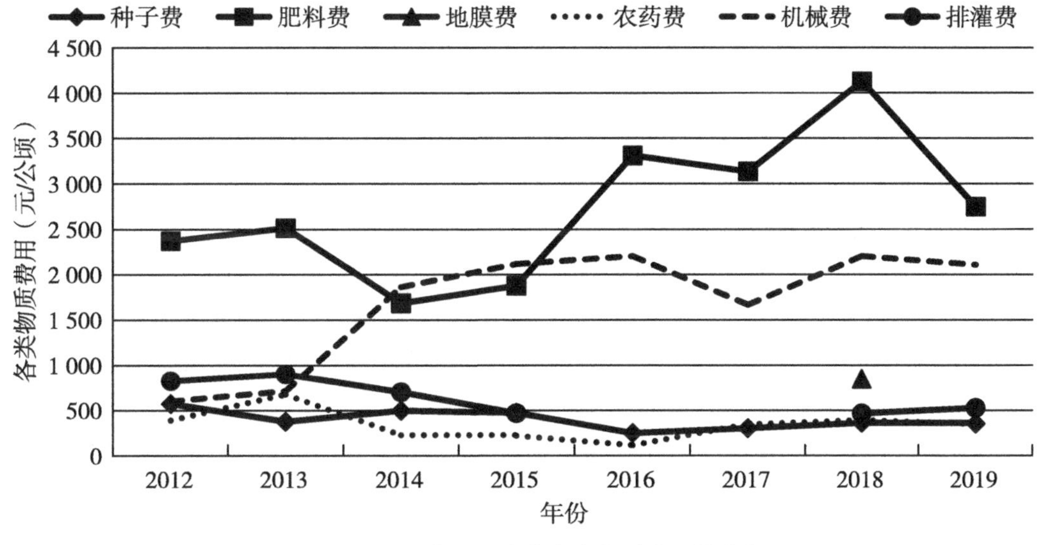

图 3-8　河北省谷子生产各类物质费用的变化

（三）谷子生产人工费用变化

河北省谷子生产的人工费用整体呈现降低的趋势（图 3-9），且低于全国平均水平，说明河北省人工投入较低、轻简化水平高于全国。2012 年河北省谷子生产人工费用 6 180 元/公顷，到 2019 年降到 3 289 元/公顷，降低 2 891 元/公顷，降低 46.8%。

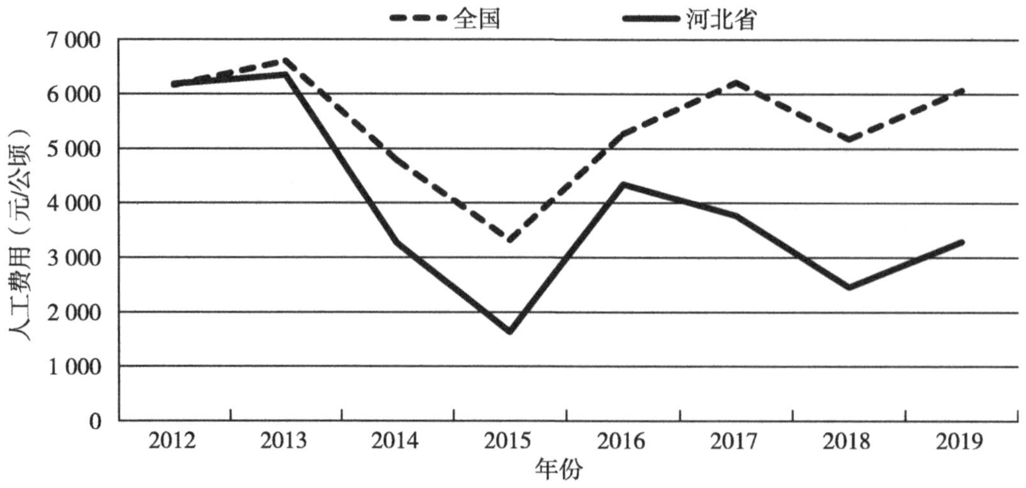

图 3-9　谷子生产人工费用变化

二、河北省谷子生产要素使用量变化及全国对比

（一）河北省谷子生产种子使用量变化

河北省谷子种植种子用量呈现降低趋势（图 3-10）。2012 年种子用量是 13.5 千克/公顷，到 2019 年降到 6.7 千克/公顷，降低 6.8 千克/公顷，降低 50.4%。2016 年以前河北省谷子种子用量高于全国水平，而从 2017 年开始种子用量低于全国水平。河北省谷子精量播种机研发、推广速度较快，种子用量逐年减少，预计河北省谷子种子用量将会趋于平稳。

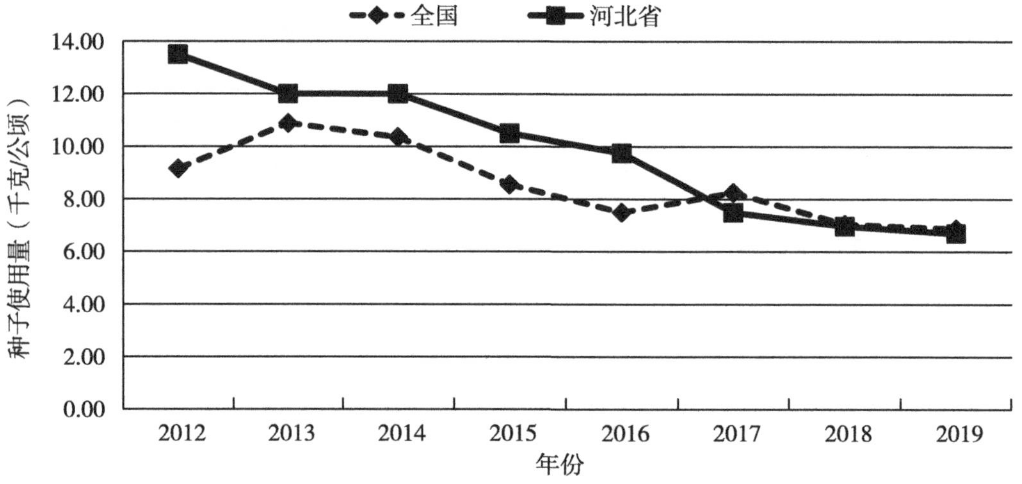

图 3-10　谷子生产种子使用量变化

（二）河北省谷子生产人工使用量变化

河北省谷子生产中人工使用比较稳定（图 3-11）。2012—2019 年，河北省谷子生

产人工用量 39.75～39.81 天/公顷，其中 2016 年最低，35.25 天/公顷。

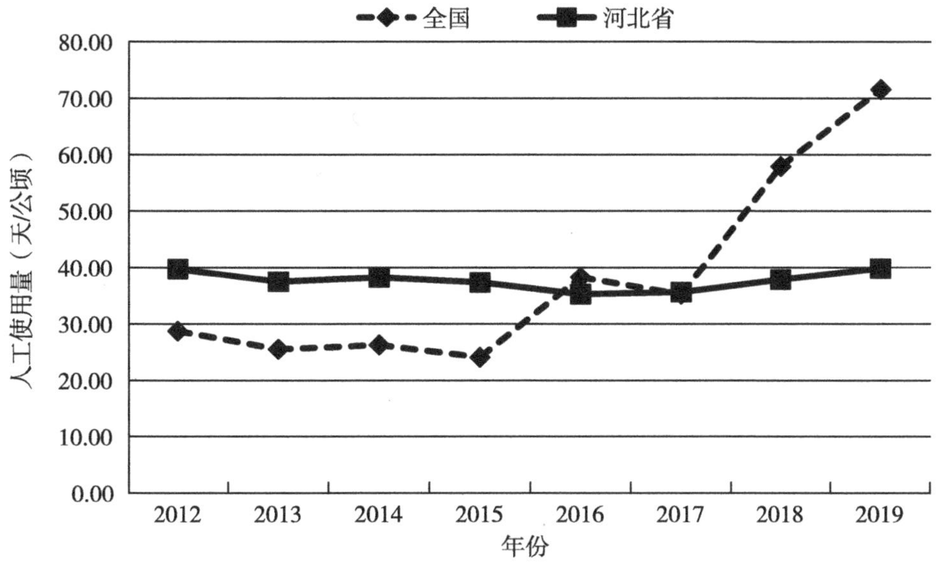

图 3-11　谷子生产人工使用量变化

（三）河北省谷子生产各物质投入量变化

化肥投入方面，调查了磷肥、钾肥、尿素、复合肥 4 种肥料的变化（图 3-12），总体来说，河北省谷子生产中最主要的是复合肥，其次是尿素，对于磷肥和钾肥的使用较少，本书中对磷肥和钾肥整理了一些数据，供参考。河北省谷子生产中复合肥和尿素的投入占化肥 76.3%，复合肥 2019 年用量是 551 千克/公顷，比 2012 年增加 326 千克/公顷，增长 145%，尿素 2019 年用量是 231 千克/公顷，比 2012 年增加 100 千克/公顷，增长 76%。

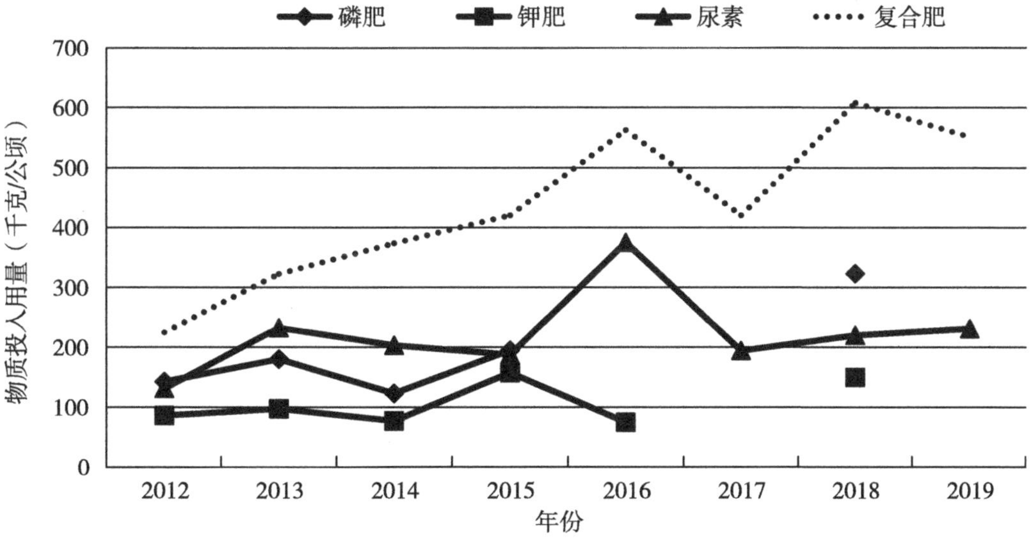

图 3-12　河北省谷子生产各物质投入用量变化

2019 年河北省复合肥用量 551 千克/公顷，比全国 453 千克/公顷高 21.6%；2019 年河北省是 231 千克/公顷，全国是 214 千克/公顷，高 7.9%。

三、河北省谷子综合机械化率和全国对比

通过对河北省和全国的谷子生产综合机械化率监测分析（图 3-13），自 2008 年以来，河北省谷子生产的综合机械化率一直高于全国谷子生产综合机械化率。2008—2017 年，差距基本在 2~4 个百分点，从 2018 年开始，河北省谷子生产的联合收割机使用增加以后，河北省谷子生产的综合机械化率比全国高近 10 个百分点。

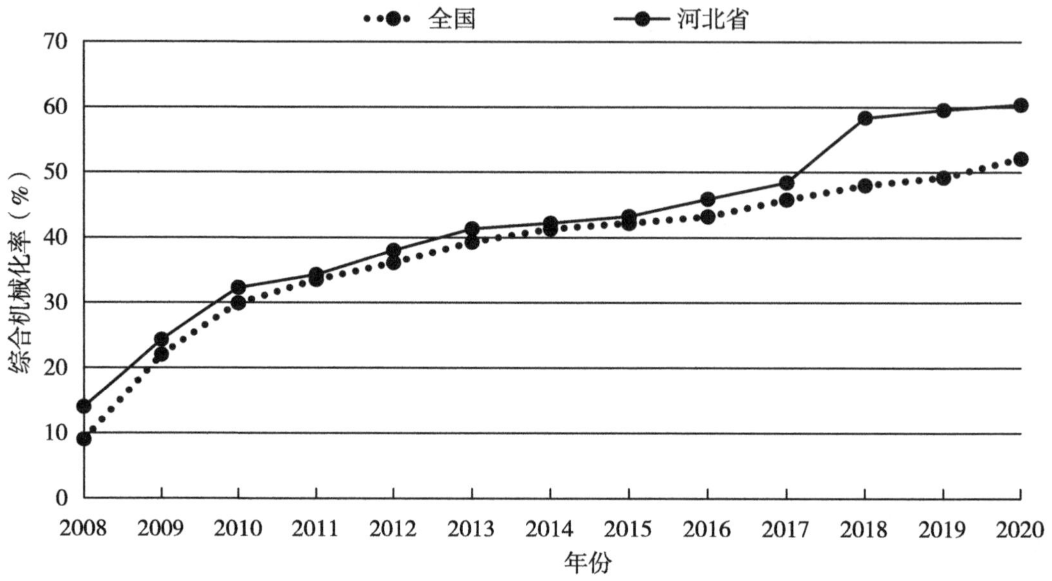

图 3-13 河北省与全国的谷子生产综合机械化率对比

第四章　河北省谷子市场变化动态与预测

第一节　河北省谷子贸易流通

一、中国谷子进出口概况

根据 FAO 数据显示，近 50 年内，中国只在极个别年份进口（表 4-1）。根据 FAO 数据显示，在以上几个年份中国进口的谷子（millet），不是中国的谷子（foxtail millet），应是国际上的其他粟类作物（millet），主要是糜子和珍珠粟等。据海关统计，2019 年 1—10 月，我国进口谷子 11.94 吨，其中，2—10 月没有进口，进口国家分别为哈萨克斯坦和玻利维亚，进口省份为新疆维吾尔自治区和上海市。

表 4-1　1962—2015 年中国进口谷子情况

年份	进口量（万吨）	进口额（万美元）	单价（美元/吨）
1962	2.35	165.00	70.21
1964	2.93	261.00	89.08
1989	0.35	83.40	238.29
1990	0.36	82.70	227.95
1991	0.25	54.80	216.17
1992	0.39	82.40	210.63
1994	0.26	54.30	211.61
2007	1.37	390.80	285.78
2008	2.84	925.00	326.28
2010	1.18	391.80	331.25
2015	0.02	10.50	500.00
2016	0.40	183.30	458.25
2017	0.22	108.00	490.91

注：①数据来源于联合国粮农组织（FAO）。②FAO 数据上显示的是 millet，这里的“millet”应该是国际上指的是粟类作物。粟类作物包括：珍珠粟（非洲、西非、亚洲的印度）、龙爪稷（撒哈拉沙漠南部、印度、印度尼西亚）、黍稷（中国、苏联、印度和非洲东部地区）、谷子（中国、印度和欧洲东部地区）、小黍（印度和东南亚）、食用稗（印度和一些非洲国家）、圆果雀稗（印度）、苔麸（埃塞俄比亚）等。③中国食品土畜进出口商会。

中国谷子（foxtail millet）主要以出口为主，除个别年份需要进口，上面已经叙述。中国向全球 60 多个国家出口谷子，主要出口韩国、德国、印度尼西亚、英国、荷兰、越南、日本、意大利、法国、泰国等国家，1963—1979 年谷子出口量呈快速递增趋势，到 20 世纪 80 年代初期，直线减少，从 1985 年开始保持较稳定的出口量，接着在入世后，中国谷子出口竞争力增强，出口量小幅增多。中国谷子出口量呈现先增长后降低的趋势。1995—2003 年，谷子出口量由 1995 年的 1.82 万吨，增长到 2003 年的 4.22 万吨，增长 133.3%，之后到 2015 年持续降低，2015 年出口量 0.48 吨，2016 年稍有增长，为 0.54 吨，2017 年的出口量为 0.56 万吨（图 4-1）。2019 年 1—10 月份，我国共出口谷子 0.47 万吨，主要出口国家为日本、西班牙、印度尼西亚、韩国和德国等，主要出口省市为甘肃、辽宁、天津等。中国谷子进口价格 2014 年和 2015 年分别是 560 美元/吨和 500 美元/吨。

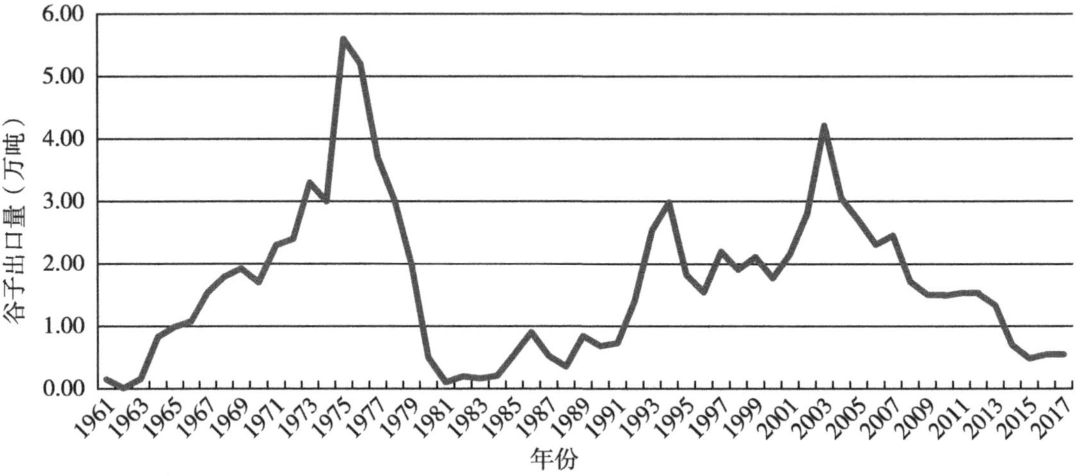

图 4-1　1961—2017 年中国谷子出口量走势

中国谷子出口额呈现波动增长的趋势（图 4-2），1961—1976 年谷子出口额由 10.00 万美元增长为 1 000.00 万美元，随后的 1977—1981 年出口额出现急剧下降的态势，由 740.00 万美元急剧下降为 15.60 万美元，随后缓慢上升。1995 年 427.10 万美元，到 2013 年增长到 876.40 万美元，增长 133.7%，但是 2014 年后出口额持续下降，到 2017 年降到 480.10 万美元。

中国谷子的出口价格相对在逐渐增长，1961 年仅为 66.67 美元/吨，1972 年后出口单价开始逐渐上涨，2015 年涨至 1 287.71 美元/吨。

二、河北省谷子的贸易流通

（一）谷子的贸易流通渠道

河北省谷子贸易流通主要是谷子的集散地，河北省拥有全国最大的藁城马庄小米集散地，以及蔚县、孟村、曲周等小米集散地，集散地的谷子主要是从内蒙古自治区、东北三省、西北的谷子主产区进入集散地，经加工以后销售到全国各地。

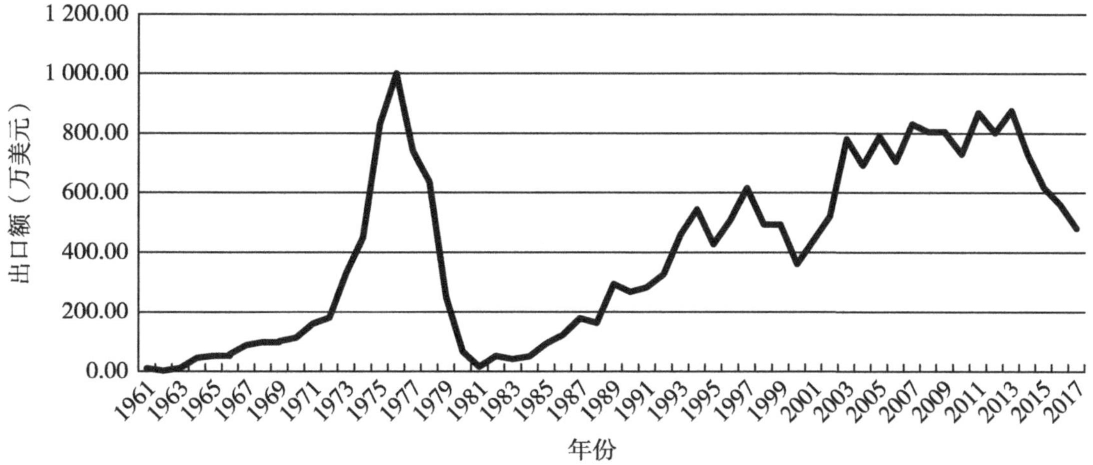

图 4-2　1961—2017 年中国谷子出口额走势

谷子贸易流通的参与者主要包括生产者、中间商、消费者等，做好谷子流通环节，可以大大提高谷子流通效率，同时，流通反过来可以引导谷子生产安排，为生产者提前安排生产提供重要信息，从而保持谷子产业的稳定健康发展。三大主粮小麦、玉米、稻谷大部分进入国家粮仓，实行最低保护价和临时收储政策，谷子的流通与大作物的发展存在一定差距，既没有收储粮政策，也没有最低收购价，只能以市场进行定价。由于谷子主产区主要分布在北方山区丘陵地带，交通不便，很难进行大规模的收购。主要由商贩进村或者零散收购，经过集中统一运输到谷子加工集散地，其中中间运输环节对谷子有所损失，损失率在 0. 33%。

目前，河北省和全国的谷子市场主体多元化发展较为迅速，政府、企业、新型经营主体等多种主体参与到谷子产业发展当中，给谷子产业发展带来了新的活力，谷子流通渠道也越来越广，从目前谷子流通来看，谷子主要通过集散地、批发市场、产销一体化企业、超市、零售商店等渠道由谷农流通到消费者手中，主要有以下几个渠道。

1. 谷农—消费者

谷农将生产出来的谷子经过碾米后直接卖给消费者，这种方式多在谷子主产区各乡镇的集贸市场上出现，流通规模小且不集中，农民的经济效益较低，是原始的销售方式。

2. 商贩—集散地—批发市场或零售店—消费者

数量众多的流动粮贩是我国谷子市场流通主要参与者，粮贩主要负责将谷子主产区域农民种植谷子进行收购集中，运输到谷子加工集散基地，经集散地运到全国各地的批发市场或零售店，通过逐层运输和收售，最后销售给消费者，目前全国已经形成数量众多的区域性谷子批发和贸易市场，在一定程度上起到了平衡地区供需的作用。但是流通中间环节多，一定程度上增加交易成本，而且经销商会根据市场行情采取一些投机行为，为谷子市场的稳定发展构成隐患。

经过调研发现，甘肃省谷子主要运输到山东省、河北省，内蒙古自治区、辽宁省的谷子主要运输到河北省、河南省，大部分经过河南郑州最大的批发市场进入南方等地区。以河北马庄集散地为例，小作坊企业在 80 家左右，各个小作坊年生产能力为 2 000~5 000 吨，最大的为 2 万吨，谷子主要来源为赤峰以及周边地区，小米加工销售市场以本地为主，其余大部分销往河南和山东，目前马庄小米 100%是原粮销售，无加工产品，规格以 25 千克/袋为主，占到销售的 80%，5 千克/袋和 10 千克/袋占到市场的 20%。目前来看马庄小米销售主要以大包装批发为主，对小米的销售，存在两类市场，一类谷子（好品种）以当地为主，二类谷子（混合品种）主要销往郑州，郑州作为最大的集散地，运往全国各地。在调研座谈中发现，农户谷子出售价格为 3. 8 元/千克，商贩收购运输到加工集散中心为 4 元/千克，由加工点卖给批发商价格为 6. 8 元/千克，大部分利润由商贩赚取，而农户 2016 年利润较低，仅有 3 000 元/公顷。

3. 订单式农业生产

根据企业需要，合作社、农户进行标准化生产，政府制定谷子产业政策，政府、企业、合作社、农户紧密结合，形成利益共同体，形成全产业链发展，订单式农业的发展，使谷子流通渠道呈现多元化。虽然目前谷子企业生产能力相对较小，但正走向正规化。张家口北宗黄酒酿造有限公司年加工转化张杂谷 6 万吨，以高出市场价 0. 48 元/千克的价格收购谷黍，增加张杂谷产业效益；山西沁州黄小米集团有限公司在全县 13 个乡镇发展沁州黄绿色标准化基地 0. 4 万公顷，年产优质沁州黄小米 1. 5 万吨。

4. 小米线上电商平台

在网站 1 号店可以搜索到东方亮、十膳九米、黑土小镇等 47 个品牌的包装小米，价格在 16~30 元/千克，具有明显价格优势。在淘宝上，可以搜到沁州黄小米、延安小米、米脂小米、朝阳小米、蒙山小米、广灵小米、乾安黄小米、泽州黄小米、东山小米、南和金米、敖汉旗小米、忻州甄家庄小米、金乡金谷小米、东方亮小米、恩施原米、贵州小米、鲊沁水黄小米、汾州小米、龙山小米、塞外黄小米等地方特色小米，亮点较多，网上交易可以减少中间环节，实现产地直发，减少交易成本，打造地方特色，张家口北宗黄酒酿造有限公司也正在打造工厂+实体店+智慧旅游+互联网电商平台，给顾客提供最方便的购物平台。

截至 2020 年年底，阿里平台上，经营农产品的卖家数量为 80 万个以上，目前网上小米销售区域以山西为主。

（二）影响贸易流通的主要因素

1. 国家对谷子宏观调控小

目前谷子流通主要靠市场调节，没有最低限价和保护价收购，一旦谷子种植面积扩大，供大于需，谷子价格下降明显，打击农户种植积极性，当谷子价格上涨时，农户跟风现象严重。导致谷子价格起伏不稳，稳定性较差，国家调控政策不存在，容易造成谷子流通不畅，健全谷子流通价格形成机制和谷子储备制度，有配套的谷子价格保护政策和健全的政策性粮食流通体系，谷子产业才能健康稳定发展，谷子流通才能走向正轨。

2. 流通主体组织化程度不高

谷子生产目前存在分散的不规范的生产者、生产地问题，谷子种植不稳定，影响谷子流通稳定性，经过调研发现农户种植谷子面积小，有的农户种植只是简单满足家庭需要，谷子品种混杂，难以形成经济优势，由于混收混存，做不到优质优价，加大了收购谷子的难度，造成收购成本加大，批发商放弃收购。谷子生产、存储与消费分布不均衡，谷子生产集中在北方，南方种植面积小，长距离的加工运输加大了成本，流通主体的缺乏，总体规模小，技术不够先进，企业的数量及质量有待提高等原因造成谷子流通速度慢，市场难以发展。

3. 市场化需要较少，主城区太远以及城市里的有限需求

谷子加工附加值较少，消费方式单一、快节奏食品开发少、功能性产品缺乏，停留在原粮消费层面。经初步估算，家庭年均消费小米量仅为 20 千克，平均食用频率为两天一次，一周一次的频次占到 37.67%，尤其是在城市里，妇女时间的机会成本促进了食物消费的转变，说明小米的消费不是消费者的主食，仅为平时的辅食。现阶段，超市已成为居民购买小米的主要渠道，小米的购买群体大多为妇女或老人，受到传统观念、购买习惯、价格等方面的影响，半数以上消费者选择散装小米，一次购买量大多为 1~2 千克（图 4-3，图 4-4）。

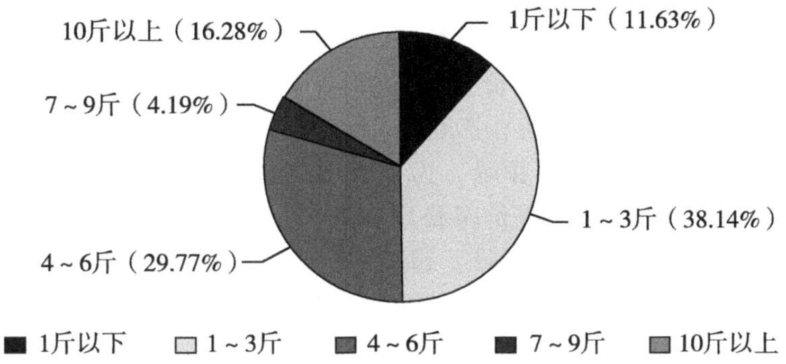

图 4-3　居民购买量

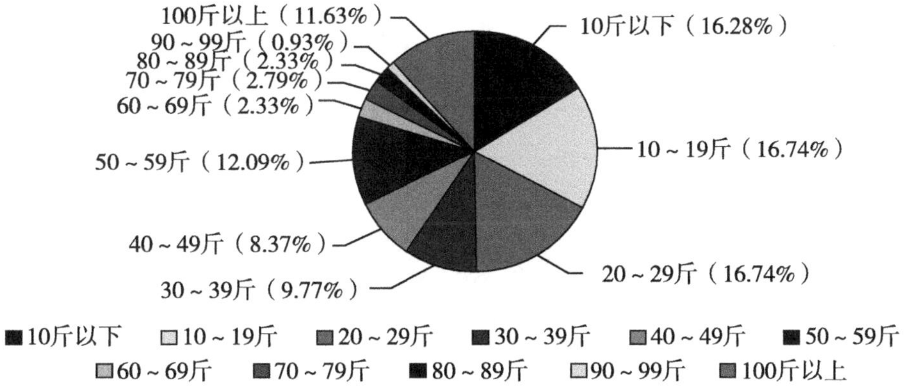

图 4-4　居民年消费量

4. 生产、流通等信息的缺乏

小麦玉米等主要粮食作物市场化程度高，信息的收集、发布、共享机制较完善，政府、企业、批发市场数据更新及时，流通信息的传递效率较高。但是谷子产业信息缺

乏，仅在谷子主产省份能获得部分数据，农民与市场之间的信息不对称问题比较突出，缺少谷子流通信息服务数据，尤其是谷子收购价格、物流等信息，造成谷子流通环节的混乱，造成资源浪费，运行效率低。

第二节　河北省谷子（小米）市场动态变化

国家谷子高粱产业技术体系产业经济岗位从农产品批发市场、小米加工集散地、信息员价格监测、大型超市、电子商务平台等方面搜集整理谷子/小米市场动态变化数据建成了谷子市场动态变化数据库。

一、农产品批发市场价格变化分析

农产品批发市场数据库的构建主要是对石家庄桥西批发市场、北京新发地批发市场的小米批发和零售价格进行跟踪监测，及时掌握小米交易价格变动频率。根据各市场价格信息的变化特点，石家庄桥西批发市场的信息采集频度为每周一次。小米农产品批发市场数据量约达到 1.5 万余个。石家庄桥西批发市场的数据库涵盖了 2008—2020 年所有小米交易数据（图 4-5）的最高价、最低价与均价。石家庄桥西批发市场数据共监测了 5 000 余个。2012 年以前米价在 5.0 元/千克上下浮动。进入 2013 年 3 月后，价格开始上扬，在 2014 年 9 月达到了顶峰，为 11.6 元/千克，之后开始震荡下调。2016 年 5 月价格开始缓慢回升，最终使得价格稳定在 6～8 元/千克，2018 年 10 月价格上升，突破 8 元/千克，随后不久便开始下降，趋于平稳，2020 年价格开始有明显突升，价格当前趋于 8～10 元/千克。整体价格走势和全国的形势保持一致。

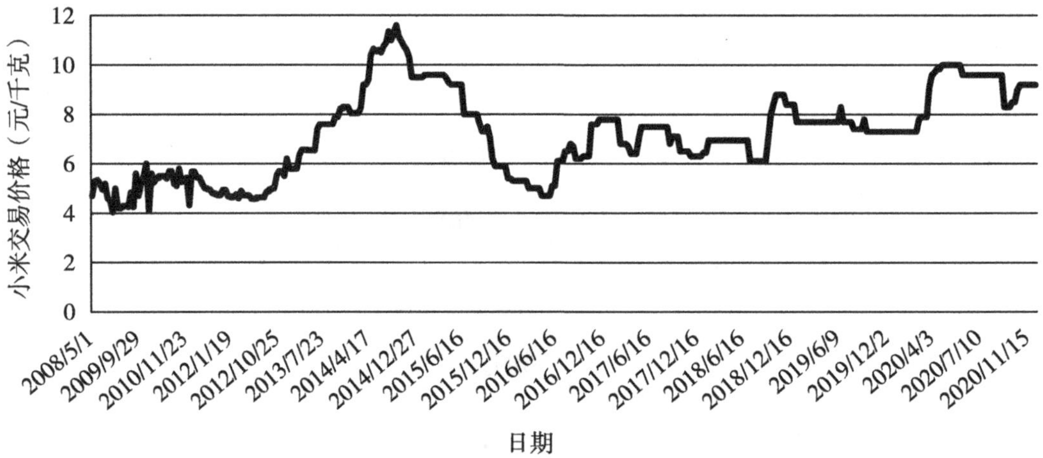

图 4-5　2005—2017 年石家庄桥西批发市场小米交易价格走势

二、谷子加工集散地市场变化分析

重点监测藁城马庄、沧州孟村小米集散地价格变化，形成谷子加工小米集散地市场动态变化数据库（图 4-6）。2009—2020 年藁城马庄、沧州孟村小米集散地谷子、小米价格数据，数据量达到 6 600 多个。目前，马庄小米集散地的谷子主要集中在黄金苗、红谷、吨谷等优质品种。图 4-6 为河北石家庄藁城马庄小米加工集散地小米购销价格趋势图。

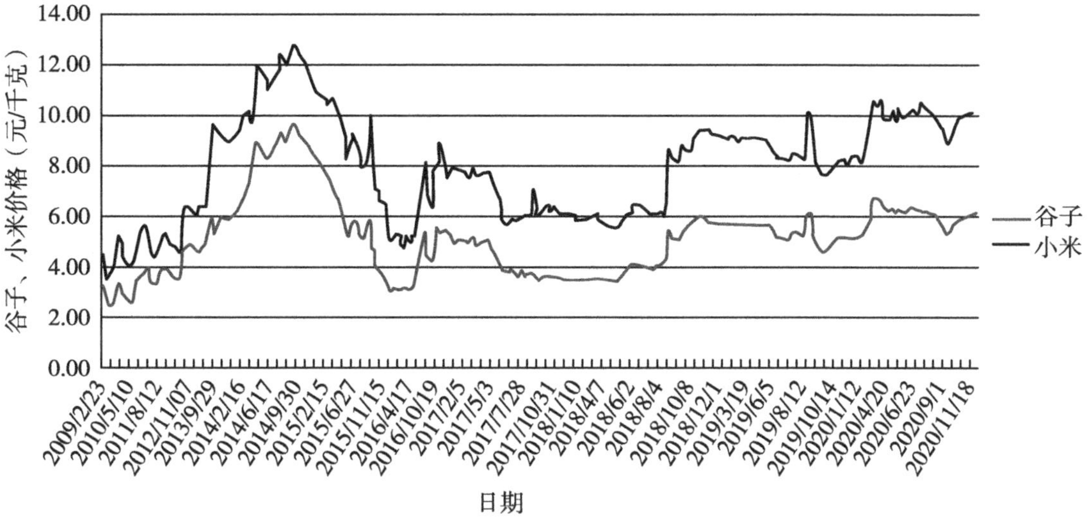

图 4-6　2009—2020 年石家庄藁城马庄小米集散地谷子、小米价格趋势

截至目前，监测掌握马庄集散地的谷子小米价格数据 6 600 余个，从图 4-6 可以看出，谷价的波动呈现出两个阶段，首先是 2009—2016 年，呈现出倒“U”形，在 2014 年达到了高峰期，谷价高达 9.56 元/千克，随后开始大幅下降。第二个阶段则是 2017 年至今，2017 年谷价自 2 月开始一路走跌，随后 2018 年开始回升上涨，2019 年在 8 月猛增之后，再次回跌，2020 年初价格开始回升，随后价格稳定在 6 元/千克上下浮动，另一个现象是米价的走势和谷价一致，存在一个大概的比例，即米价 = 1.55×谷价。

马庄小米集散地作为全国最大的小米集散地，其价格变化对全国的谷子、小米价格的波动有举足轻重的影响。2016 年在对马庄及孟村谷子、小米价格进行监测的同时，又增加了米糠的价格监测，2020 年集散地油糠出货价 1.3 元/千克，二道糠出货价 0.55 元/千克，白粗糠出货价 0.48 元/千克，红粗糠出货价 0.38 元/千克，随产随销。壳糠出货价 0.5 元/千克，多供应枕头加工厂。自 2016 年开始监测主产区米糠价格，数据库数据量现已达 2 500 多个。

三、石家庄北国超市散装小米价格数据变化分析

自 2014 年开始对市区大型超市小米价格变动情况（图 4-7）进行实时监测，监测频率为 10 天/次，目前数据量约达到 4 000 余个。超市散装小米价格波动频繁，主要原因是超市经常搞促销活动，以及品种不同的影响。另外对知名品牌的沁州黄小米、蔚州贡米等品牌包装小米，监测发现，价格仍然在 20 元/千克以上。此处的小米专指散装小米，不分品种。

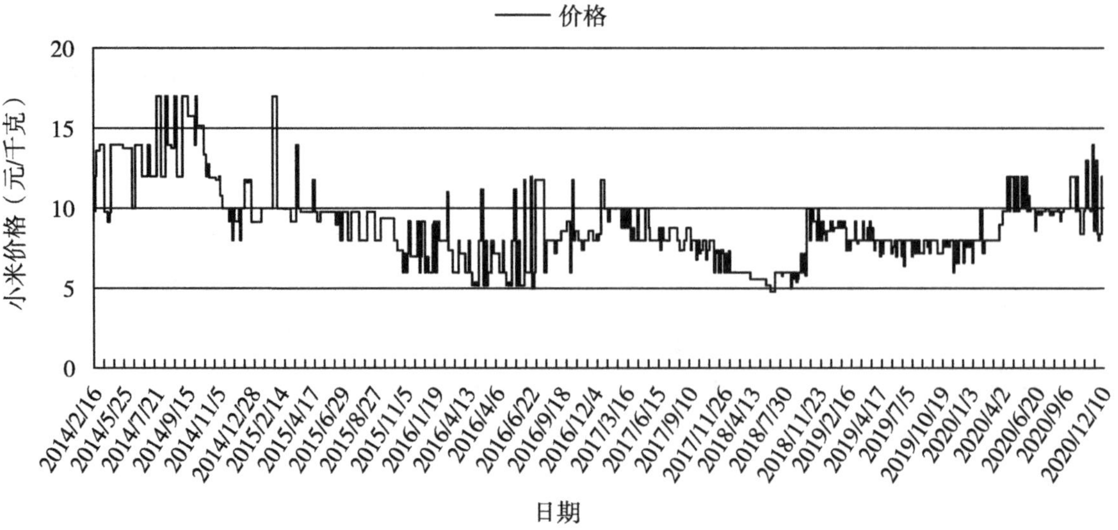

图 4-7　2014—2020 年石家庄北国超市散装小米价格走势

从图 4-7 可以看出超市散装小米价格涨涨跌跌，起伏不定，最高价可高达 17 元/千克左右，最低价可达 5 元/千克左右，差距较大，但从图 4-7 可明显看出超市的促销手段很单一，价格高几天与低几天来回交替，且 2016 年上半年价格处于低位运行，2018 年价位降到最低点，近 2 个价格较稳定地保持在高位，原因是货源为新米，超市的米价与马庄的米价不相上下。

对超市的精装小米的价格监测显示，精装小米的价格自监测之日起没有明显变动，如沁州黄小米 0.5 千克袋装的米售价一直保持在 15.5~18 元/袋；蔚州贡米 0.9 千克袋装的米价格一直在 16~18 元/袋，其余两个监测产品清田珍品、黄粱梦以及蔚州贡米均保持了价格不变的态势，这一现象表明精包装小米的价格一般不随市场价格的波动而波动。

四、电子商务平台小米价格数据变化分析

随着农村电商的广泛推广，小米在电商平台的销售日渐火热。自 2013 年开始对电子商务平台小米价格变动情况（图 4-8）进行实时监测，截至目前，共监测电子商务平台数据 59 000 余个。从图 4-8 可以看出，电子商务平台小米价格波动较小，总体处于高位运行。

2016 年产业经济岗位采用一定的技术手段全方位详细地监测了电子商务平台小米的价格与销量的走势。从图中可以明显感受到价格的波动，此处的价格是电子商务平台上所有在售小米的均价，虽然价格有些波动，但应该看到波动的上下幅度较小。

总体来看，电子商务平台的小米均价月度变动较小，但销量的波动较大，究其原因是电子商务平台的散装小米以薄利多销为主，包装小米以高档高价销售为主，由于网络价格查询方便，因此，店家一般不会选择经常变动价格；销量的变动受网络节日的影响较大，每年的 11、12 月是销售高峰期，过年期间快递公司歇业，小米销售是淡季。

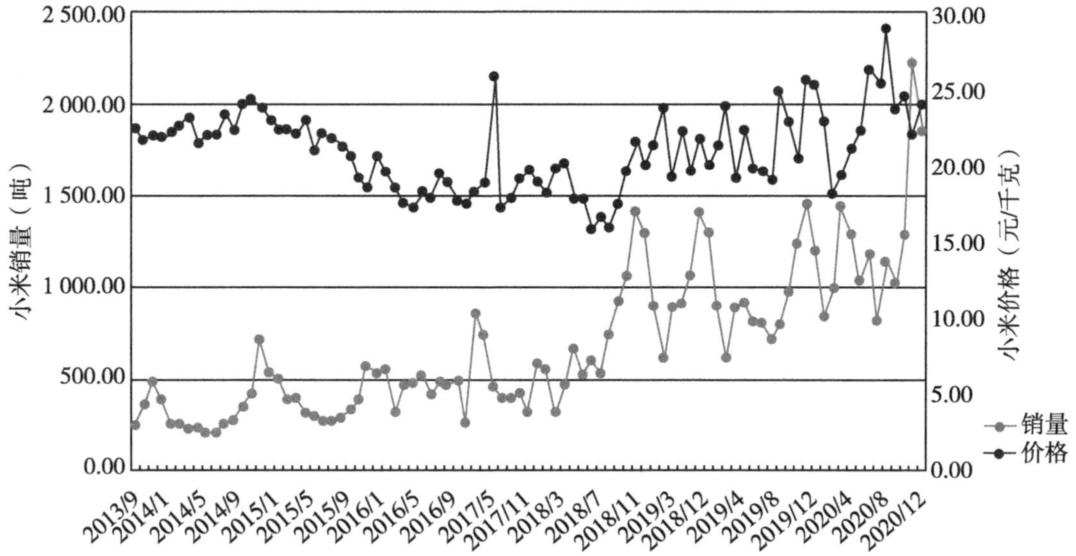

图 4-8　2013—2020 年电子商务平台小米价格走势

表 4-2　电子商务平台小米销售 TOP20 地域分布

序号	地区	店铺数量	小米产品数量
1	山西	1 031	2 416
2	河南	279	494
3	上海	160	399
4	陕西	476	1 093
5	辽宁	354	756
6	内蒙古	300	751
7	河北	481	906
8	山东	626	943
9	黑龙江	657	1 124
10	吉林	249	430
11	甘肃	109	170
12	广东	190	288
13	北京	145	239
14	湖北	68	93
15	江西	36	63
16	浙江	167	256
17	安徽	60	93
18	广西	67	115
19	贵州	99	161
20	江苏	110	167

从表 4-2 可看出山西地区的网店数量和商品种类是最多的，网点数量除山西最多之外，依次是黑龙江、山东、河北、陕西等谷子主产省。表中也出现了部分的南方省份，如浙江、福建、江苏、广东等，上海地区店铺数量排第 12 位，其小米产品数量居于第 10 位，但是其销售额居于第 3 位，可以说明小米在南方地区受欢迎程度逐年提升。

第三节　谷子产业信息监测平台

谷子产业信息监测平台是依托国家谷子高粱产业技术体系，由河北省农林科学院谷子研究所建设并管理，平台于 2009 年谋划，2010 年建成并试运行，2011 年正式投入使用，目前已经运行 12 年，搜集数据、信息为撰写相关谷子产业发展报告、建议服务。

一、信息平台建设背景与意义

2007 年，农业部、财政部共同启动了现代农业产业技术体系建设，选择水稻、玉米等 10 个产业开展技术体系建设试点，针对每个大宗农产品设立一个国家产业技术研发中心，并在主产区建立若干个国家产业技术综合试验站。到 2008 年底，启动建设的 50 个现代农业产业技术体系共设 50 个产业技术研发中心，聘用 50 位首席科学家，涉及 34 个作物产品、11 个畜产品、5 个水产品。为此，中央财政 2008 年共投入了 9.675 亿元专项资金。

现代农业产业技术体系集合了全国 800 多个科教和企事业单位的 2 600 多名专家进行科技攻关，形成跨部门、跨区域、跨单位、跨学科的优势科技力量，联合协作解决产业重大问题。每个体系设置 1 名首席科学家；设置遗传育种、栽培养殖、病害防控、产后加工、机械设备、产业经济 6 个领域的岗位科学家。

产业技术体系产业经济岗位的设置是产业技术体系的创新，在 5 个方面做深入工作。一是研究产业，产业结构、产业布局和其他产业的关系；二是研究产品，投入成本分析、生产能力分析；三是研究技术效益，新技术经济效益评价；四是研究农户、消费者、企业的行为；五是研究市场信息和预警。谷子糜子产业技术体系是 50 个体系其中之一，2017 年体系整合，原来的高粱体系与谷子糜子体系合并成为谷子高粱产业技术体系，谷子高粱产业经济岗位由河北省农林科学院谷子研究所承担。由于谷子高粱糜子是杂粮作物，国家对其数据统计缺乏，因此在开展上面 5 项内容的分析时，缺少数据支撑，所以，产业经济岗位于 2010 年开发了“国家谷子糜子产业信息平台”系统。

“国家谷子高粱产业信息平台”的搭建，弥补了我国谷子高粱糜子产业基础数据缺失的现状，使我国农业部门第一次较为全面地掌握了谷子高粱糜子的生产、消费、贸易、价格变化等动态数据。通过跟踪分析国内生产、消费、贸易、价格变化及影响因素，有利于开展产业中长期发展分析，有利于对现有生产、流通和加工等政策进行调研并提出调整建议，有利于根据产业发展需求，提出相应政策建议。“国家谷子糜子产业信息平台”搭建对谷子糜子产业发展有着重要的意义。

二、信息平台基本情况

信息平台依托国家谷子高粱产业技术体系的架构而建，由产业经济岗位负责管理，产业体系的34个岗位科学家、30个综合试验站及试验站下属的158个示范县等共同参与建设。信息数据来源于30个综合试验站下属的150个示范县，以及非示范县的谷子和糜子主产县8个。填报信息数据的负责人一般是各县（市）的农业局或农技站的主管负责人。信息平台管理者与产业体系示范县和主产县的数据上报负责人通过电话、电子邮件和信息平台建立联系，及时对填报数据和相关信息的确认及更新进行沟通。

信息平台的用户分级（图4-9）。

一级用户　一级用户是登录互联网的普通访问者，访问者可以点击进入信息平台的页面，查看对外公开的工作简讯、产业体系介绍、产业季报和各地生产动态等信息。

二级用户　二级用户是各地产业体系信息员即产业体系示范县和主产县的数据上报负责人。各地信息员用户通过用户名和密码在信息平台页面登录信息填报系统，填报本地区的谷子和糜子产业信息和生产数据。

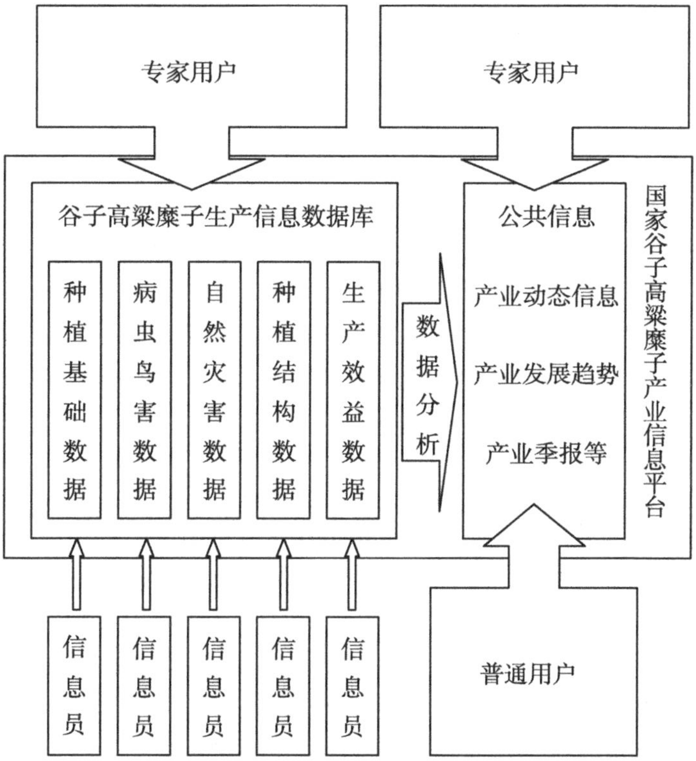

图4-9　信息平台用户访问示意图

三级用户　三级用户是专家用户即产业体系岗位科学家和试验站站长，专家用户在信息平台的页面专家登录窗口登录信息数据库，可以查看体系试验站所属示范县信息员上报的谷子和糜子各年度的全部产业信息数据，但不能更改和撤销。

四级用户　四级用户即信息平台管理员，信息平台管理员的职责包括审核信息员上报的信息数据，新增设立信息员用户和专家用户，更新信息平台对外公开的工作简讯、产业体系介绍、产业季报和各地生产动态等信息。此外管理员通过电话和邮件与信息员建立联系，对信息员填报的一些数据内容进行咨询和确认，解答信息员在填报信息时所遇到的问题，以及向体系专家和信息员发送产业信息和产业季报等文件。

三、信息平台主要内容

信息平台数据库包含谷子、高粱和糜子数据库，每个数据库又按照年度进行划分。信息平台数据填报是按照种植谷子、高粱和糜子的耕作过程并且结合病虫草害、自然灾害，地区作物构成变化、生产投入产出等情况分成 6 组调查项目进行数据填报。信息员用户登录信息填报系统后，根据各自地区的具体情况选择填报谷子、高粱或糜子数据，选择数据库后再选择所要填报数据的年份进行数据填报。

1—3 月调查。1—3 月是本年度生产前调查，主要调查内容是当地种植面积。根据当地农业部门上年度统计数据，填报当地上年度谷子、高粱和糜子种植面积；信息员通过调查再根据上年种植和销售情况，预测本年度谷子、高粱和糜子种植面积进行数据填报。

4—6 月调查。4—6 月是本年度谷子、高粱和糜子生产播种前后的调查，主要采集各地区播种时间和种子价格，肥料用量和价格，播种机械化程度等调查。因为种植区域南北跨度大，海拔分布广，年度间降水和耕作制度的差异等因素导致各地区谷子、高粱、糜子播种期有较大差异，针对种植时间和播种习惯调查，种植习惯分为：平地、起垄、地膜或填写具体内容进行填报；谷子、高粱、糜子种植施肥调查，调查目的是计算各地施肥量和经济投入量。按照每亩施用量计算肥料投入和经济投入，肥料种类包括：农家肥、尿素、钾肥、磷肥和复合肥。上报数据为每亩施肥量和购买每百斤肥料的价格；播种机械化程度按照低于 30%、30%～60%、60%～80%和 80%以上 4 个选择项填报。

6—7 月调查。针对各地区与谷子、高粱、糜子同期收获的作物结构进行调查，调查目的是分析当地谷子、高粱、糜子与当地同期收获作物的耕作面积的比例关系，记录年度间的变化过程。因为各个省区各地市种植结构差别较大，所以除了设置固定调查项目玉米、棉花、大豆、谷子、高粱和糜子等几项外，各地可根据实际种植作物的构成填报作物名称。

5—8 月调查。此项调查是针对病虫草害的调查。由于我国谷子、高粱、糜子种植分布广泛，地理环境多样，气候和生态条件差异大，在谷子、高粱、糜子生长期，受到种类繁多的病害和害虫侵扰。病虫害是影响生长的重要因素，直接影响最终产量。对各地区的谷子、高粱、糜子病虫害进行调查监控，有利于及时发现大面积病害的发生，同时根据往年的数据，结合当年实际情况，可以初步预测病虫害发生的概率，提醒各地区进行初期的防范。因为谷子、高粱、糜子的病虫害种类繁多，体系选择了部分常见的、危害严重的病虫害作为调查对象。

5—9 月份调查。本项调查是对作物整体生长阶段所发生的自然灾害情况及对作物受灾程度的调查。对于各地自然灾害的调查的目的在于记录和分析各地的谷子、高粱、糜子受到灾害对作物产量造成的影响，进而对当年当地作物价格的影响进行分析。

9—11 月份调查。本项调查是在谷子、高粱、糜子收获期及收获后的年度总调查。从当地谷子、高粱、糜子种植生产情况、收获机械化程度、生产投入产出情况以及当地物候状况等方面进行调查。各地谷子、高粱、糜子种植生产情况调查包括本年度种植面积、平均单产、预计总产、农作物总面积等总体项目，还有当地谷子、高粱、糜子种植的主要品种的名称、种植面积、种植密度和平均单产等调查项目。收获机械化程度调查包括联合收割机械化程度、收割机械化程度、脱粒机械化程度。生产投入产出情况调查包括：每亩收获的谷子糜子收益、每亩副产品如秸秆等的收益、每亩生产资料成本（包括种子、化肥、农药、农机等）、每亩人工投入成本（包括耕地、施肥、灌溉、间苗除草等等），以及其他投入的成本。当地物候状况调查包括谷子糜子收获时间，当地积温、年降水量、无霜期天数等。

第五章　河北省传统粟作农耕文化

我国是世界四大文明古国之一，也是全球最大的农作物起源中心之一，现今许多种农作物都是我国劳动人民最早从野生植物中经过不断驯化培育而成。根据考古发现，我国先民早在新石器时代早期就已经开始驯化种植了粟和稻。粟又被称为谷子，脱壳后叫小米，是由一种野生的狗尾草驯化而来。

粟位居五谷之首，被誉为中华民族的哺育作物。研究人员从考古、遗传以及文字方面都证明粟起源于我国，曾经是我国劳动人民主要的粮食作物。江山社稷中的“稷”就来源于谷子，进而代指主管粮食丰歉的谷神。围绕粟的生产、加工、食用以及衍生出的民俗、精神等形成了我国传统粟作文化。

粟文化发祥于我国并主要呈现在黄河流域。其与南方的稻文化一起构成了中国传统农耕文化的主体，制约着民众的观念，规范着民众的行为，其辐射范围甚至延伸到周边国家和地区。我国出土粟遗迹多达60余处，主要分布在黄河流域，距今约1万年到三四千年。传统粟作农业萌芽于夏、商、周，起步于春秋战国时期，至秦汉时期趋于成熟定型，到隋唐时期步入辉煌。明、清之后，粟类作物的主粮地位逐渐被小麦、玉米等外来物种所替代，20世纪50年代初期，我国谷子播种面积在1.5亿多亩，在我国北方仍是主要粮食作物。谷子具有耗水少、抗旱耐瘠、营养丰富均衡、药食同源、粮饲兼用、农耕文明深厚等特点，在当前健康中国战略、乡村振兴战略的背景下，这种传统作物衍生出新产业、新业态，正在成为主产区脱贫攻坚、乡村旅游、生态修复的特色产业并焕发新的青春。一碗母亲熬的小米粥不知是多少游子与海外华人的儿时记忆与思不尽的乡愁。保护、传承和弘扬传统粟作文化，不仅在维系作物多样性、改善和保护生态环境、促进资源持续利用、提升人们健康水平、传承民族文化方面具有重要价值，还在保持和传承民族特色、地方特色、传统特色，丰富文化生活与促进社会和谐等方面发挥着十分重要的作用。

一、粟品种与种质资源

我国栽培的谷子是由青狗尾草人工驯化而来。中华先民发现了狗尾草的天然变异现象，进而选择具有“穗大、不落粒、分蘖少”等对人类有利变异的个体进行特殊培育，将这些优良性状稳定传递下去。我国古代人民早就观察到粟品种特性的差异，对粟的生长发育、遗传变异与环境条件的关系逐步加深认识，品种选育经历了由粒选到穗选，再到混合选种和建立“留种田”，以及单株选择法等阶段，培育出了异彩纷呈的优良品种。从品质上区分有糯性、粳性、味美、味恶；从颜色上区分有黑色、黄色、绿色；从生长期方面区分有长、中、短期等。目前全世界谷子种质资源共 39 320 份，其中中国有 27 690 份，占全球总量的 71%。中国的谷子资源中农家品种占 97.5%，育成品种仅占 2.5%。谷子农家品种是劳动人民在长期的栽培种植过程中经过人工选择保存下来的品种，具有优质、稳产、抗逆性强的特点，其中黄金苗、东方亮、黄八叉、大白谷、阴天旱等农家品种至今仍在内蒙古、山西、河北和山东等部分地区种植。

二、粟栽培管理

我国劳动人民经过长期生产实践，在撂荒耕作、轮作复种、间作套种、充分用地等不同条件下，因地、因时、因物制宜，形成了“耕、耙、耱、压、锄”相结合与以防旱保墒为目的的旱作技术体系，其中以粟为主的内蒙古赤峰市敖汉旗旱作农业系统、河北省邯郸市涉县梯田系统为典型代表。2012 年 8 月 18 日，联合国粮农组织批准敖汉旗旱作农业系统为全球重要农业文化遗产暨“世界旱作农业发源地”，成为全球 18 个农业文化遗产地之一；2013 年，敖汉旗成为第一批中国重要农业文化遗产。2014 年，涉县旱作梯田系统被农业部批准为第二批中国重要农业文化遗产；2019 年进入全球重要农业文化遗产（GIAHS）预备名单。

敖汉旗历史悠久，有着古老的农耕文明，敖汉旗兴隆沟发掘的碳化粟（谷子）距今已有 8 000 年的历史，境内发掘出“小河西文化”“兴隆洼文化”“赵宝沟文化”等古遗址有 4 000 余处，且未出现断层，文化序列完整。遗址中都发现了与旱作农业相关的生产工具，有锄形器、铲形器、刀、磨盘、磨棒、斧形器等，见证了敖汉旗的农业起源和农业发展历程。敖汉旗处于中温带干旱半干旱地区，年降水量在 310～460 毫米。敖汉旗坡地多、雨水少，形成了以谷子为主，黍子、荞麦、高粱、玉米、豆类为辅的旱作农业系统。因为山地多，现代化机械设备难以施展，农业耕作仍然以驴犁为主。敖汉旗也是全国养驴大县，全旗驴存栏 30 万头，谷子收获后谷草、谷糠为驴提供优质饲料，驴为谷子耕种提供动力，驴粪还田为土壤提供有机质，形成旱作循环农业系统。当地在每年 5 月到来前种植谷子，6 月种植黍子，7 月种植生长期更短的荞麦，形成轮作间作的种植体系，促进作物多样性。历经数千年，敖汉旗谷子基因变化不大，原因在于自留种，最著名的农家品种当属黄金苗，该品种适口性极佳，米色金黄，目前仍在大面积种植。

涉县旱作梯田系统位于晋、冀、豫三省交界处，地处太行山石灰岩深山区，年降水量 500 毫米左右，“山高坡陡、石厚土薄”“十年九旱、降水不均”是那里的典型特征。距涉县 40 千米的磁山是太行山粟的起源地，磁山遗址出土了距今 8 700 多年的碳化粟，出土的粟灰达 50 000 千克左右，数量惊人；出土的工具按生产工具（石铲石斧等）、脱粒工具（石磨盘石棒等）、炊具（陶盂支架等）分组分类放置，摆放的次序非常明显，这在国内其他新石器遗址中非常罕见。涉县梯田起源于公元前 514 年战国时期，分布于广袤的深山区，总面积 26.8 万亩。其中，最具规模的梯田位于井店镇王金庄，面积 1.2 万亩，分为 5 万余块，土层厚不足 0.5 米，薄的仅 0.2 米，石堰长度近万华里，高低落差近 500 米。在如此恶劣的自然条件下，当地山民一代代在此繁衍生息。1990 年，涉县旱作梯田被联合国世界粮食计划署专家称为“世界一大奇迹”“中国第二长城”。

当地依山而建的石头梯田，既是生产工具、又是运输工具、还是有机物转化工具的毛驴，随处可见的集雨水窖和散落田间的石屋，形成了“石头、梯田、毛驴、作物、村民”“五位一体”可持续发展的旱作梯田农业系统。涉县梯田种植作物以抗旱性强的谷子为主，辅以花椒、黑枣、玉米、杂豆、马铃薯、南瓜、豆角等作物，各类瓜果点缀在万亩梯田里，呈现出春华秋实的壮丽景象和震撼人心的大地艺术。涉县旱作梯田系统的传统农耕方式是保持当地 2 000 多年农业可持续发展的重要因素之一。农民在每年冬天将驴粪按 3~5 米的距离堆成小堆，然后用一层薄土覆盖，翌年春天再将其均匀撒在地里。施农家肥的谷子不易染病，一般不需要喷洒农药。同时，通过深耕、细耙、勤锄等手段不仅可以减少土壤水分蒸发，提高抗旱能力，而且还可以改善小米的品质。

涉县人民最大限度地向梯田要粮，他们采用的办法是在收获时间上错落延长收获期限，从种植时间上区隔减弱生态限制，在生长空间上交叉增加作物多样性，并避免使用农药化肥，这些做法都是保证传统农业可持续发展的前提。

三、粟加工、贮藏与食用

粟谷籽粒有坚实的外壳，防潮、防蛀且极耐贮藏，在低温干燥、通风良好的环境下，贮藏 20 年以上也不会霉变。涉县王金庄贮藏 30 年的谷子随处可见。三年困难时期，王金庄不但没有出现饿死人的情况，甚至还帮助了因饥荒逃难而来的人。

粟谷需经过脱壳去皮方能制作成各种各样的食品，古人在长期的生产实践中，发明、创造出了多种加工工具和方式，为粟谷有效利用提供技术保障。粟谷脱壳后就是我们熟悉的小米，其质优味美，除了可以用来焖饭、煮粥等直接食用外，小米还可以制成各种干粮，也可以酿酒做醋。小米富含蛋白质、脂肪和碳水化合物，以及人体必需的维生素、矿物质和膳食纤维。小米粥有代参汤之称，极易消化吸收，是病人、孕妇、产妇廉价的营养品。王金庄村土地分散、距离村庄较远，村民披星戴月地去地里干活，为了节省时间，中午就在田地里野炊，经年累月逐渐形成传统。那里随处可见野炊灶台，最常见的就小米焖饭，加南瓜、马铃薯、豆角等。农闲时节一到饭点，村民们端着碗蹲在家门口，一边吃小米焖饭一边和邻居聊天，形成了一道独特的风景。

四、历经万年的粟作过程

长期以来，我国形成了大量与粟作相关的民俗、传说和农谚，是粟作文化的精髓。过年是中国人最重要且与粟密切相关的习俗。甲骨文“年”字，上面为“禾”，下面为“人”，是“一个人背负着成熟谷子”的形象。东汉许慎编著的《说文解字》中“年，谷熟也”，意思是谷子成熟一次，便是一年。祭星为敖汉旗四家子镇青城寺所独有，每年正月初八晚，以蒙古族为主的群众自发来到青城寺，祭祀星宿，以求来年风调雨顺，谷子有个好收成。关于粟的典故传说有很多，比如天雨粟、谷雨节、毛南族“放鸟飞”习俗，以及黄粱一梦、斗粟尺布、辞金受粟，等等。伴随着粟作的发展，中国人制定了二十四节气，用来指导农事。谷雨，是二十四节气中第 6 个、春季的最后一个节气，其寓意“雨生百谷”的意思，此时降水明显增加，田中的秧苗初插、作物新种，最需要雨水的滋润，正所谓“春雨贵如油”。

除食用功能之外，粟在古代社会充当着多重角色，它是财富的象征，曾长期作为实物地租、实物货币和俸禄，是备荒救荒的首选作物和军粮之首，也是拓展疆土的主要作物。累黍法还曾作为度量衡的重要依据。由于粟作关系到国计民生以及社会的稳定，于是产生了传统的农本观念，促进了中国几千年来重农政策的形成与发展。古代统治者大多采取勤耕积粟、贱金贵粟、阻止粟外流等政策措施，体现出重农贵粟的指导思想。周代以来沿袭至今的稷祀行为，起到了宣传礼制、稳定社会秩序的作用。

然而，由于古代生产力水平低下，加之封建统治者的残酷剥削，广大贫苦人民对于粟税多有怨责。在民间，由于粟种植、收获比较繁琐，在农忙时节村民自发形成了互助关系，奠定了传统乡村社会的基础。就社会价值而言，粟作文化的基本内核可以称为“谷子精神”。谷子精神是数千年来积淀下来的民族精神，具有自强不息、厚德载物等特质。在黄河流域、我国台湾高山族平原族群居住地区等地，粟作文化在民众日常生活和精神生活中仍发挥着重要影响。对粟作文化特别是谷子精神的倡导，有利于弥合传统文化与现代性的裂缝，夯实和谐社会的文化基础，有助于重塑国民健康的精神风貌。

近年来，在市场拉动、政府推动、绿色发展需求下，新型经营主体发展谷子产业积极性提高，中国谷子种植面积逐步回升，产业规模不断扩大，正在形成一批区域公用品牌，敖汉小米广告登陆央视，谷子特色产业呈现强劲的发展势头。在当前我国深入推进乡村振兴战略、健康中国战略以及农业供给侧结构性改革的背景下，继承和弘扬传统粟作文化，把根留住，以粟作文化推动谷子产业发展具有重要意义。

第六章　河北省谷子产业发展政策建议

一、加强顶层设计，科学制定河北省谷子产业带发展规划

建议加强顶层设计，结合我省地下水超采综合治理、乡村振兴战略、健康中国战略，组织专家依据河北流域资源禀赋、文化特点、产业竞争力制定《河北省谷子产业带发展规划》，优化谷子生产区域布局，促进河北省子产业转型升级和绿色高质量发展。重点规划建设河北省“两山一低一中心”谷子产业战略布局。即在全省规划建设500万亩谷子产区：一是太行山优质谷子产业带，以邯郸、邢台、石家庄、保定为核心建设200万亩优质谷子产业带；二是燕山山区优质谷子产业带，以张家口、承德、秦皇岛为核心建设150万亩优质谷子产业带；三是黑龙港低平原区优质谷子产业带达到150万亩，以衡水、沧州、邢台、邯郸黑龙港低平原区为核心；四是以石家庄藁城小米集散地为核心，通过传统集散地加工设备改造升级、现代物流基地建设，打造河北省小米加工中心。

二、实施谷子良种补贴和试点保护性收购

当前，我省在省级层面还缺乏针对谷子的良种补贴制度。建议对适合河北省种植的抗除草剂、一级优质米、抗旱、抗倒、抗病性强的优质高效谷子品种进行良种补贴，提高种植大户、合作社等新型经营主体种植谷子积极性。同时，针对当前消费形式单一，市场价格、种植面积波动较大等问题，建议在我省试点启动对谷子的保护性收购机制，作为战备粮、应急粮纳入国家政策性收购范围，制定最低保护收购价格，以稳定市场价格。

三、强化全产业链科技支撑，助推产业发展

依托河北省农林科学院谷子研究所、河北省杂粮产业研究院以及全国谷子科研优势单位，强化谷子全产业链科技支撑。调优品种结构，以优质品种、加工专用品种、营养强化品种分类建设示范基地，为开发多元产品提供原料，提高产品附加值。调绿生产技术，以地膜替代技术、有机肥替代技术、绿色防控技术为主，示范推广谷子绿色高效生产技术。调顺产业体系，着力发展新产业新业态，促进一二三产深度融合，实现谷子产业“全环节升级、全链条升值”。同时突出新技术的应用，将信息化、智能化技术应用在谷子生产、加工、质量追溯领域，全面提高谷子产业的科技水平。

四、打造区域公用品牌，建立全域质量追溯体系

以藁城宫米、南和金米、曲周小米、蔚州贡米、黄旗小米为核心，打造区域公用品牌。通过设立区域公用品牌建设专项、积极争取国家相关项目，为区域公用品牌建设提供项目支撑；通过高铁、高速公路广告牌、电视、报纸、微信等多渠道，加强区域公用品牌的宣传和打造。建立全域质量追溯与监测系统，从播种、田间管理、收获、加工、储运、销售等全产业链建立二维码系统，实现谷子质量全环节可追溯，确保小米品质和质量。

五、加强信息监测预警，保障市场平稳运行

依托河北东粮农业科技有限公司电商平台，建立谷子/小米价格监测预警中心，强化市场供需形势分析与研判，及时发布生产、价格、供求等信息，有效引导生产和经营者及时均衡上市销售，避免价格大起大落，促进市场稳定运行。通过中心建设形成在全国有影响的谷子定价中心，对外发布谷子供求信息、谷子价值指数，加强黑龙港谷子产业带在全国谷子的定价权。

六、加快谷子农产品物流现代化建设

加大石家庄藁城、沧州孟村、邯郸曲周、张家口蔚县小米集散地改造与功能的提升，培育一批布局合理、交易方式先进、功能齐全、组织化程度高的骨干批发市场；积极发展连锁超市、直销配送等新型流通组织，建立多层次、多业态、多种经营方式的农产品市场体系；加快农产品的贮藏、加工、运输、配送等物流设施建设，建立现代化的农产品物流服务体系；在资金来源上，采取多种形式，鼓励个人、集体、政府等多渠道资金投资农产品流通设施建设，逐步实现谷子农产品物流网络化、信息化、标准化和设施现代化。

七、加强农产品网络营销力度

加强河北省谷子农产品信息网的建设，加快与国际化电商平台接轨，改善网站体系架构和界面设计，提高用户体验度，加大网站宣传，扩大影响力，吸引生产、经销商进驻，构筑政府性农产品网络营销平台。发展多样化网络营销模式。利用国内最有影响力的电商平台，如京东、淘宝、阿里巴巴等网站，开设河北小米特色商品馆，支持广大中、小、微农特产品经营主体开展网络营销。

八、加强宣传力度，促进小米消费

我们研究表明：对小米历史、文化、营养知识了解越多，小米消费意愿越强烈，充分说明宣传的重要性。我们拍摄的谷子专题片《粟说：一粒小米的故事》2018 年 12 月在 CCTV-7 播出后，直接受众达到 3 000 万人次，已成为小米的消费潜在人群。建议充分发挥黑龙港区域粟文化丰富的优势，积极拍摄有关谷子文化、历史、营养的专题片，在电视、网络、微信等各类媒体报道；组织食品、营养、农学、文化领域专家学者在网络、电视、报纸等媒体积极宣传小米营养、文化、历史，增强民众对小米的认知水平。

第七章　河北省谷子产业技术创新路线图

第一节　河北省谷子产业技术创新概述

一、研究背景

河北省谷子历史文化久远，邯郸武安市是粟的发源地，是谷子的故乡，有着8 700多年的栽培历史。在武安市磁山镇磁山文化遗址中，发掘出了大量的碳化粟，据测算有70 000千克，2005年武安市也被农业部命名为“中国小米之乡”。桃花小米因产自河北省张家口蔚县桃花镇而得名，距今已有千年的栽培历史。河北省也是全国谷子生产大省和优势主产区、产业区，2020年全省谷子种植面积12.95万公顷，位居全国第3位；单位面积产量3 301千克/公顷，比全国单位面积平均产量高203千克/公顷；总产量42.75万吨，位居全国第3位。

2020年，河北省人民政府出台《关于持续深化“四个农业”促进农业高质量发展的行动方案（2021—2025年）》。提出大力发展科技农业、绿色农业、品牌农业、质量农业，着力提升农业质量效益和竞争力。河北将重点打造优质专用小麦、优质谷子、精品蔬菜、道地中药材、优质食用菌、沙地梨、优质专用葡萄、优质苹果、高端乳品、优质生猪、优质蛋鸡、特色水产12个特色优势产业集群。近年来，全省谷子品种创新、栽培植保、机械化水平显著提高，培育了冀谷系列、张杂谷系列等优质、高产抗除草剂品种，加工产业走向多元化，整体科研水平、谷子加工销售等走在全国前列。优势明显的同时，我们也看到与其他省份发展存在的不足和短板，如产业链条短、科技含量低、产值效益低等问题，严重制约产业再升级。因此，对谷子产业技术创新进行分析总结，提炼产业发展存在问题，提出谷子产业科技创新发展方向和对策，制定产业科技创新发展技术路线图，挂图作战，举全省之力，加强产学研融合，加强与省外知名科研单位、大专院校、企业的合作，提高河北省谷子产业科技发展水平，打造谷子产业强省。

二、技术路线图制作意义

技术路线图是产业发展战略规划制定的重要手段和指导实践。首先，全面客观总结河北省谷子产业技术创新发展现状。依据当前谷子产业发展的态势，确认产业发展存在哪些跨越式发展机会和短板，实现跨越式发展和引领产业发展，需要研发和引进哪些技术或产品？需要培养哪些专业人才和提升哪些创新能力？需要采用何种技术组织模式和生产关系模式等机制体制？需要在各阶段和各主体之间配置何种资源和扶持政策？其次，持续跟踪产业发展时机和未来发展方向，动态调整谷子产业技术路线图，打造全国谷子产业发展科技引领地，更加有效指导河北省谷子产业创新发展和提质增效，促进全省谷子产业高质量发展。

三、发展要求

（一）指导思想

按照河北省人民政府出台《关于持续深化“四个农业”促进农业高质量发展的行动方案（2021—2025 年）》文件精神及要求，以推动河北省谷子产业集群发展为目的，以实现河北省谷子产业高质量发展为目标，培育全省县域主导产业，打造独具特色的全国谷子品牌，实现谷子全产业链增质增效，积极推动经济增长方式的转变，发挥谷子产业在全省乡村振兴产业中的带动作用。

（二）设计原则

1. 针对性和可操作性原则

找出产业技术发展的短板和制约点，挖掘河北省谷子产业发展的科技、历史文化等特色，高质量编制产业技术路线，既打通产业发展堵点和痛点，又突出产业发展的重点和亮点，切实满足产业链发展实际需求。

2. 目标导向和问题导向相结合原则

抓住谷子产业集群建设和所要解决的核心问题，厘清河北省谷子产业技术创新发展存在的问题，结合全国其他省、市、县（区）的经验做法，聚焦重点全面推进，从技术路线的引领性和前瞻性出发，完善实施工作机制，切实提出产业发展的可行性对策。

四、技术创新边界

（一）技术创新主体边界

1. 提升科技创新能力

加大科技研发投入和资金支持，加强谷子基础理论研究，组建省级层面种业研发团队，提升种业创新效率，采取多种方式对谷子产业人才培育及专业人才培养，构建具有特色优势的区域创新体系。同时完善科技成果转化机制，加大县级科技人员培训力度，实现科技真正落地和转化。

2. 增强企业创新发展活力

企业是市场活力的主体。充分发挥企业市场主体作用，增强谷子产业的区域公用品牌、企业品牌、产品品牌建设，引进国内外知名企业，采用现代化经营理念，原产地建厂，做大做强产业加工集群建设，实现一二三产业融合，将效益留在当地。

3. 发挥有效市场和有为政府双向作用

有效市场需要有为政府的支撑。各级政府要充分发挥职能作用，做好各类参与主体服务，为产业发展营造良好环境。强化谷子产业配套基础能力、公共基础设施和政策市场环境的建设，积极为多元参与主体"唱好谷子发展大戏"搭建平台，增强区域产业竞争力。

促进链条有机融合。把培育完善谷子优势产业链作为提升产业竞争力的有效手段，下大力气解决地区谷子产业的重要路径，构建深化产业链整合发展的机制，推进产学研政企之间在产业链延伸方向上建立相互配套、相互信任、相互交流的有效机制和模式。

（二）技术类型边界

主要分为主六大区域（表7-1）。

1. 冀西北山间盆地区

本区包括：张家口市区、宣化区、怀安县、万全县、蔚县、怀来县、涿鹿县、赤城县等县域全部和尚义县坝下部分。

2. 燕山山区

本区域具体包括：双桥区、双滦区、营子区、承德县、平泉县、滦平县、隆化县、宽城县、兴隆县、围场县、丰宁县、海港区、山海关区、北戴河区、秦皇岛经济技术开发区、卢龙县、青龙县、迁西县和迁安市。

3. 太行山区

本区域具体包括：平山县、井陉县、赞皇县、行唐县、灵寿县、元氏县、鹿泉区、井陉矿区、涞源县、阜平县、涞水县、易县、满城区、顺平县、唐县、曲阳县、信都区、临城县、内丘县、磁县、武安市、涉县和峰峰矿区。

4. 太行山山前平原区

本区域具体包括：保定市莲池区、竞秀区、涿州市、徐水区、望都县、定州市、安国市、高碑店市、定兴县、清苑县、蠡县、博野县、雄安新区、高阳县、石家庄长安区、新华区、裕华区、桥西区、高新区、栾城区、藁城区、新乐市、正定县、无极县、晋州市、深泽县、赵县、高邑县、辛集市、邢台高新区、大曹庄管理区、襄都区、柏乡县、任县、南和区、宁晋县、隆尧县、沙河市、鸡泽县、邯郸县、成安县、永年区、临漳县和肥乡县。

5. 燕山丘陵平原区

本区域具体包括：丰润区、丰南区、曹妃甸区、开平区、古冶区、唐山路南区、唐山路北区、玉田县、滦县、遵化市、滦南县、乐亭县、昌黎县、抚宁县、三河市、大厂县和香河县。

6. 黑龙港低平原区

本区域具体包括：安次区、广阳区、固安县、永清县、霸州市、文安县、大城县、衡水市、枣强县、滨湖新区、新河县、南宫市、巨鹿县、平乡县、广宗县、清河县、威县、临西县、邱县、曲周县、广平县、大名县、魏县、馆陶县、沧州市新华区、运河区、渤海新区、黄骅市、海兴县、盐山县、孟村县、沧县、青县、任丘市、河间市、肃宁县、献县、南皮县、泊头市、东光县和吴桥县。

表 7-1　2019 年河北省六大区域谷子生产情况

区域	面积（公顷）	单产（千克/公顷）	总产量（吨）
黑龙港低平原区	22 071.52	3 162.20	80 715.58
燕山丘陵平原区	1 019.39	3 447.29	3 359.34
太行山前平原区	9 790.07	3 368.54	29 821.93
太行山区	33 112.44	2 510.83	79 313.71
燕山山区	21 755.63	3 723.17	85 928.23
冀西北山间盆地区	19 769.61	3 368.04	66 436.19

数据来源：经河北省农村统计年鉴整理汇总。

第二节　河北省谷子产业技术创新现状

一、科研技术创新现状

1. 资源创新

通过筛选、诱变、杂交、基因编辑技术开展资源创新研究。创制可延长小米加工食品货架期的高油酸新种质；创制出兼抗咪唑乙烟酸和拿捕净除草剂材料，兼抗烟嘧磺隆和拿捕净材料，小米商品性显著提高的抗除草剂材料，抗除草剂早熟材料；鉴定出适合主食加工的高谷蛋白材料。开展夏谷类型和抗除草剂优质不育系创制，筛选骨干恢复系；筛选鉴定抗瘟新材料，小架寒谷新型抗锈材料。

2. 生物技术

克隆谷子抗咪唑乙烟酸、抗烟嘧磺隆基因，开发了分子标记；同源克隆与高油酸合成相关的特异酰基载体蛋白去饱和酶基因（ACP），开发了实用 SNP 分子标记；谷子资源材料谷蛋白含量的测定，通过关联分析筛选高谷蛋白合成相关基因，并开发了分子标记；开展 F_2 分离群体定位，克隆了鞘色控制基因，利用酵母双杂交、BIFC、烟草瞬时表达等手段开展蛋白质互作和基因功能研究。此外，还启动了谷子基因编辑育种和倍性育种技术研究。

不同地区谷瘟病病原菌致病相关基因、无毒基因、交配型基因、分子标记等分子生物学技术研究明确谷子主产区病原菌群体多样性和遗传分化。利用 Real-time PCR 技术，系统检测了 70 个 *R2R3-MYB* 基因和 33 个 *SiNAC* 基因在谷子抗锈病过程中的表达谱，筛选到谷子抗锈相关 *SiMYB* 基因 12 个和 *SiNAC* 基因 17 个，为进一步功能验证奠定了基础。

3. 品种选育

抗除草剂适合轻简化生产谷子品种选育；适合主食加工的高谷蛋白品种，适合糖尿病人保健的高抗性淀粉品种；商品性、适口性、广适性、矮秆品种取得重大突破，在全国谷子产业化开发中占据重要地位。通过科研单位联合协助，建立谷子品种适应性联合鉴定试验、品种展示与验证、优质米鉴评三级优质谷子品种评价体系，向种业、生产、加工推荐一批优质谷子新品种。

4. 栽培生理、技术与机械

（1）栽培生理研究方面　开展了氮形态对谷子生长发育的调控研究，明确了硝态氮和铵态氮在谷子营养生长和生殖生长中发挥的作用，为合理施肥和化肥减施提供了参考。

（2）栽培技术研究方面　开展了适宜机械化收获、优质简化栽培品种及配套高产栽培技术及播种、收获机械研发，集成了谷子集雨高效生产技术在全国大规模示范推广。筛选了富硒谷子品种，明确了谷子对硒的吸收和转运规律，开发了谷子专用生物富硒叶面肥，集成谷子富硒轻简化生产技术。针对优质谷子品种与栽培技术不配套、农机农艺融合不够紧密以及绿色生产技术缺乏制约产业发展的难题，集成创新以“高产、优质、绿色、宜机收、易推广”为核心的绿色高效生产技术。

针对黑龙港盐碱地区，开展了轻中度盐碱地谷子品种筛选与轻简化生产技术研究，建立了谷子耐盐碱性评价指标体系；针对化肥减施和地下水压采，开展了谷子化肥减施稳产技术和谷子—二月兰复种生产技术研发与示范；在饲用谷子选育与栽培方面，开展了饲草专用谷子、抗拿捕净饲用谷子杂交种选育方法的研究。开展了基于 GI 和 RFV 方法的饲用谷子营养价值评价研究。

（3）农机研发　与谷子简化栽培品种相结合筛选研发精量播种机、中耕施肥机、联合收获机等系列生产机械，开展适合不同区域的谷子轻简高效生产技术模式。

5. 植物保护

建立完善谷子抗主要病虫害鉴定技术，发布谷子抗锈病、谷瘟病、白发病、黑穗病、线虫病、粟芒蝇 6 个技术规程。鉴定筛选抗源材料和新品种（系），利用新型抗病资源，创新抗病、丰产新品系。澄清了水浇地夏谷、水浇地春谷、丘陵旱薄地谷子和抗除草剂谷子等不同条件下谷子病虫害发生特点，发布技术规程。

6. 产后加工

（1）加工专用品种研究　对大批量谷子样本的成分分析和比较，筛选高抗性淀粉、高 γ-氨基丁酸、高谷蛋白、高胡萝卜素、植酸、类黄酮和没食子酸谷子品种；通过对大量食品原料的葡萄糖量分析，筛选具有低葡萄糖生成指数的杂粮原料。

（2）产品营养强化和品质研究　优化了游离氨基酸、赖氨酸和 γ-氨基丁酸富集技术，明确了萌发谷子对高脂模型小鼠血脂调节和抗氧化作用；建立了从理化分析、体外评价到分子层次全方位阐述谷子蛋白质营养价值评价体系；明确了谷子加工产品的气味成分和气味特征，并从分子层面揭示谷子及其加工产品的脂质组分和品质特性。

（3）产品加工研究　与企业合作开展小米馒头多元化产品、小米胚芽油软胶囊、粟米醋和杂粮醋、发芽粟米杂粮粥、小米淀粉糖浆、粟米精油护肤系列产品开发。与格力集团合作，开展智能化加热爆锅问题研究。这些产品的研发为延长谷子产业链、拉动谷子市场需求提供了技术支撑。

7. 产业经济

（1）产业创新　聚焦谷子等杂粮产业发展，构建了国家谷子产业信息平台，跟踪国内谷子产业发展市场动态，完成了 2016—2020 年度市场价格变化分析报告、生产要素变化分析报告和产业发展趋势与政策建议报告、出版著作、制作纪录片等。对谷子重大育种研发成果进行跟踪与技术经济评价，开展综合效益评价和影响因素研究，开展谷子适度经营规模研究，明确投入产出效益。从发扬粟文化，提升粟类作物研究文化内涵的思路出发，积极开展粟文化搜集整理工作。拍摄完成了《粟说：一粒小米的故事》纪录片和科普图书中英文对照版。

（2）产业机制研究　由河北省农林科学院谷子研究所牵头，成立了全国范围内由科研单位、推广单位、种业、加工企业、合作社等单位组成的优质谷子全产业链融合发展协作组，明确任务分工与职责，组建了育种、栽培、植保、农机、产业经济全产业链的学科团队。建立了“市场引领、企业带动、科技驱动、政府推动、学会联动”可持续发展机制。

二、政策技术创新现状

按照农业农村部“品种培优、品质提升、品牌打造、标准化生产”要求，在全国谷子主产区创建集生产、加工、营销全产业链一体化示范县，培育一批区域公用品牌和企业品牌，促进产业高质量发展。

在河北省优质谷子产业集群政策实施下，培育“河北小米”区域品牌，提出“河北小米”三级品牌体系建设建议并获得省农业农村厅采纳。撰写《河北省谷子产业高质量发展推进方案2021—2025年》《河北省优质谷子产业集群实施方案》等文件，策划河北小米LOGO、IP形象、河北小米走天下宣传片、河北小米香飘四海宣传册，形成了省级区域用品牌“河北小米”品牌设计。组织首届河北省十大优质小米品牌评选活动，评选出黄旗皇、景蔚五谷香、米乡乐等十大优质小米品牌。在优质谷子产业集群推动下，2021年优质谷子面积增加30万亩。

三、企业技术创新现状

与科研单位合作，通过单一品种转化和合作品种育种，开展科研单位、种子企业和小米加工企业、种植大户、合作社等市场主体之间的交流与转化平台建设，形成招标式、定制式、一体化式优质谷子品种成果转化模式。

谷子主产区农机社会化服务组织从播种、施肥标准、中期管理、收获时期等进行了全方位服务。例如武安科源种植公司，年谷子播种、收获能力达到8万亩，采用统一播种、统一飞防、统一收获的农机服务形式，提高了武安市优质谷子绿色化、标准化种植水平。

第三节　河北省谷子产业技术发展SWOT分析

尽管目前谷子已成为杂粮作物，但由于谷子具有耗水少、抗旱耐瘠、营养丰富均衡、粮饲兼用、农耕文明深厚等特点，在太行山—燕山地区谷子仍为重要的粮食作物，在粮食安全中发挥着不可替代的作用；在干旱半干旱、季节性休耕和压采地下水等区域，谷子成为这些区域的比较优势作物和极具发展潜力作物；谷子所具备的营养属性与文化属性，使其成为主产区特色优势产业。

一、优势

（一）资源禀赋优势

河北地貌复杂多样，气候属于温带半湿润半干旱大陆性季风气候，适合夏谷、春谷以及春夏谷交替种植，特殊的地理生态环境生产出多个知名小米，如蔚州贡米、武安小米、龙兴贡米、南和金米等。2005 年，河北武安市被农业部命名为“中国小米之乡”；武安小米、蔚州贡米获得国家地理标志产品保护；多年来河北省谷子面积占全国的 1/4，产量占全国的 1/3，贸易量占全国的 1/2。谷子具有抗旱耐瘠、水分利用效率高、适应性广、营养丰富且平衡、饲草蛋白含量高等突出特点，在干旱日趋严重、人们膳食结构亟待调整以及畜牧业不断发展的形势下，谷子所具有的特殊的营养性、生态性以及源远流长的文化底蕴将在未来种植业结构调整和产业发展中发挥重要作用。河北省有 4 个大型小米集散地，分别为藁城马庄小米集散地、沧州孟村小米集散地、张家口蔚县吉家庄杂粮中转站、曲周威县小米集散地。其中藁城马庄小米集散地是华北地区交易量最大的小米集散地。

（二）历史文化优势

河北武安市磁山文化遗址最新证据表明，谷子在我国有 8 700 多年的栽培历史，是全世界迄今发现的历史最早的谷子遗迹，武安市被农业部命名为“中国小米之乡”；河北蔚县出产的“桃花米”为我国古代的四大名米之一。据《蔚州志》记载，早在 700 年前，蔚县的黄小米就成为贡品享誉京城，被列为四大贡米之一。元代“至治二年（1322 年）八月，蔚州献嘉禾”。清代，蔚县的黄小米进贡清廷，被称为贡米。2010 年 12 月 15 日，国家质检总局批准对“蔚州贡米”实施地理标志产品保护。2020 年蔚县被河北省授予“河北谷子之乡”。

（三）自身营养优势

谷子具有营养丰富、药食同源、环境友好、粮饲兼用等特点，是中华民族数千年健康饮食不可或缺的成分，更是中华民族优秀传统文化的重要组成。蔚州贡米是蔚县特殊的土壤、水质、气温结合优良的品种，以先进的种植生产技术并经传统工艺加工而成。食口性极佳，米粒均匀，清洁度高，质地晶亮，黏甜可口，煮饭后表现黄灿灿，吃起来油津津，光滑喷香。蔚州贡米含有多种营养物质，如蛋白质、脂肪、碳水化合物、钙、磷、铁、锌、维生素等，与大米相比，蛋白质高 1.5 倍，脂肪高 6 倍，维生素 B 高 1.5 倍、维生素 B_2 高 1 倍，粗纤维高 6 倍，并含有丰富的人身体必需的氨基酸色氨酸、亮氨酸、精氨酸等。对中老年心脑血管疾病具有很好的预防作用，是产妇及老弱、婴幼儿的良好滋补品。

（四）政策支持优势

2017 年中央一号文件 2 次提到杂粮生产，3 次提到优势农产品发展。要求按照稳粮、优经、扩饲的要求，加快构建粮经饲协调发展的三元种植结构。确保口粮绝对安全，继续调减非优势区籽粒玉米，增加优质杂粮杂豆等作物。2018 年和 2019 年中央一号文件多次提到优势农产品和杂粮杂豆建设。2022 年 5 月，河北省农业农村厅印发《河北省谷子产业全产业链发展实施方案》，方案提出：2022 年全省谷子种植面积将达到 195 万亩，总产量将达到 45 万吨以上，产业产值将达到 90 亿元，其中高端精品产值 5 亿元。到 2025 年，全省谷子种植面积将达到 205 万亩，总产量将达到 50 万吨，产业产值将达到 100 亿元以上，让谷子产业成为河北省谷子主产区巩固脱贫攻坚成果、助推乡村振兴的重要产业。2022 年 4 月文化和旅游部等联合发布《关于推动文化产业赋能乡村振兴的意见》（以下简称《意见》），《意见》坚持乡村文化品牌化思路，强调把文化资源转化为优势企业、特色品牌，在品牌创新中保护农耕文明，在传承农耕文明中孕育品牌。

（五）科技支撑优势

河北省有国家谷子改良中心、国家谷子改良中心张家口杂交谷子分中心、中国作物学会粟类作物专业委员会、河北省杂粮研究实验室、河北省杂交谷子工程中心等一批科技创新平台，聚集一批优秀的谷子科技专家队伍。“十四五”现代农业产业技术体系有 8 个岗位科学家、2 个功能实验室、4 个综合实验站。2018 年河北省启动第二批现代农业产业创新团队，杂粮杂豆创新团队成立，为河北省的杂粮产业发展起到促进作用。谷子育种技术、谷子简化栽培技术和杂交谷子方面在全国居领先地位。

（六）市场潜力优势

谷子在营养、健康保健等方面，功能强大，同时还具有一定的药用价值，这些保健和食疗方面的功效正在逐步被人们重新认识。随着人们生活水平提高和保健意识的增强，谷子等杂粮产品的国内消费市场越来越大。河北省环京津的区位有着 1 亿多的庞大消费人群，高端小米市场有着巨大潜力，同时，区位优势也为细化消费人群、延伸产业链带来重要机遇。与此同时，在国际上随着世界性杂粮热的升温，谷子的贸易量逐年增加，巨大的国外市场为谷子生产提供了广阔的空间。

二、劣势

（一）农村信息服务水平较低

农户自身满足其信息需求的能力是十分有限的，因而他们需要一个健全、完善的信息服务体系的帮助。而目前全省部分谷子主产区缺乏为农户提供信息服务的较完善的服务体系，有农业信息网络已延伸到乡级，但是信息如何进村入户却是面临的共同难题。一般农民的信息来源主要是依靠广播、电视、集市和邻里传播。除农业信息服务体系不健全之外，基层信息服务人员整体素质有待提高。

（二）绿色、轻简化水平仍待提高

省域内谷子种植地形以丘陵为主，地形复杂，多数田块支离破碎，小而不平，且缺乏补灌设施；田间道路普遍崎岖不平，达不到大型机械化耕作条件，农机具机械化程度较低。农业基础建设仍不适应产业化建设的需要，抗御自然灾害的能力不强。虽然各主产区具有发展绿色、生态农业的得天独厚的自然条件，态势良好，但当前发展还处在起步阶段，生产规模较小，产品数量和质量还缺乏竞争优势，不适应市场开拓和竞争的需要。

（三）一二三产业融合程度较低

谷子具有农耕文明深厚、功能成分突出、药食同源等特点，但目前谷子产业多功能挖掘较少，种植生产和加工、休闲旅游等融合程度不够，产业链价值提升不足，谷子科普价值、小米营养保健功能、休闲旅游、观光体验等一二三产业融合发展基地建设不足。

（四）全域品牌宣传力度不足

河北省谷子产业具有农耕文化深厚、加工能力突出、轻简化生产水平高、科技支撑有力等突出优势，河北小米有众多蕴含文化历史背景的区域公用品牌，但是目前河北小米省域区域品牌、县域公用品牌以及企业品牌宣传不足，相比敖汉小米、山西小米等宣传力度差距较大。

三、机遇

（一）推进农业供给侧结构性改革的政策支撑

乡村振兴战略必须深化农业供给侧结构性改革，走质量兴农之路，加快推进农业由增产导向转向提质导向。现阶段我国农业的主要矛盾由总量不足转变为结构性矛盾，突出表现为阶段性供过于求和供给不足并存。为了深入推进农业供给侧结构性改革，2015年农业部出台了《关于“镰刀弯”地区玉米结构调整的指导意见》，2016年农业部印发了《全国种植业结构调整规划（2016—2020年）》，2017年国家印发《中共中央国务院关于深入推进农业供给侧结构性改革加快培育农业农村发展新动能的若干意见》，这些文件均提出发展杂粮杂豆，推动特色农产品产业提档升级，把地方土特产和小品种做成带动农民增收的大产业。河北省成立了河北省杂粮杂豆产业创新团队，2021年，河北省政府印发《关于持续深化“四个农业”促进农业高质量发展行动方案（2021—2025）》，将优质谷子产业集群纳入河北省重点打造的12个农业产业集群之一。当前，为推进农业供给侧结构性改革，国家和地方先后出台了支持谷子产业发展的政策，科技和产业的支持力度前所未有，为谷子产业技术创新和产业发展提供了重大机遇。

（二）乡村绿色发展机遇

我国农业农村进入高质量发展的新阶段。如果没有绿色发展就不会有高质量发展，乡村振兴战略强调必须坚持人与自然和谐共生，走乡村绿色发展之路。河北省农业长期以粗放管理为主，农业资源过度开发、农业投入品过量使用、地下水超采以及农业内外源污染相互叠加等带来的一系列问题日益凸显，节水、节肥、节药绿色高效发展方式是全省农业生产发展方向。为了推进绿色农业发展，2015年农业部印发《到2020年化肥使用量零增长行动方案》《到2020年农药使用量零增长行动方案》，2022年河北省土壤污染防治工作领导小组办公室印发《河北省农业农村生态环境保护“十四五”规划》，提出到2025年，农业面源污染得到初步管控，农村环境基础设施建设稳步推进，乡村面貌发生显著变化，农业绿色发展取得阶段性进展，农业农村生态环境持续改善。

（三）传承发展提升农耕文明机遇

乡村振兴战略必须传承发展提升农耕文明，走乡村文化兴盛之路。谷子文化在我国历史发展中占有重要地位。著名的《氾胜之书》和《齐民要术》都把粟列为五谷之首。“江山社稷”中的“稷”为“五谷之长”，与国家、天下息息相关。“锄禾日当午，汗滴禾下土”表达的是农民吃苦耐劳、自强不息的“谷子精神”。“小米加步枪”的红色文化传奇，至今仍是我党我军战无不胜的精神财富。谷子产品作为乡情乡愁的载体，某种程度上还是凝聚海内外华人情感的纽带。可以说谷子是农耕文明的代表，深入挖掘粟文化，传承和创新粟文化，将在未来产业发展中发挥重要作用。

（四）居民膳食结构调整机遇

“民以食为天”，合理、健康的膳食是身体健康的重要基础。国际经验表明：人均GDP达到6 000美元时，社会处于转型时期，人们的关注点由吃饱向吃好转变，更加关注自身的营养与健康，注重生活质量的提高。2015年我国人均GDP已超8 000美元，我国食品消费正在向营养化、健康化发展。在禾谷类作物中，谷子的营养价值最高而且营养相对平衡，富含多种功能成分和矿物质。小米中人类必需的多种氨基酸含量和氨基酸总量均高于联合国粮农组织和世界卫生组织模式，略低于鸡蛋。谷子中富含已知对人体健康有益的功能成分：膳食纤维、抗性淀粉、植酸、酚类和维生素E等，对预防和治疗慢性代谢性疾病和抗氧化等具有重要作用。小米被称为医食同源的重要食物，《本草纲目》：“（粟米）……治反胃热痢，煮粥食，益丹田，补虚损，开肠胃。”《滇南本草》：“（粟米）味咸，微寒。主滋阴，养肾气，健脾胃，暖中。”医学和营养学研究表明，主粮单一化、全盘西化的饮食结构成为糖尿病、肥胖症、心脑血管疾病等“富贵病”发病的主要推手。新版《中国居民膳食指南》制定的健康膳食原则是“食物多样、谷类为主、粗细搭配”。随着人们保健意识的增强，膳食结构的调整，城市居民对谷子等杂粮的需求量会逐年增加。

（五）健康中国战略的机遇

健康中国战略是习近平新时代中国特色社会主义思想中“以人为本”的基本方略，是全面建成小康社会、实现社会主义现代化的重要基础。这次突如其来的新冠肺炎疫情带给我们许多思考，诚然，高度传染的病毒变异是这次疫情发生的主要原因，但病毒是生物界客观存在的，疫情到来时，有的人高度感染，有的人可以抵抗，容易感染的人有共同点，就是身体免疫力差，或者患有基础性非传染性疾病、慢性病，身体素质有健康性缺陷等，这充分说明一个道理，塑造人的健康素质是抵抗各类传染病的基础条件。谷子除含有碳水化合物、蛋白质、脂肪外，还富含各种维生素、膳食纤维和人体必需的各种矿物质及微量元素，这些都是增强人体免疫力所必需的。因此，谷子对打造健康中国，打赢脱贫攻坚硬仗，全面建成小康社会，实施乡村振兴战略，都具有重要的战略意义。

四、威胁

（一）谷子产业链短、窄、薄

作为连接谷子生产与消费的关键部分，谷子的加工业是有效保障谷子产业上下游之间平稳运行的稳定器。当下河北省谷子产业的加工环节主要存在产品结构单一、加工能力不足等问题，加工企业对于新时期消费者的产品需求结构转型与升级普遍把握不足，由此带来的产业环节收益的减少，产业链条的回缩，均导致了谷子产业仍处于产业价值链的底端。近年来，虽有不少科研单位与企业共同开展新产品的研发，但多数企业开展深加工产品的生产需要进行新的资本投入与旧生产线的改造，并且新加工产品的销售前景也不明朗，因此，加工企业对于新投资的选择也较为谨慎。

（二）市场开发创意不足

新时代背景下，农产品市场需求结构呈现新的变化趋势，但谷农以及各类经营主体未能依据消费者的个性化需求进行农产品的品质与服务升级。河北省名优特谷子品种虽较多，但具备广泛影响力的企业自主品牌相对较少，这一“母强子弱”的问题直接导致了较为严重的市场搭便车现象，且农产品销售的质量标准与价格不统一，大大增加了市场对于谷子加工产品的管理难度，提升了企业打造优质品牌的成本。

（三）谷农“小而全、小而散”

尽管河北省谷子产业化程度已有所提升，但部分山区谷农生产经营规模过小且高度分散，存在生产集中度低、靠天吃饭、广种薄收、传统粗放的经营管理模式，缺乏科学、标准、全面的生产技术管理，严重影响谷子生产水平的提升。此外，由于多数谷农的生产规模处在小而散的局面，在进行产品交易的时候不仅无法得到合理的价格，甚至还会出现被商贩或合作企业以各种理由压低价格的情况，直接影响谷农获利能力的提高，对谷农种植积极性产生不良影响，进而不利于谷子产业高质量发展。

（四）粟文化挖掘不足

河北省谷子加工企业培育较迟，例如：四大名米之一的“桃花米”，未能抓住名米这张品牌名片，深入发掘历史文化，未能有效带动谷子产业发展。河北省谷子产业不论是政府支持还是企业带动都有一定规模，但全省谷子产业依然处于小面积种植和收储阶段，现有谷子加工企业仅定位于谷子种植和收储，品牌意识与粟文化结合不足。

第四节　河北省谷子产业发展与技术创新目标

一、产业发展目标

（一）近期目标

到2025年，初步建成“四带一中心”（太行山优质谷子产业带、燕山优质谷子产业带、黑龙港全程机械化产业带、冀中南富硒谷子产业带、藁城小米加工中心）产业布局；全省谷子种植达到240万亩，总产达到70万吨，产值达到120亿元以上，其中高端精品产值达到12亿元；打造2个全国性的谷子交易集散地，小米贸易量占全国贸易量的50%，初步建成省域区域公用品牌、县域区域公用品牌和企业品牌三级品牌体系，河北小米区域公用品牌价值达到150亿元，培育省级龙头企业8~10个，培育国家级龙头企业2~3个，河北省谷子初级加工、深加工比例达到5：1，谷子产业成为河北省主产区巩固脱贫攻坚成果、助推乡村振兴的重要产业。

（二）远期目标

到2030年，河北省谷子产业“四带一中心”优势进一步形成，全省谷子种植达到300万亩，总产达到85万吨以上，产业产值达到150亿元以上，其中高端精品产值15亿元。建成2个现代化、智能化、仓储化、全国性的谷子交易集散地，小米贸易量占全国贸易总量的60%以上；河北省省域区域公用品牌、县域区域公用品牌和企业品牌三级品牌体系带动能力进一步提升，河北小米区域公用品牌价值达到200亿元，培育省级龙头企业10~12个，培育国家级龙头企业3~4个，河北省谷子初级加工、深加工比例达到4：1，谷子产业成为河北省谷子主产区支柱型产业。

二、技术创新目标

（一）近期目标

到2025年，河北省谷子产业技术创新能力显著增强，建立谷子种质资源精准鉴定平台、基因编辑平台，育成优质、专用、高油酸等谷子新品种8~10个，新品种河北省覆盖率达到70%以上，全国覆盖率50%以上；创新集成绿色高效栽培技术模式3~4套，化肥农药减施10%以上，机械化效率提高5%以上；研发深加工产品3~5个，实现产业化开发；智能装备水平显著提升，谷子耕种收管理环节初步实现精准化、智能化。

（二）远期目标

到2030年，河北省谷子产业技术创新能力显著增强，初步建成谷子生物育种平台，育成优质、专用、高油酸、香味等突破性谷子新品种4~6个，新品种河北省覆盖率达到80%以上，全国60%以上；研发谷子专用生物有机肥、叶面肥等新型肥料2~3种，创新集成绿色高效栽培技术模式3~4套，河北省谷子绿色生产面积达到70%以上；研发深加工产品4~6个，实现产业化开发；谷子耕种收管理环节、加工环节实现精准化、智能化，小米加工实现全程质量可追溯。

第五节　河北省谷子产业技术创新路线图建设

一、技术瓶颈

（1）缺乏香味、高产等突破性谷子新种质。

（2）谷子基因编辑体系尚未建立应用。

（3）缺乏品质和黄金苗、晋谷21相当的夏谷抗除草剂新品种。

（4）缺乏谷子周年资源高效利用技术体系。

（5）智能化、信息化技术应用不足。

二、研发需求

（一）科学问题

（1）谷子抗逆品质形成与遗传解析。

（2）谷子水分、养分吸收利用规律及调控途径。

（3）谷子品种—环境—栽培措施的互作关系及其机理。

（二）技术问题

（1）谷子高效转化体系建立及基因编辑。

（2）优质、抗旱、绿色高效谷子生产技术体系建立及技术集成。

（3）中低产田谷子稳产生产技术研发与集成。

（4）谷子产后加工产品开发。

（5）智能化、信息化技术集成与应用。

三、研究重点

（一）应用基础研究

1. 谷子种质资源挖掘与创制

针对谷子绿色高效种质资源缺乏的问题，重点开展产量、品质、抗逆性、抗病虫等重要性状的种质资源表型精准鉴定，筛选符合育种目标优异种质资源，发掘目标性状优异等位基因；构建优异资源关键性状遗传分离群体，解析控制关键性状的主效 QTL 及其遗传效应，开发可供育种选择的分子标记；利用远缘杂交和诱变等方法，辅以分子标记辅助选择、重测序和 TILLING 等快速鉴定技术，创制谷子优质、高产、抗除草剂、抗病虫、适宜机械化等新种质、新材料，为培育突破性新品种提供材料基础。

2. 谷子重要功能基因解析与基因编辑

针对谷子生产上抗逆、品质性状提升所面临的主要问题及协同改良的关键限制因素，开展抗除草剂、高油酸、抗锈、抗谷瘟病等重要性状主效遗传位点精细定位，并克隆关键性状控制基因；研究品质、抗逆、产量等性状形成的遗传基础，挖掘优良单倍型及关键基因，解析分子机制及调控途径，为谷子的分子育种提供基因和理论依据；构建谷子基因编辑平台，建立谷子分子育种体系，为加快谷子育种速度提供技术支撑。

3. 谷子养分需求规律及品质、产量调控途径

针对谷子绿色、优质栽培理论需求，研究谷子氮、磷、钾主要养分的吸收、分配规律和利用效率及其养分高效利用分子调控机制；研究主要微量元素对谷子产量和品质的影响；基于谷子养分需求规律、主产区光温水资源与土壤养分特征，探索水分、密度、施肥、播种期等栽培措施对谷子产量、品质调控途径，明确品种—环境—栽培措施之间的互作关系，揭示其生理机制及优质、高产调控途径。提出谷子养分限量标准，明确谷子品质、产量调控途径以及品种—环境—栽培措施之间的互作关系。

4. 谷子主要病虫害灾变机制

针对谷子主要病虫害加重与绿色防控需求，从全国各地谷子产区采集土样分离木霉

菌、苏云金杆菌和昆虫病原线虫，筛选对谷子主要病虫高活力的菌株，并进行田间应用研究，对筛选获得的对谷子地下害虫有活力的线虫品系，进行害虫与线虫及其共生菌之间的互作机制研究；针对粟负泥虫和谷子小长蝽等谷子特异害虫，进行生物学特性、寄主识别机制研究，以此开发田间绿色高效防控技术。

（二）应用技术研究

1. 优质、专用、适合轻简栽培新品种选育

抗除草剂、矮秆、抗病性强、品质与黄金苗、晋谷 21 等传统优质品种相当的优质谷子新品种选育；早熟品种、夏播区适宜春播谷子新品种选育；高油酸、冻融稳定性强、适合食品加工专用谷子新品种培育。

2. 谷子绿色高效生产关键技术研究

针对乡村振兴、农业高质量发展对谷子产业的技术需求，结合新品种特征特性和各区域生态特点，以生产资源周年高效利用为目标，明确商品感官及食味营养品质、生物量及籽粒产量形成与光温水土的互作关系，研发谷子优质高产、抗旱耐盐、蓄水保墒、节水减肥、绿色防控、种植模式配置、用养结合等耕作栽培关键技术，以河北省农业科技创新驿站、省级园区、成果转化基地为主，将绿色高效栽培模式、信息化智能化技术、质量追溯体系、产后加工在基地集中示范，打造三产融合发展示范样板，为一县一业、乡村振兴提供技术支撑。

3. 谷子加工关键技术研究与产品开发

针对谷子主要以原粮消费为主、产业链短、市场拉动力不足问题，开展谷子功能性成分构成及作用机理研究，加工适应性提升及品质改善关键技术研究，主食化产品开发研究及产业示范，实现谷子高附加值、高消费的产业新模式；基于营养引导及风味引导双调控技术，开展传统发酵食品现代加工关键技术研究，产品质量品质安全控制技术研究，以及产品功能保健评价研究与产品开发，实现传统发酵食品现代化生产及产业示范。

4. 河北省谷子产业信息监测预警研究

针对河北省谷子产业对产业信息需求，开展生产、价格、供求等产业信息的监测预警工作，构建河北省谷子产业信息监测预警模型，定期发布产业信息监测预警简报、市场分析报告，为新型经营主体、政府和科研服务。

四、研发主体

（一）政府管理部门

河北省科学技术厅、河北省农业农村厅、河北省财政厅。

（二）科研单位及高校

河北省农林科学院、张家口市农业科学院、河北农业大学、河北科技大学、河北经贸大学、河北科技师范学院、沧州市农林科学院、保定市农业科学院、承德市农林科学院、邯郸市农业科学院、河北北方学院。

（三）相关企业

河北巡天农业科技有限公司、河北东昌种业有限公司、唐山广野食品集团有限公司、河北同福集团、河北农业机械化研究所有限公司、武安市同会现代农业园区、蔚县景蔚五谷香米业有限公司、河北东粮农业科技股份有限公司、河北惜康农业科技有限公司等百家企业。

第八章　河北省谷子产业技术创新战略联盟活动进展

“十三五”期间，河北省谷子产业技术创新战略联盟开展了现场观摩会、技术培训会，并为政府和产业提供决策咨询等支撑，系列活动的开展受到省级及以上新闻媒体报道，产生了较大的影响，促进了河北省谷子产业的发展。

第一节　联盟组织的现场培训会、观摩会

河北省谷子产业技术创新战略联盟自 2016 年成立以来共举办培训会 93 场次，培训基层技术骨干 4 800 多人次，种植大户 1 350 多人次，直接培训农民 3 900 多人次，田间指导 450 多场次，举办现场观摩会 36 场。各产区种植水平显著提高，良种覆盖率提升至 80%。有效促进了我省谷子产业化水平提高。

2017 年 2 月 28 日，为了弘扬粟文化，推进粟产业，谋划拍摄粟文化专题片，联盟和谷子所组织召开了粟文化专题研讨会。会议邀请河北省文史研究馆、河北经贸大学、CCTV-7 编导组、鹿泉区政协、中山战国文化研究院、河北 36524 集团的领导、专家、学者、媒体和企业家等 20 多人参会。

2017 年 4 月 28 日，由河北省农林科学院谷子研究所、河北省谷子产业技术创新战略联盟主办，武安市农牧局、河北东昌种业有限公司协办的“2017 谷子轻简高效生产技术与产业发展培训会”在武安市召开。谷子研究所专家李顺国研究员和夏雪岩研究员就谷子轻简高效生产技术、谷子市场动态、产业发展进行了培训，武安农牧局领导参加了此次会议。武安市农技人员、示范基地、种植大户、企业、合作社负责人等 80 余人参加。本次会议对于谷子研究所新品种、新技术的示范推广具有重要意义，同时促进河北省谷子产业整体水平的提升，对推动全省农业种植结构调整和供给侧结构改革具有积极意义。

2017 年 9 月 13—15 日，由河北省种子管理总站、河北省农业技术推广总站、国家谷子高粱产业技术体系、中国作物学会粟类作物专业委员会、河北省谷子产业技术创新战略联盟共同主办，河北省农林科学院谷子研究所、武安市农牧局、河北东昌种业有限公司联合承办的“谷子新品种新技术现场观摩暨优质小米产销对接会”在河北省武安市召开。各主办单位领导、专家及省内外小米加工企业、线上线下小米营销企业、谷种经销企业、谷子生产合作社和种植大户等共约 270 余人参加了会议。

为贯彻中央一号文件、省委一号文件精神，落实好河北省山区经济技术开发办公室

发起的依托产业创新联盟助推脱贫攻坚工作。2018 年 4 月 12—13 日由河北省谷子产业技术创新战略联盟、河北省农林科学院谷子研究所主办、蔚县农牧局承办的“助力蔚县脱贫攻坚科技服务培训与研讨会”在蔚县召开。蔚县相关部门负责人、龙头企业、合作社、种植大户等新型经营主体、武安、行唐示范基地负责人共计 70 余人参加了会议。与会领导及 10 余名谷子、糜子、高粱专家就蔚县脱贫攻坚和杂粮产业发展进行了研讨。王晓龙副县长和周学勤副县长介绍了蔚县基本情况，蔚县农牧局和乡镇、企业负责人分别提出了当地杂粮产业发展中存在的问题及品种和技术需求。河北省山区经济技术开发办公室逯国英主任和与会专家就各自领域提出了指导性建议。

2018 年 4 月 13 日，王慧军教授、李顺国研究员等 7 名与会专家就乡村振兴战略、谷子产业动态分析、轻简高效栽培技术、病虫害防治技术、产后加工产品开发、高粱新品种及产业发展、糜子高产栽培技术等进行了技术培训。此次会议的召开，正式启动了河北省谷子产业技术创新战略联盟、河北省农林科学院谷子研究所与蔚县对口扶贫工作。对于落实河北省山区经济技术开发办公室借助富山绿民工程，依托产业联盟助推脱贫攻坚工作，通过产学研结合，促进蔚县杂粮产业发展具有重要意义。

2019 年 2 月 26 日，由联盟依托单位河北省农林科学院谷子研究所和武安市农业农村局联合主办，邯郸东昌种业有限公司协办，在武安市召开“2019 年冀谷品种及轻简高效生产技术与产业发展培训会”。河北省农林科学院谷子研究所李顺国研究员、夏雪岩研究员分别对谷子产业发展与市场动态、谷子轻简高效生产技术等内容进行了培训。来自河北省各地的种植大户、合作社、家庭农场、企业负责人以及从事农业的基层农技人员共 160 多人参加会议。

2019 年 8 月 29 日，由联盟依托单位河北省农林科学院谷子研究所、河北省农林科学院旱作农业研究所和衡水市农业农村局、枣强县农业农村局在枣强县王常乡郭吕木村，联合召开“休耕区谷子绿色全程机械化生产技术现场观摩会”。河北省农业技术推广总站周进宝站长、衡水市农业局刘福庆副局长、枣强县陈国祝副县长、河北省农林科学院谷子研究所李顺国副所长参加了会议。参会人员还有衡水市农业农村局、枣强县农业农村局、河北东昌种业有限公司、武安市农业农村局、行唐县农业农村局、蔚县农业农村局、衡水市各县农业农村局技术人员、种植大户、企业、农民等共计 100 余人。会议参观了季节性休耕区衡水市枣强县王常乡郭吕木村 500 亩谷子绿色全程机械化生产技术示范田，示范田统一播种、统一施肥、统一病虫害防控、绿色全程机械化生产，长势良好，得到与会人员的一致好评。该次会议为促进季节性休耕区种植业结构调整起到很好的示范带动作用。

2019 年 9 月 24—25 日，在中国传统作物谷子黍子的发源地之一——河北省武安市举办“中国谷子文化与产业发展研讨会”，会议的主题是“挖掘谷子文化，对接健康中国，提升谷子产业，助力乡村振兴”。来自国家谷子高粱产业体系、河北省谷子产业技术创新战略联盟等从事谷子科研、生产、产业等有关专家、领导共计 170 余人参加了会议。省委决策咨询委员会副主任王慧军教授主持会议。中国工程院院士刘旭等 14 位专家学者从谷子文化与饮食、功能农业、谷子起源遗传学证据、杂粮与健康中国、粟文化传播路径、区域公用品牌、谷子品种与加工、谷子产业化等多角度、多层次做了大会报告。该次谷子文化与产业发展研讨会层次高、领域宽、参与人员多，这些都为健康中国的发展确定了物质基础，未来应加大谷子等杂粮产业的宣传、引导消费、改善膳食结构、研发深加工产品、拉动产业发展，为农民增收、农业增效、农村繁荣、绿色农业、社会稳定提供基础保障。该会议由河北省农林科学院、中国作物学会粟类作物专业委员会、河北省谷子产业技术创新战略联盟、河北省杂粮杂豆创新团队等单位主办，由武安市人民政府、河北省农林科学院谷子研究所承办。

2020 年 4 月 21 日，为了更好地完成院市合作、示范基地、创新工程等项目的任务，河北省农林科学院谷子研究所副所长李顺国研究员，带领谷子栽培与经济研究室成员，与武安市农业农村局联合，为了更好地防控疫情，分别在武安白府村、同会现代农业园区组织召开谷子绿色高效种植技术培训会。参加培训的人员主要为武安农业农村局技术骨干、种植企业、合作社、农户等 60 余人组成。培训会上，李顺国研究员介绍了谷子绿色高效种植技术及产业发展总体情况，夏雪岩研究员介绍了适宜当地的谷子绿色高效施肥与全程机械化生产技术，并就参会人员提出的急需解决的问题，给予悉心的技术指导。通过此次培训，参会人员对谷子绿色种植技术有了更全面的了解，并且提升了减施化肥绿色生产保障粮食安全的意识。

在提升联盟成员单位竞争力，服务河北省谷子产业发展方面，成员单位之间以成果转化和技术服务为重点积极开展深度合作。签订战略合作协议 3 个，转化品种经营权 6 个，技术服务协议 3 个，通过科企合作，实现了成果的就地转化和推广，在共同推动下，河北省良种覆盖率已达 70%以上，简化栽培和集雨保墒技术累计推广 80 余万亩，绿色病虫防控技术累计推广 250 余万亩，冀谷、张杂谷、衡谷、保谷系列品种已覆盖全国产区，巡天种业、东昌种业等企业实现盈利数万元，切实实现了科企双赢。

在国际合作方面，张家口市农业科学院加速技术和品种国际输出，承办 3 届“杂交谷子技术国际培训班”，培训 15 个亚非地区技术人员 61 人次。目前“张杂谷”已在埃塞俄比亚、乌干达、尼日利亚、纳米比亚、苏丹等 10 多个非洲国家试种成功，累计示范种植超过 3 000 亩，并在乌干达、尼日利亚、纳米比亚实现了产业化运营。2018 年布基纳法索和中国复交，杂交谷子作为首批援布项目走进布基纳法索，成为我国农业外交的有力抓手。2021 年布隆迪主动从乌干达引种种植，并获得成功，实现了东非杂交谷子平行性经验转移。2017 年参加亚太经合组织“粮食安全周”，受到了来自亚太经合组织各经济体和企业的广泛关注，为我国杂交谷子走出国门搭建了国际交流合作平台。

第二节　联盟开展决策咨询和产业服务

在决策咨询，服务河北省和全国谷子产业发展方面，联盟专家发挥专业优势，积极向各级部门建言献策，做好政府参谋。共向各级政府、农业农村厅、农业农村部各级部门提交《河北省优质谷子产业发展建议》《谷子产业提质增效推进方案》《2017 年登记作物发展报告——谷子发展报告》《已登记公告的谷子品种信息分析报告》等发展规划、政策建议、产业调研报告等 13 项，为全国谷子产业健康发展提供了决策支持。

联盟理事张家口市农业科学院赵治海研究员作为全国人大代表，行使代表权利，积极向全国人民代表大会建言献策，聚焦农业、粮食储备、扶贫、谷子产业发展、中非谷子产业合作等领域，提出建议 14 项。联盟理事河北省农林科学院谷子研究所李顺国研究员撰写了《倡导杂粮消费、服务健康中国战略的建议》提交了全国人民代表大会。

2018 年 12 月 27 日，联盟单位河北省农林科学院谷子研究所与河北东粮农业科技股份有限公司战略合作签约仪式在曲周县举行。河北省农林科学院王慧军教授、河北省农业厅原副厅长张文军、谷子研究所所长程汝宏研究员、副所长李顺国研究员，以及曲周县政府、县农牧局、科技局、扶贫办的领导参加签约仪式。谷子研究所与东粮公司本着“优势互补、互利互惠、讲求实效、共同发展”的原则，建立了长期战略合作伙伴关系。双方将围绕杂粮产业发展需求，聚集河北省杂粮产业技术创新资源，建立和发展杂粮产业公共技术创新平台，促进产学研深度融合，引领杂粮产业转型升级，提升河北省特色杂粮产业自主创新能力，打造小米等杂粮新名片和河北省高端品牌的现代农业精品园区，实现共创双赢的全新局面。

2019 年 3 月 2 日，联盟单位省谷子研究所专家参加由河北省杂粮研究实验室主任、河北省农林科学院原院长王慧军教授带领的杂粮专家团队到国家级贫困区张家口涿鹿县南山区开展产业扶贫调研。南山区是国家级重点贫困县，该区域光照充足，积温丰盈，作物生长期昼夜温差大，土壤岩性丰富，生态环境保持近乎原生状态，十分有利于高品质杂粮生产。

在服务全国谷子产业方面，以资源、品种、技术、产品为媒介，积极与外省市开展合作，先后与中国农业科学院、北京农业生物技术中心、新疆农业科学院、吉林省农业科学院等 13 家省外科研单位建立了广泛的合作，合作育成简化栽培抗除草剂品种 20 多个，鉴定抗病资源 650 余份，研发的集雨节水栽培技术、病虫害防控技术在全国十省市推广，手扶覆膜播种机在山区广泛使用，冀谷 35、冀谷 39、冀谷 42、衡谷 13 等品种在东北三省、内蒙古、新疆北部地区累计种植 50 余万亩，使简化栽培品种在全国产区的覆盖率达到 60%以上，为全国谷子产业发展提供了支撑。

在联盟单位之间，积极开展技术的引进和消化，保定市农业科学院和河北省农林科学院旱作农业研究所、承德市农林科学院等研究单位，引进河北省农林科学院谷子研究所抗除草剂材料，“十三五”时期共合作培育抗除草剂谷子品种 6 个，其中达到一级优质米的 2 个。

另外，联盟各单位，因地制宜，根据各地产业发展需求，研发了谷子与林果兼做套种技术和谷子与大豆套种技术等，针对黑龙港地区压采地下水需求，制定了谷子—冬绿肥技术规程，在威县等地示范推广 1 万亩；张家口市农业科学院针对坝上及草原气候特点，开展了在草原和沙漠飞播谷子技术，为谷子产业的多样化发展提供了思路。

第三节　联盟相关宣传报道

为促进我国谷子产业发展，联盟成员从粟文化入手，联合全国谷子专家开展了《谷子农谚、成语、典故、诗词搜集整理》和《中国谷糜专家传略》撰写工作，录制了粟文化纪录片《粟说：一粒小米的故事》，在 CCTV-7《农广天地》栏目播出，通过粟文化宣传有效促进了我国谷子产业的发展。

《人民日报》2017年3月31日头版，春耕生产一线栏目以《科学种田 越种越甜》为题报道了联盟单位河北省农林科学院谷子研究所武安基地建设情况。报道采用谷子研究所李顺国研究员的《多方发力春耕备耕，助推谷子产业发展》材料为脚本介绍了武安市在联盟单位谷子专家的指导下，种植合作社和谷子种植大户采用新品种新技术轻松种田，促进基地增产增收。

2018年9月18日，河北省政府网站、河北经济日报以《武安小谷子有大前景》为题报道了武安市在推动农业供给侧结构性改革过程中，以绿色谷子产业发展为重点，在联盟单位谷子研究所和武安市农牧局建立的谷子综合示范基地带动和扶持下，通过品种更新、新技术推广、深加工产品开发、知名品牌培育，实现了全产业链的提档升级，将小谷子做成大产业的发展成果，示范基地建设工作再添硕果。

武安谷子综合示范基地是谷子研究所的传统示范基地，2004年以前，武安谷子生产基本处于自然发展状态，品种杂乱，品质优劣不齐，单产每亩150千克左右，间苗除草全部靠人工，种植效益低。基地建成后，谷子研究所在河北省农林科学院支持下，从品种和技术更新入手，通过10余年的努力，使武安地区优良品种覆盖率达到95%以上，生产品种全部达到一级优质米标准。推广应用了简化栽培技术、谷子集雨高效生产技术、农机农艺结合生产技术、富硒谷子栽培技术、测土配方施肥技术，实现了亩增产100千克以上，亩节支增收300余元；同时，在基地建设过程中注重全产业链发展和可持续发展，构建了“科研单位+政府+合作社+企业”的产业发展模式，与武安市政府合作，培育了“龙仓”“绿洺源”“晶秋”“磁山粟”等畅销全国的知名品牌，指导建设了武安小米文化产业园区，协助企业开发了小米胚芽粉、营养乳、谷糠油、果酿小米酒等众多新产品，延伸了产业链条，盘活了整个谷子产业链，使武安市谷子产业焕发出勃勃生机。目前武安市谷子综合示范基地，已经发展成为服务河北、面向全国的新品种、新技术展示基地、辐射基地，将在带动全省乃至全国谷子产业发展中发挥更大的作用。

由联盟单位河北省农林科学院谷子研究所参与出资拍摄的粟文化纪录片《粟说：一粒小米的故事》，于2018年12月24—27日19:00在CCTV-7《农广天地》栏目播出。拍摄粟文化纪录片的初衷是为了坚决贯彻落实中共十七届六中全会明确的建设“文化强国”的战略目标，以及2016年5月17日，习近平在哲学社会科学工作座谈会上的讲话中强调的“我们说要坚定中国特色社会主义道路自信、理论自信、制度自信，说到底是要坚定文化自信”和同年11月30日，习近平在中国文联十大、中国作协九大开幕式上的讲话中强调的“文化自信，是更基础、更广泛、更深厚的自信，是更基本、更深沉、更持久的力量”指示精神。以深入挖掘和弘扬粟文化为切入点，积极推进“文化+杂粮产业”深度融合，以文化带动杂粮产业的发展。该片于2016年年底开始谋划，2017年初开机拍摄，拍摄团队历时22个月，足迹踏遍了新疆、贵州、安徽、浙江、山东、陕西、甘肃、河北、河南、内蒙古、吉林、山西、北京13个省（自治区、直辖市）。采访了联盟单位多位专家，在河北省农林科学院谷子研究所、试验站和示范基地采景拍摄，经过多次专家论证修改，制作完成了粟源、粟种、粟味和粟魂4集共120分钟的纪录片，从历史、人文、考古、科学、美食、风俗等多个方面讲述粟文化在中华文明传承中的重要作用。在纪录片播出前，通过《农广天地》栏目微信、微博对纪录片进行了宣传，直接点击量在30万次以上，播出收视率在0.3%左右。该片的播出在观众中引起广泛反响，对传播粟文化和发展杂粮产业起到推动作用，进一步提升了粟文化软实力。

2019年7月17日《人民日报》第7版以《让“张杂谷”香飘南疆大地》为题，报道了联盟单位张家口市农业科学院派出援疆干部，在新疆和硕县援疆，为了让当地农牧民群众走出贫困、实现增收，引入杂交谷子张杂谷种植，一届接着一届干，苦干8年把谷子做成产业，让张杂谷飘香在南疆大地上。张杂谷也成为和硕县农民增收致富的金色产业，并成为河北省科技产业援疆的知名品牌，胡春华副总理对张杂谷产业扶贫的成功实践表示了肯定，并指示要予以梳理总结、交流推广。

联盟成立到“十三五”末，联盟有1人获得“工人先锋号”殊荣，1人获得“河北省优秀科技工作者”称号，1人获评2018中国发展十大改革创新人物，3人被各级政府授予“优秀科技服务专家”称号。联盟成员单位工作业绩被人民日报和河北日报、河北科技报、河北电视台等媒体报道28次，得到了农民和当地政府的广泛认可。

附　录

附录1　谷子全产业链绿色生产技术规程

河北省谷子主要分布在太行山、燕山及黑龙港流域，常年种植面积300万亩左右，面积约占全国的1/5，产量约占全国的1/4，贸易量占全国的1/3，主要有石家庄藁城、沧州孟村、张家口蔚县、邯郸曲周四大小米集散地，谷子加工企业（含家庭式加工厂）约有300家，其中精包装品牌优质小米企业有80余家，小米深加工的企业有20余家，家庭式小米加工厂200余家，谷子产业发展前景广阔。

新形势下，谷子种植主体、栽培模式、产业方向、技术需求发生重大变化，一是河北省是地下水超采综合治理重点区域，季节性休耕田达到200万亩且为传统夏播区，抗旱性突出的谷子等杂粮作物成为首选作物，实施休耕后急需谷子早播增效生产技术；二是山前平原两年三作区麦茬谷子贴茬播种、化肥减施等方面还缺乏标准化生产技术；三是在产后加工方面，质量追溯体系尚未建立和推广，限制了谷子产业绿色高质量发展。

为解决上述问题，河北省农林科学院谷子研究所承担的院创新工程“谷子全产业链绿色生产技术规程”项目，旨在吸收前人研究成果基础上，结合自身技术创新，将目前生产上最新应用的和自研即将推广的技术进行了全产业链集成，形成了《河北省谷子全产业链绿色生产技术规程》（3.0版本），期望能为河北省乃至全国谷子绿色、高质量生产提供可靠的技术支撑。

本规程主要从产地与生产条件、投入品使用原则、栽培管理、加工工艺及质量追溯体系等环节来阐述谷子全产业链绿色生产技术要点。本规程列举了当前河北省谷子生产的主要种植茬口和栽培形式，同时由于各地气候差异较大，管理水平不尽一致，本规程中的一些如播期、肥料种类及用量、农药种类及用量等指标难免存在差异，可因地制宜进行调整。随着产业转型升级，不断将最新的科研成果予以更新。

本技术规程由河北省农林科学院提出。起草单位：河北省农林科学院谷子研究所。本技术规程主要起草人：刘猛、李顺国、夏雪岩、崔纪菡、马继芳、刘敬科、程汝宏、赵宇、董立、杨志杰、刘建军。

本技术规程适用于河北省谷子生产区，也适用于全国其他相同生态类型区。

本技术规程在制定过程中主要参考借鉴的标准：DB13/T 1059—2009《杂交谷子栽培技术规程》、DB13/T 840—2007《无公害谷子（粟）主要病虫害防治技术规程》、DB13/T 1519—2012《绿色食品　谷子生产技术规程》、DB13/T 2320—2015《富硒谷子生产技术规程》、DB13/T 2231—2015《油葵谷子一年两作栽培技术规程》、DB13/T 2558—2017《马铃薯谷子一年两作栽培技术规程》、DB13/T 2153—2014《杂交谷子高产节水栽培技术规程》。

本技术规程中主要技术来源：河北省农林科学院谷子研究所自主研发集成的《绿色食品谷子生产技术规程》《谷子简化栽培技术规程》《谷子农机农艺结合生产技术规程》《绿色食品 粟米生产加工技术规程》以及目前正在研发的谷子—绿肥生产技术、谷子化肥减施增效生产技术、谷子保水剂生产技术等阶段性成果。

本规程为谷子绿色生产技术规程，品种选择抗拿捕净谷子品种，拿捕净除草剂符合绿色生产技术要求，咪唑啉酮和烟嘧磺隆除草剂不符合绿色食品要求；谷子集雨高效生产技术采用绿色可降解的保水剂生产技术，没有采用地膜覆盖技术。

1 栽培管理

1.1 播前准备

1.1.1 茬口选择

前茬一般选择小麦、豆类、薯类、花生、玉米、高粱等作物，进行 2~3 年轮作倒茬。同时前茬使用的肥料、农药、除草剂、生长调节剂均符合绿色食品生产要求。

1.1.2 整地

一年一作区前茬作物收获后进行冬前或第二年春天深翻，深度达 20~30 厘米，同时每亩施入农家肥 1 000~1 500 千克或者有机肥 100~200 千克；季节性休耕区，在 4 月中下旬绿肥生物量累积最高时期进行粉碎、翻耕，深度 20~25 厘米，做到上虚下实，播前进行旋耕；夏播麦茬地机械粉碎麦茬后，进行免耕播种。

1.2 品种选择

选择已登记的优质、抗拿捕净、适合机械化收获的谷子常规种和杂交种。品质达到中国作物学会粟类作物专业委员会优质米鉴评一级、二级优质米标准；谷子秆高 1.4 米以下适合机械化收获；抗白发病、谷瘟病、锈病等主要病害。

1.3 播种

1.3.1 播种时期

燕山、太行山及季节性休耕区等雨养旱作区 4 月下旬后等雨播种。山前平原两年三作区麦茬地小麦收获后等雨或造墒播种。春播不晚于 5 月 30 日，夏播不晚于 7 月 15 日。

1.3.2 播种方式

大地块采用与拖拉机配套的多行谷子精量条播机，其中麦茬地使用具有单体仿形功能的免耕播种机，播深均匀一致。种植行距 40~50 厘米。播种深度为 3~5 厘米，覆土要均匀一致，并及时镇压。小地块采用人工或畜力牵引的单、双行精量播种机。

1.3.3 施肥

种肥不同播的小地块播前旋耕时亩施入氮磷钾三元复合肥（氮磷钾总量≥40%，氮≥18%）30~40 千克、生物有机肥 100~200 千克；种肥同播地块亩施入氮磷钾三元复合肥（氮磷钾总量≥40%，氮≥18%）10~30 千克（麦茬地酌情减施复合肥），生物有机肥 50~100 千克，深度 5~8 厘米；降水量在 380~450 毫米的旱作雨养区，施肥同时亩施入绿色新型保水剂3~5千克。

1.3.4 播种量

一般播种量0.3~0.6千克/亩，严格按照品种说明书执行。

1.3.5 留苗密度

一般春谷常规种留苗密度为2万~3万株/亩，杂交种留苗密度1万~2万株/亩；夏谷常规种留苗密度为3万~6万株/亩，杂交种留苗密度2万~3万株/亩。具体按照品种说明书执行。

1.4 田间管理

1.4.1 间苗、除草

抗拿捕净除草剂品种一般在谷苗3~5叶期，杂草2~3叶期，或出苗后10~15天均匀喷施配套除草剂，12.5%的烯禾啶80~100毫升/亩。阔叶杂草采用二甲四氯（二甲四氯胺盐水剂，有效成分750克/升）40毫升加水30千克喷施或者20%绿氟吡氧乙酸异辛酯40~50毫升加水30千克喷施。注意要在晴朗无风、12小时内无雨的条件下喷施，喷施时垄内和垄背都要均匀喷施，并确保不使药剂飘散到其他谷田或作物。可使用喷药机、无人机喷施。

1.4.2 中耕、追肥

在苗高35~45厘米或出苗后30天左右，采用中耕施肥机进行中耕施肥，亩追施尿素5~10千克。中耕后要求土块细碎，沟垄整齐，肥料裸露率≤5%，行间杂草除净率≥95%，伤苗率≤5%，中耕除草施肥深度3~5厘米。

1.4.3 叶面追肥

叶面追肥与大量元素配合，追施谷子必需的微量元素。在拔节期或者灌浆期亩喷施0.2%~0.3%磷酸二氢钾100~150克，加水30千克；有富硒农产品需求可亩喷施1.5%~2.0%亚硒酸钠富硒叶面肥80~100克，加水30千克。喷药方式采用人力背负式喷雾器或遥控无人机进行作业。

1.4.4 病虫害防治

本技术规程病虫害防治采用了一喷多防技术：

出苗后10~15天：间苗除草治虫防病。拿捕净除草剂+菊酯（4.5%高效氯氰菊酯乳油）+10%吡虫啉可湿性粉剂或1.8%阿维菌素+10%苯醚甲环唑+5%菌毒清可湿性粉剂或3.8%三氮唑核苷·铜·锌（病毒必克）+叶面肥等，防治苗期病虫害——主要包括玉米螟、粟灰螟、粟芒蝇、蚜虫、飞虱等，兼治蟋蟀、土蝗、叶蝉，预防病毒病、谷瘟病。注意：药现用现配，不能与碱性的农药混用。

抽穗前：康宽（200克/升氯虫苯甲酰胺）和菊酯类（5%高效氯氟氰菊酯）30毫升，或25%三唑酮可湿性粉剂30g，或威远多彩（325克/升嘧菌酯）30毫升，防治玉米螟、黏虫、棉铃虫和穗瘟病、谷锈病等。

成株期：抽穗后用4.5%高效氯氰菊酯EC 1 000倍液或20%氰戊菊酯EC 1 000~1 500倍液、或20%氯虫苯甲酰胺SC 3 000倍液等杀虫剂，与20%三环唑WP 1 000倍液或40%稻瘟灵EC 500~800倍液等杀菌剂混合，全田喷雾。可防治玉米螟、粟灰螟、黏虫、谷瘟病，兼治棉铃虫、双斑长跗萤叶甲、椿象、红蜘蛛、谷锈病等。药剂随用随配，并严格按照农药安全间隔期使用。

视实际病害发生情况进行防治时，可添加与之不反应的其他药剂进行其他病虫害防治，也可以同时结合微量元素、微肥（叶面营养）一次性喷施，实现“一喷多用”生产技术。

病虫害防治使用的药剂应选择符合绿色食品生产的农药。主要病虫害防治见下表。

主要病虫害防治方法

病害	防治时期	化学防治	物理防治	生物防治
白发病	种子包衣、苗期	用 35%精甲霜灵 ES，按种子重量的 0.2%～0.3%拌种，苗期可用含精甲霜灵成分的药剂全田喷雾	成株期及时拔除	–
线虫病	种子包衣	用 40%辛硫磷 EC，按种子重量的 0.3%拌种。避光堆闷 4 小时，晾干后播种	–	–
褐条病	拔节—孕穗期	72%农用硫酸链霉素 4 000 倍液或 20%噻森铜悬浮剂 500 倍液喷雾，隔 7 天防治 1 次，连防 2～3 次	–	–
谷瘟病	拔节—孕穗期、成株期	在田间初见叶瘟病斑时，可选用 2%春雷霉素可湿性粉剂 500～600 倍液喷雾。如果病情发展较快，5～7 天再喷 1 次。为了预防后期穗瘟，在齐穗期可针对穗部进行 1 次防治	–	–
谷锈病	拔节—孕穗期、成株期	田间病叶率 1%～5%时用 20%三唑酮乳油 1 000～1 500 倍液，间隔 7～10 天再防治 1 次	–	–
玉米螟	拔节—孕穗期、成株期	拔节—孕穗期、成株期，用 1.8%阿维菌素乳油 1 000 倍液、20%氯虫苯甲酰胺悬浮剂 3 000 倍液、4.5% 高效氯氰菊酯乳油 1 000 倍液针对叶背和茎秆喷雾	成虫采用太阳能杀虫灯、频振式杀虫灯	赤眼蜂、性诱剂
粟灰螟	苗期、拔节—孕穗期	苗期、拔节—孕穗期，重点防治二三代幼虫为害，可用 4.5%高效氯氰菊酯乳油在幼虫钻蛀前针对谷子茎基部喷雾	成虫采用太阳能杀虫灯、频振式杀虫灯	赤眼蜂、性诱剂
黏虫	拔节—孕穗期、成株期	拔节—孕穗期、成株期，用 20%氯虫苯甲酰胺悬浮剂 3 000 倍液、20%除虫脲悬浮剂 800 倍液或用 10%氟啶脲乳油 1 500 倍液喷雾。也可用 20%氰戊菊酯乳油 1 000～1 500 倍液、4.5%高效氯氰菊酯乳油 1 000 倍液，任选其一喷雾	成虫采用太阳能杀虫灯、频振式杀虫灯	赤眼蜂、性诱剂

根据上面的化学防治方法，平原区、具备作业条件的丘陵山区可采用中小型拖拉机配套的悬挂喷杆式喷雾机，也可采用人力背负式喷雾器或遥控无人机进行作业。

2　收获与晾晒

2.1　收获方式

收获在蜡熟末期，当籽粒变硬、籽粒的颜色变为本品种的特征颜色，95%以上成熟。小地块采用分段收获方式，即割晒机割倒后晾晒 3 天左右后采用脱粒机脱粒；大地块采用谷物联合收获机收获。

2.2　收获机械选择

割晒机：按照谷子割晒机使用说明书的规定进行操作。选择多功能割晒机。作业要求：割茬高度≤100 毫米；总损失率≤8%；铺放质量 90°±20°。

脱粒机：选择小型谷穗脱粒机或整株脱粒机，脱净率超过 98%，破碎率小于 0.5%，含杂率小于 5%。按照谷子脱粒机使用说明书进行操作。

联合收割机：生产上常用机型常发佳联、雷沃谷神、约翰迪尔、星光等联合收割机；或其他谷物联合收获机，更换谷子收获专用分禾器，调整脱粒滚筒与分离筛间隙，调整风机风量。作业质量：9.2，留茬高度≤200 毫米；总损失率≤4%；破碎率≤3%；含杂率≤5%。

2.3　晾晒、烘干

收获脱粒后，及时晾晒脱水，水分达到 13%时贮藏。有足够的场地及时晾晒或者烘干设备进行烘干，严防霉烂变质。保证不发霉、不变质，不发生二次污染。

小规模谷子生产可在晒场自然晾晒，禁止在砂土场、公路上晾晒。规模化生产的谷子采用烘干设备，根据谷子产量选择烘干机型号和配置。

3　谷子包装、贮藏和运输

3.1　包装

A 级绿色食品包装材料一般选择纸类、金属类、玻璃制品、塑料制品（聚氯乙烯制品，其单体含量符合 GB 9681；聚苯乙烯树脂或成型品应符合相应国家标准）等。包装的体积和质量应限制在最低水平，包装实行减量化，以满足食品包装的基本要求。谷子包装的材料一般选择塑料制品，如塑料编织袋等。

3.2　贮藏

用于贮藏谷子的设施结构和质量应符合相应食品类别的贮藏设施设计规范的规定；不使用对食品产生污染或潜在污染的建筑材料与物品；贮藏环境必须洁净卫生，并远离污染源，同时定期打扫和消毒；贮藏设施应具有防虫、防鼠、防鸟的功能；贮藏方式应保证绿色食品的质量不受影响，不与非绿色食品混放；贮藏设施应具有调节相应食品贮藏的温度、湿度和通风等要求。可降解食品包装与非降解食品包装应分开贮藏。

谷子的贮藏设施应具有防虫、防鼠、防鸟的功能；贮藏方式应保证绿色食品的质量不受影响，不与非绿色食品混放；贮藏设施应具有调节相应食品贮藏的温度、湿度和通风等要求。

3.3　运输

谷子运输应专车专用，不应使用装载过化肥、农药、粪土及其他可能污染食品的物品而未经清污处理的运输工具运载绿色食品。运输工具在装入绿色食品之前应清理干净，必要时进行灭菌消毒，防止害虫感染。运输工具铺垫物、遮盖物等应清洁、无毒、无害。

4　加工工艺流程及其控制

4.1　工艺流程

4.1.1　清选除杂

谷子依次通过吸风分离器、初清筛、振动筛、循环风去石机或比重去石机与磁性去杂器，除去谷物中所含草秆、谷码、草籽、谷秕子、沙、土、石与铁性微粒等杂质。原粮净度达≥98.00%，不完善粒≤1.5%，水分≤13%，色泽、气味正常。

4.1.2 砻谷

通过砻谷机进行2道砻谷，去除谷壳。1道砻谷脱壳率≥50%，2道砻谷脱壳率≥80%。

4.1.3 碾米

通过碾米机进行精碾，去除米糠，加工精度≥90%，碎米率≤4%，温度控制在55℃，一般碾米2~3道。

4.1.4 降温

大型米厂采用筛眼圆筒型设备自然降低小米温度到30℃左右，也可以外加降温设备。

4.1.5 抛光

抛光温度控制在55℃左右，使小米表面光亮。碎米率≤4%，含糠粉率≤0.1%。

4.1.6 色选

通过色选机去除米中异色杂质与异色米粒，使小米色泽一致、色选精度达≥99.90%。

4.1.7 其他要求

在绿色食品小米加工的全过程中，禁止使用任何食品添加剂。绿色食品小米加工应配备专用设备，如果必须与常规加工共用设备，可在常规产品加工结束、绿色食品加工开始前，先用少量绿色食品谷子原料进行加工，将残存在设备里的前期加工物质清理出去（即冲顶加工）。冲顶加工的小米不能作为绿色食品销售。

4.2 小米包装、贮藏、运输

4.2.1 包装

A级绿色食品包装材料一般选择纸类、金属类、玻璃制品、塑料制品（聚氯乙烯制品，其单体含量符合GB 9681；聚苯乙烯树脂或成型品应符合相应国家标准）等。包装的体积和质量应限制在最低水平，包装实行减量化，以满足食品包装的基本要求。小米包装可以根据需要选择纸类、金属类、玻璃制品、塑料制品等材料。

4.2.2 贮藏

用于贮藏小米的设施结构和质量应符合相应食品类别的贮藏设施设计规范的规定；不使用对食品产生污染或潜在污染的建筑材料与物品；贮藏环境必须洁净卫生，并远离污染源，同时定期打扫和消毒；贮藏设施应具有防虫、防鼠、防鸟的功能；贮藏方式应保证绿色食品的质量不受影响，不与非绿色食品混放；贮藏设施应具有调节相应食品贮藏的温度、湿度和通风等要求。可降解食品包装与非降解食品包装应分开贮藏。

4.2.3 运输

小米运输应专车专用，不应使用装载过化肥、农药、粪土及其他可能污染食品的物品而未经清污处理的运输工具运载绿色食品。运输工具在装入绿色食品之前应清理干净，必要时进行灭菌消毒，防止害虫感染。运输工具铺垫物、遮盖物等应清洁、无毒、无害。

4.3 检验控制与判定

4.3.1 检验设施

加工厂要具有相应的检验室和检验设施，或者送样到具有资质的检测单位进行检验。

4.3.2 产品抽样

随机抽取同一生产单位、同一组批次的产品。视情况以分层、分方向结合或只分层（上、中、下三层）或只分方向方式抽取。抽取样品 1 千克。谷子和小米抽样按 NY/T 896 中规定执行。

4.4 标志、标签

标志、标签应清晰、醒目、持久，应使消费者购买时易于辨认和识别；应通俗易懂、有科学依据，不得标示有封建迷信、色情、贬低其他食品或违背营养科学常识的内容；应真实、准确，不得虚假、夸大、使消费者误解或欺骗性的文字、图案等方式介绍食品，也不得利用字号大小或色差误导消费者。

5 谷子（小米）质量追溯系统

5.1 编码方法

5.1.1 种植环节

5.1.1.1 产地编码

地块编码档案包括区域、面积、产地环境等。

5.1.1.2 种植者编码

生产、管理相对统一的种植户、种植组统称为种植者，应对种植者进行编码，并建立种植者编码档案。种植者编码档案包括以下信息：姓名或户名、组名、种植区域、种植面积、种植品种。

5.1.1.3 收获者编码

生产、管理相对统一的收获户、收获组统称为收获者，应对收获者进行编码，并建立编码档案。编码档案包括以下信息收获者姓名或户名、组名、收获数量、收获区域、收获面积、收获品种、收获质量。

5.1.2 加工环节

5.1.2.1 收购批次编码

应对收购批次编码，包括以下信息：数量、收购标准。

5.1.2.2 加工批次编码

应对加工批次编码，包括以下信息：加工工艺或代号。

5.1.2.3 包装批次编码

应对包装批次编码，包括以下信息：小米等级、产品检测结果。

5.1.2.4 分包设施编码

应对分包设施编码，包括以下信息：位置、防潮状况、卫生条件。

5.1.2.5 分包批次编码

应对分包批次编码，并记录大包装追溯编号，形成小包装追溯编号，分包后产品库存设施编码。

5.1.3　贮运环节

5.1.3.1　贮藏设施编码

应对贮藏设施按照位置编码，包括以下信息：位置、通风防潮状况、环境卫生安全。

5.1.3.2　贮藏批次编码

应对贮藏批次编码，并记录入库产品来自的运输批次或逐件记录。

5.1.3.3　运输设施编码

应对运输设施按照位置编码，包括以下信息：防潮状况、环境卫生安全。

5.1.3.4　运输批次编码

应对运输批次编码，并记录运输产品来自的存储设施或包装批次或逐件记录。

5.1.4　销售环节

5.1.4.1　出库批次编码

应对出库批次编码，并记录出库产品来自的库存设施或逐件扫描记录。

5.1.4.2　销售编码

销售编码可用以下方式：一是企业编码的预留代码位加入销售代码，成为追溯码。二是在企业编码外标出销售代码。

5.2　信息采集

5.2.1　产地信息

产地编码、种植者档案、产地环境监测，包括取样地点、时间、监测机构、监测结果等信息。

5.2.2　原粮贮藏信息

原粮贮藏信息、交收检验小样信息，包括其分级、贮存位置、贮存时间、贮存环境等信息。

5.2.3　加工包装信息

加工包装批次、加工包装日期、加工包装设施、投入品来源与使用剂量、包装材质来源、包装规格等信息。

5.2.4　产品贮藏信息

库号、日期、设施、环境条件、保管员等信息。

5.2.5　产品运输信息

产品、运输工具、环境条件、日期、起止地点、数量等信息。

5.2.6　产品销售信息

分销商、零售商、进货时间、上市时间等信息。

5.2.7　产品检验信息

产品来源、检测日期、检测机构、检验结果等信息。

5.3　信息管理

5.3.1　信息存储

企业（组织或机构）应建立信息管理制度。对纸质记录应及时归档，电子记录应每 2 周备份一次，所有信息档案应保存 2 年以上。

5.3.2　信息传输

各环节操作结束时，应及时通过网络、纸质记录等以代码形式传递给下一环节，企业编辑后将质量安全追溯信息传输到指定机构。

5.3.3　信息查询

应建立以互联网为核心的追溯信息发布查询系统，信息分级发布。鼓励企业（组织或机构）建立质量安全追溯的短信、语音和网络查询终端。内容至少包括种植者、产品、产地、加工企业、批次、质量检验结果、产品标准。

5.4　追溯标识

具体指谷子（小米）经过生产、加工、包装等过程形成最终产品应同时形成追溯标识，它是质量追溯信息的载体或查询媒介；追溯标识内容应包括追溯码、信息查询渠道、追溯标志；追溯标识载体根据包装特点采用不干胶纸制标签、锁扣标签、捆扎带标签等形式，标签规格大小由企业（组织或机构）自行决定。

5.5　质量追溯体系运行自查

企业应建立追溯体系的自查制度、定期对谷子质量追溯体系的实施计划和运行情况进行自查，具体符合 NY/T 1761—2009《农产品质量安全追溯操作规程　通则》的规定。

5.6　质量安全问题处置

谷子（小米）生产、加工、流通各环节企业应对上一环节提供的产品进行验收，对追溯信息进行核实。如发现问题，按相关规定对该批次产品取回或销毁等措施。谷子（小米）出现质量问题时，企业应依据追溯体系，迅速界定产品涉及范围，提供相关记录，确认追溯深度，确定谷子（小米）质量问题发生地点、时间、追溯单元和责任主体，为问题处理提供依据。

附录 2　河北省谷子产业技术创新战略联盟介绍

河北省种植谷子历史悠久，谷子是河北省的传统特色优势作物。河北武安磁山文化遗址出土的大量碳化谷子见证了我国 8 700 年的谷子栽培历史，蔚县“桃花米”和“中国小米之乡”武安的武安小米全国知名。河北省一直是全国的重要谷子产区和集散地。多年来河北省谷子面积占全国的 1/4，产量占全国的 1/3，贸易量占全国的 1/2，石家庄藁城马庄、沧州孟村、张家口蔚县吉家庄、邯郸曲周四大小米集散地，行销全国。河北省谷子研究历史悠久，在全国乃至世界上处于领先地位，全国最早成立的谷子专门研究机构河北省农林科学院谷子研究所一直是全国谷子研究领域的排头兵，同时作为国家谷子改良中心的依托单位全国知名。张家口市农业科学院的杂交谷子研究世界领先。这些都为河北省的谷子研究和产业发展奠定了坚实的基础。2014 年河北省农林科学院谷子研究所针对河北省谷子存在的问题及现状，根据《国家中长期科学和技术发展规划纲要（2006—2020 年）》和 2008 年科技部、财政部、教育部、国资委、中华全国总工会、国家开发银行六部门联合发布《关于推动产业技术创新战略联盟构建的指导意见》，联合河北省 9 家谷子专门研究机构，以及河北科技大学和 12 家谷子知名生产、加工企业，谋划组建河北省谷子产业技术创新战略联盟。拟以产业联盟为平台，通过产学研结合，针对河北省及全国谷子产业发展存在的问题、技术需求，开展谷子全产业链技术创新，为河北省谷子产业发展提供技术支撑，促进我省谷子产业的健康发展，进而带动全国谷子产业水平的提升。

经过一年多筹划，2015 年 9 月 14 日，在河北省科学技术厅和河北省农林科学院领导的共同见证下，由河北省农林科学院谷子研究所牵头组建的“河北省谷子产业技术创新战略联盟”启动会在邯郸武安市召开。河北省农林科学院副院长王海波、河北省山区经济技术开发办公室主任张国庆、国家谷子糜子产业技术体系首席科学家刁现民研究员到会祝贺，并对联盟今后的工作提出了殷切希望。来自河北省涉及谷子行业的科研单位、种子企业、小米加工企业、小米深加工企业等 22 家联盟成员单位负责人、全省谷子行业相关人员共 100 余人参加了会议。启动会通过了河北省谷子产业技术创新战略联盟章程，选举联盟理事长、副理事长、秘书长。明确了产业联盟主要工作任务：通过产学研结合，针对河北省及全国谷子产业发展存在的问题、技术需求、产业瓶颈，开展谷子全产业链技术创新，为河北省谷子产业发展提供技术支撑，进而带动全国谷子产业水平的提升。主要在基因发掘鉴定与分子育种技术创新，优质、高产、多抗、功能谷子新品种选育，高产、高效生产关键技术研究与集成，产后加工关键技术研发与产业化开发，优势区域布局与信息平台建设等方面进行攻关，突破产业瓶颈，进一步确立河北省在谷子科研、生产、市场上的领先地位，促进河北省乃至全国的谷子产业发展。

河北省谷子产业技术创新战略联盟第一届成员单位共汇聚了研究机构 9 个、高校 1 个，谷子知名生产、加工企业 12 个，同时仍有 10 多个企业和合作社等新型经营主体要求加入。联盟将河北省与谷子相关产业的科研、高校、企业以谷子产业为纽带紧密地联合在一起，形成了谷子全产业链的创新驱动团队。通过联盟这个平台，整合了河北省谷子研发、生产、经营等领域的优势力量，实现优势互补、互利共赢，对于提高河北省谷子产业在全国乃至国际上的竞争优势，促进河北省谷子产业的协调发展，协力攻关突破谷子产业的瓶颈具有积极的意义。

河北省谷子产业技术创新战略联盟作为一个产学研结合的平台、成果转化的平台、技术推广的平台、产业信息交流的平台，正在发挥着积极的作用。通过这一平台的运作，对于抓住京津冀一体化、加快转变农业发展方式的战略机遇，促进河北省谷子产业技术创新，加速河北省谷子技术革新、品种更新、产品创新，提升谷子产业的生态价值、休闲价值和文化价值，将谷子产业打造成河北省的特色产业、朝阳产业、优势产业，具有积极的意义。

附录 3　河北省谷子产业技术创新战略联盟成员单位

1. 河北省农林科学院谷子研究所

河北省农林科学院谷子研究所是国家谷子改良中心、河北省杂粮研究实验室依托单位，围绕谷子设有资源、生物技术、育种、栽培、植保、加工、产业经济等学科，形成了谷子全产业链研究体系。主持国家和省部级科研项目 50 多项，获得省部以上奖励 52 项，其中，国家科技进步奖二等奖 2 项，省长特别奖 1 项，省部级一等奖 4 项，审（鉴）定品种 33 个，获发明专利 22 项，鉴定标准 11 项，出版著作 13 部，发表论文 1 000 多篇，其中 SCI 检索论文 34 篇。

2. 张家口市农业科学院

张家口市农业科学院是国家谷子改良中心杂交谷子分中心、河北省杂交谷子工程技术研究中心依托单位，围绕谷子设有资源、生物技术、育种、栽培、植保等学科，在杂交谷子研究方面成绩显著。主持国家和省部科研项目 50 多项，获得省部级以上奖励 60 余项，其中，国家科技进步奖二等奖 3 项，省突出贡献奖 2 项，省部级一等奖 1 项，审（鉴）鉴定品种 120 多个，获发明专利 2 项，鉴定标准 40 多项，出版著作 10 多部，发表论文 600 多篇。

3. 河北省农林科学院旱作农业研究所

河北省农林科学院旱作农业研究所具有国家产业体系 4 个综合试验站、农业农村部潮土野外观测试验站、耕地保育观测试验站等 10 多个科研平台。主持参加各类课题 600 多项，其中，国家级 180 项、省部级 210 项，先后获得科技成果 100 多项，其中国家科技进步奖 15 项，省部级 62 项，获河北省科技突出贡献奖 1 项。60 个作物新品种通过审定，研制出农业新产品、新技术 30 多个。获得国家专利 30 余项，获植物品种权 15 项，发表论文 1 000 余篇。

4. 承德市农林科学院（河北省承德市农业科学研究所）

河北省承德市农业科学研究所是以粮食作物为主的农业综合科研单位。研究内容以农作物玉米、谷子、大豆育种为主，现为国家谷子糜子产业技术体系承德综合试验站，同时进行耕作、栽培、土肥、植保方面的研究。建所以来，完成各级研究课题 146 项；获奖成果 65 项，其中，国家级奖励 4 项，省部级奖励 31 项，市级奖励 30 项。获发明专利（植物新品种权保护）4 项，出版著作 9 部，发表论文 600 余篇。

5. 沧州市农林科学院

沧州市农林科学院是沧州唯一农业研究单位，开展谷子育种、资源、栽培等研究已有 50 多年的历史。主持和承担了多项国家、省部级、市以及横向联合项目。获得各级科技成果 6 项，其中农牧渔业部一等奖 1 项，省级 1 项；审（鉴）定品种 7 个，发表学术论文 50 多篇，其中 2 篇有关谷子倒伏的研究发表在 SCI 检索期刊，关于谷子倒伏方面的研究处于国内乃至国际的领先水平。

6. 保定市农业科学院

保定市农业科学院是保定市唯一一家综合性农业科研单位，设有谷子、小麦、玉米、棉花、豆类、油料和综合实验7个研究室。现有国家谷子糜子产业技术体系综合试验站等3个国家试验站，1个河北省产业体系试验站。谷子专业有55年的研究历史，曾承担省部、市级谷子科研项目40余项，曾获河北省山区创业二等奖1项，市级奖励5项，省审定谷子品种2个，市级鉴定品种2个，近年国家鉴定谷子品种4个，发表谷子方面论文50余篇。

7. 河北科技大学

河北科技大学是省部共建重点高校，是科技部主持的抗生素产业技术创新战略联盟和维生素产业技术创新战略联盟成员单位；拥有国家生物产业基地石家庄生物制造公共实验中心。近5年来，共承担国家“973”、“863”、国家自然科学基金等国家级课题70多项。食品学科创立于1981年，目前承担科技部“十二五”国家科技支撑课题“粗粮及杂豆食用品质改良及深度加工关键技术研究与示范”，主要开展中国谷子的功能性质研究与应用。

8. 河北省农业机械化研究所有限公司

河北省农业机械化研究所有限公司隶属于河北省农林科学院，主要从事各种农用机械的开发和研究工作，国家谷子糜子产业体系农机岗位的依托单位，在谷子生产全程机械化方面成果显著，研发了谷子播种机、中耕机、脱粒机，引进改制了谷子联合收割机，提高了我国谷子产业的机械化水平。

9. 武安市农业农村局

武安是中国小米之乡。武安市农业农村局现有中高级以上职称农业技术人员55人，其中研究员1名，高级农艺师14名，与河北省农林科学院谷子研究所长期合作，建成了谷子新品种新技术示范基地2万余亩，谷子生产基地30万亩，有洺河源土特产有限公司等多家大型小米加工企业，创建了“绿洺源”“磁山粟”“洺水源”等知名品牌，2014年11月，“绿洺源”牌小米在第十五届中国绿色食品博览会上获得金奖。

10. 蔚县农业农村局

蔚县是河北省谷子生产大县，已有千余年的栽培历史。年种植20万亩左右，是“河北谷子之乡”。桃花米是我国四大名米之一。蔚州牌蔚州贡米、“萝川”牌小米均通过有机食品标志认证；蔚州贡米（蔚州小米）被国家质检总局批准为地理标志保护产品。蔚县农业农村局与河北省农林科学院合作推广谷子新品种、地膜覆盖等新技术10多项；研制改制谷子播种机8类；制定了谷子生产规程2项。

11. 河北九河湾农业开发有限公司

河北九河湾农业开发有限公司遵循可持续发展的理念，以保护生态环境为己任，依托任县环水村良好的自然环境和深厚的地方文化底蕴，借助科技后盾，整合资源，发展万亩种植基地，优化农业产业结构，将园区建设成为现代高新农业科技成果转化的孵化器，实现带动农民增收的发展目标。园区占地1 800亩，规划建设成集有机种植、休闲度假、农副产品深加工、电子商务为一体的生态农业示范园区，力争将“九河湾”品牌培育成全国知名的农业品牌。

12. 河北金绿谷加步农业科技有限公司

河北金绿谷加步农业科技有限公司成立于2010年11月，注册资金为3 000万元，是一家集育、繁、推一体化，产、供、销一条龙的省级农业产业化龙头企业。通过有机认证、河北省著名商标、ISO 9000 等多项认证。获得发明专利 5 项。公司现有谷物种植基地实施有机规范种植，配有检验试验设备、大型种植收割机械、谷物烘干设备，为承担育种、大规模机械化种植奠定了基础。承担省、市多项示范、推广项目。

13. 河北巡天农业科技有限公司

河北巡天农业科技有限公司是在宣化巡天种业新技术有限责任公司基础上，经股权重组，与张家口市农业科学院共同成立，注册资本 10 008 万元，是全国杂交玉米育繁推一体化种子企业。公司主要从事杂交谷子、杂交玉米、杂交水稻、小麦和马铃薯五大农作物种子生产经营。公司与张家口市农业科学院紧密合作，拥有国际领先、国内首创的科研成果张杂谷新品种 10 个，已在国内推广 1 400 多万亩，集成了成熟、科学的杂交谷子制种与栽培技术。

14. 河北瑞禾庄园酒业有限公司

河北瑞禾庄园酒业有限公司是国内独家以小米为原料酿造低度营养酒的企业。当地各级政府非常关心和支持公司的发展，把公司列为邯郸市农业产业化龙头企业。公司拥有总资产 1 亿多元，目前年生产量 1 000 多吨，现有员工 120 余人，其中技术人员 11 人。中国清酒以古法发酵酿造，酒液金黄透明，其酿造技术已获国家知识产权局发明专利。经国家食品质量检验证实，属纯天然发酵制品，富含人体所需的氨基酸和微量元素、铁、锌、钙、磷等。

15. 唐山广野食品集团有限公司

唐山广野食品集团有限公司是国家谷子改良中心、河北省农林科学院谷子研究所、河北省杂粮研究实验室成果转化基地，2014 年被评为国家主食加工示范企业。主要产品有主食面食系列食品、渍菜调味食品、各类罐头食品、甘栗仁休闲食品、山楂果脯系列食品、速冻果蔬六大系列多种产品，在国内属领先地位。产品出口日本、美国、加拿大等多个国家，是河北食品行业中门类较齐全的集科、工、贸于一体的综合型企业集团。

16. 河北华瑞农源小米加工有限公司

河北华瑞农源小米加工有限公司成立于 2010 年 6 月，现有职工 30 名，注册资金 500 万元，年加工小米 1 万多吨，有谷子基地 3 300 亩，分别有小米豆类加工生产线，被邯郸市政府评为农业产业化龙头企业，“洺水源”小米获得第十届中国国际农产品交易会金奖，目前产品销往全国各地。计划搞好新产品研发，延长产业链条。

17. 河北东昌种业有限公司

河北东昌种业有限公司是集科研、生产、销售为一体的民营种子企业，注册资金 3 088 万元。是河北省乃至全国最早使用彩色小包装从事谷种销售的企业，拥有“旱千”“东昌”等注册商标。主要经营的谷子品种有旱千谷、黄金谷、东昌一号等品种，并在 2015 年取得谷子专利品种冀谷 38 的独家经营权，在 2010 年、2013 年连续两届被评为河北省著名商标，谷种畅销晋冀鲁豫四省，公司常年谷种销量保持在 50 吨以上。

18. 河北皓凯贸易有限公司

河北皓凯贸易有限公司是一家专业做谷子全程机械一体化的公司，谷子播种机、飞机喷药机、谷子收割机、秸秆打捆机、粮食烘干机等产品为公司总经销，面向北方种谷子地区销售。以最快的速度使谷子合理机械化生产，促进谷子生产的快速发展。

19. 张家口萝川贡米有限公司

张家口萝川贡米有限公司是一家集农、副、特产品种植、加工、销售为一体的股份制民营企业，注册资金800万元，采取“公司+基地+农户”的运营模式，形成了农户种植、公司加工、市场营销的产业链条。拥有先进的小米、杂粮加工设备，年生产能力5 000吨，属市级龙头企业。2013年，公司生产的“绿蔚”牌蔚州贡米获评河北省优质产品，2014年获评河北省名牌产品，并被农业部评为名特优新农产品，荣获第十二届中国国际农产品交易会金奖。

20. 武安市洺河源土特产有限公司

武安市洺河源土特产有限公司成立于2010年10月，现有职工35名，注册资金500万元，总资产3 670万元，固定资产1 300万元，年加工有机小米1 500多吨，绿色面粉2 500多吨，有绿色谷子种植基地5 000亩。企业年销售收入3 450万元，利润260万元，是邯郸市农业产业化龙头企业；2014年11月，“绿洺源”牌小米在第十五届中国绿色食品博览会上获得金奖。

21. 邢台市自然农庄农产品有限公司

邢台市自然农庄农产品有限公司是一家以小米为主营产业的谷子经营企业，2012年10月“南和金米”被国家批准为地理标志产品。该公司主打品牌“汇华金米”是南和金米中最亮的一个品牌，2013年11月25日，在全国小米质量鉴评中，汇华金米脱颖而出，被评为一级优质米。汇华金米从种植到贮藏加工制定了30多道技术规程，全程有机生产，先后被农业部认证为A级绿色食品和有机食品，产品远销黑龙江、内蒙古、广州、青岛等地。

22. 行唐县龙兴贡米专业合作社

行唐县龙兴贡米专业合作社位于行唐县龙兴庄村，是种植、加工、销售“龙行庄”牌系列绿色食品的公司，公司实行“公司+合作社+农户”的经营模式。

23. 丰宁满族自治县黄旗皇种植有限公司

丰宁满族自治县黄旗皇种植有限公司创立于2008年，公司注册资金1 200万元。企业基地位于古有“康熙贡米、米粮川”之称的黄旗镇平顶山脚下潮河源头。公司采取“种植公司+农业合作社+农户”的种植生产模式，生产基地部分地块连续8年未经农药化肥物质污染，全程采用有机种植的质量管理措施。拥有基地2 000亩。公司拥有脱壳、筛选、抛光、电子计量、真空包装生产线一套，年产小米400吨。

24. 隆化佳营米业有限责任公司

佳营米业成立于2010年，现有谷子种植基地1 500亩。订单谷子3 000亩，公司采用“公司+基地+农户”的生产模式，现有加工流水线2套。可进行加工、清选、分级、包装一条龙作业，日加工能力24吨，产品销往承德、北京、石家庄等地。

25. 孟村回族自治县丰源米业有限公司

孟村回族自治县丰源米业有限公司位于孟村回族自治县孟村镇后涨沙村，是一家谷子、糜子收购加工企业，占地 6 000 多平方米，固定资产投资 500 多万元，拥有先进的碾米机、抛光机、色选机、清理去石机等设备，年加工量 5 000 吨，产值 5 000 多万元，产品销往河北、山东、天津、北京等地。是沧州市农业产业化重点龙头企业。

附录 4 河北省谷子产业技术创新战略联盟章程

第一章 创新联盟名称、组织原则和组建宗旨

第一条 联盟名称：河北省谷子产业技术创新战略联盟（以下简称“联盟”）。

第二条 本联盟系河北省全省性、行业性的专业联盟团体。由从事谷子的科学研究、技术开发和生产、加工、营销等方面工作的科研、教学、管理和企业等部门的单位和个人组成。系自愿结成、非营利性、非独立法人的松散型合作组织。

第三条 本联盟的宗旨是推动全省谷子行业的产学研结合和科技创新，发挥强强联合作用，为以联盟成员为主的全行业提供服务，促进我省谷子产业又好又快发展。

第四条 本联盟接受河北省科技厅和河北省山区经济技术开发办公室的指导。

第五条 本联盟会议年会由轮值主席单位承办，轮值主席由参盟单位产生。

第二章 创新联盟的技术创新目标、任务和分工

第六条 探索建立以企业为主体、市场为导向、产学研结合的产业技术创新机制；集成和共享技术创新资源，加强合作研发，突破谷子产业发展战略及共性、关键技术瓶颈，搭建联合攻关研发平台；开展技术辐射，培育谷子产业重大技术及创新产品，使联盟成为河北省技术创新体系的重要组成部分。

（一）中长期任务

1. 整合资源，建立产学研技术创新机制，构筑产业技术创新平台。统一协调和充分利用优势科技资源，建立产业技术创新价值链基础之上的契约式协作机制；互惠互利、优势互补，建立技术贮备、转移、辐射和反馈机制。

2. 瞄准前沿，统筹规划与分工协作，重点突破产业共性关键技术。共同开展谷子产业发展战略研究和共性、关键技术联合研发，解决行业发展中遇到的品种、技术、市场及产业化等问题。

3. 资源共享，组织省内外交流，面向谷子行业促进技术扩散和转移。积极组织、参与、支持相关标准的制订修订；推动行业基础数据、资料、信息的更新和编辑出版；建立联盟资源库，实现资源共享和有效利用；加强技术培训，促进技术成果的扩散和转移；开展国际交流与合作，引领产业走向国际化。

（二）近期主要工作

充分利用联盟各成员单位现有条件和优势，结合谷子产业重大技术需求，以加快行业前沿技术、应用技术和配套装备综合能力稳步提高为目标，重点围绕目前谷子产业存在的关键技术瓶颈问题，以优质高产高效生态安全目标为主线，开展良种工程、标准化生产及产后处理与加工工程等覆盖全产业链的重要工程技术研究和开发，获得一批适合规模化生产、具一流工程化水平和产业化前景的技术成果，高效快捷地转化、推广、应用于河北省谷子产业。经过 3~5 年的努力，形成谷子产业共性技术创新体系的核心。

1. 谷子分子育种技术创新

针对我省在谷子育种落后的问题，充分利用本省特色优异种质资源丰富的优势，开展谷子重要性状遗传性状与基因型精准鉴定，精细定位可克隆重要性状基因；用重要农

艺性状的分子标记，将生物技术与常规育种技术组装集成，形成高效精准的分子育种技术体系，提升育种技术水平。该任务主要由河北省农林科学院谷子研究所、张家口市农业科学院等单位承担。

2. 优质、高产、多抗、功能谷子新品种选育

针对市场需求，开展突破性育种材料创制工作，推动优质、高产、多抗、专用、适合机械化生产的新品种和杂交种培育，为产业发展提供品种支撑。重点开展简化栽培谷子品种、杂交谷子品种、优质功能谷子品种选育，适合机械化收获的谷子品种筛选与选育，为企业开发提供品种支撑。该任务主要由河北省农林科学院谷子研究所、河北省农林科学院旱作农业研究所、张家口市农业科学院、保定市农业科学院、沧州市农林科学院、承德市农业科学研究所、河北金绿谷加步农业科技有限公司等单位承担。

3. 高产、高效生产关键技术研究与集成

针对生产和产业发展需求，重点开展农机农艺结合、高效集雨生产技术、盐碱地栽培技术等关键技术创新与集成，形成不同区域的轻简高效生产技术模式。该任务主要由河北省农林科学院谷子研究所、河北省农林科学院旱作农业研究所、张家口市农业科学院、保定市农业科学院、沧州市农林科学院、承德市农业科学研究所等单位承担。

4. 产后加工关键技术研发与产业化开发

针对市场需求，与企业结合，开展大众化食品研发、功能食品研发以及谷子综合利用研究，延长产业链，提升产品附加值。该任务主要由河北省农林科学院谷子研究所、河北科技大学、唐山广野集团、河北瑞禾庄园酒业有限公司、张家口市北宗黄酒有限公司等单位承担。

5. 优势区域布局与信息平台建设

开展河北省谷子优势区域布局研究，形成特色优势产区，建立谷子产业信息平台，提高产业信息化水平。该任务主要由河北省农林科学院谷子研究所、张家口市农业科学院、河北金绿谷加步农业科技有限公司等单位承担。

通过上述技术研究与创新，获得一批具有自主知识产权的技术；建立与完善谷子产业链的全程控制体系；建立一批谷子产品高新技术产业化示范基地和产学研紧密结合的科技创新平台，为全面提高我省谷子产业科技创新水平和核心竞争力提供人才、资源和技术支撑。

第三章　创新联盟的组织机构及职责

第七条　联盟组织结构：联盟设立理事会和秘书处。联盟理事会为联盟的决策机构；秘书处为联盟理事会常设的执行机构。

第八条　理事会的组成、任期、职责和议事规则

（一）理事会的组成

1. 联盟理事会由联盟成员单位的法定代表人或其委派的代表组成，设理事长一名、副理事长若干名、理事若干名。首届理事会由联盟发起单位派出的代表组成。经推举，河北省谷子产业技术创新战略联盟第一届理事长、副理事长和理事名单如下（排名不分先后）。

理事长：
程汝宏　河北省农林科学院谷子研究所所长、研究员
　　　　中国作物学会粟类作物专业委员会主任委员
　　　　国家谷子糜子产业技术体系育种与种子研究室主任
　　　　国家谷子改良中心主任
常务副理事长：
李顺国　河北省农林科学院谷子研究所副所长、研究员
副理事长：
赵治海　张家口市农业科学院总农艺师、研究员
张　斌　张家口市农业科学院院长、研究员
杨　冰　河北金绿谷加步农业科技有限公司董事长
温　君　河北巡天农业科技有限公司董事长
张连玺　唐山广野集团董事长
刘玉平　武安市农牧局局长
理事（按姓氏拼音排序）：
曹建平　河北黄粱梦米业有限公司董事长
陈爱民　任丘市鼎浩农业机械有限公司总经理
陈素省　保定市农科所主任、研究员
程汝宏　河北省农林科学院谷子研究所所长、研究员
董　立　河北省农林科学院谷子研究所主任、副研究员
郭　超　河北华瑞农源小米加工有限公司总经理
韩文秀　武安市洺河源土特产有限公司总经理
胡秀兰　河北瑞禾庄园酒业有限公司董事长
霍福堂　河北东昌种业有限公司总经理
李东水　藁城马庄杂粮合作社总经理
李龙仓　河北仓盛兴粮油工贸有限公司董事长
李明哲　河北省农林科学院旱作农业研究所主任、副研究员
李顺国　河北省农林科学院谷子研究所副所长、研究员
李兴峰　河北科技大学生物工程学院副院长、教授
李艳芹　隆化佳营米业有限责任公司总经理
梁连贵　河北皓凯贸易有限公司总经理
刘焕新　河北省农业机械化研究所有限公司研究员
刘清松　孟村回族自治县丰源米业有限公司总经理
刘晓波　河北九河湾农业开发有限公司董事长
刘玉平　武安市农牧局局长
栾素荣　承德市农科所主任、研究员
苗玉旺　丰宁满族自治县黄旗皇种植有限公司总经理
任立刚　蔚县农牧局局长

田伯红　沧州市农林科学院主任、研究员
王明远　丰宁元始种植专业合作社总经理
王晓明　张家口市农业科学院谷子研究所所长、研究员
魏建新　蔚县盈萌农作物种植专业合作社总经理
温　君　河北巡天农业科技有限公司董事长
杨　冰　河北金绿谷加步农业科技有限公司董事长
杨润月　行唐县龙兴贡米专业合作社总经理
杨文军　张家口萝川贡米有限公司董事长
张　斌　张家口市农业科学院院长
张连玺　唐山广野集团董事长
张庆敏　邢台市自然农庄农产品有限公司董事长
张玉宗　河北省农林科学院谷子研究所所长助理、研究员
张云洪　黄骅市农业局局长
赵治海　张家口市农业科学院总农艺师、研究员

联盟理事会设立秘书处，负责联盟日常工作，经理事会讨论决定，联盟秘书处组成人员如下。

秘书长：
董　立　河北省农林科学院谷子研究所主任、副研究员
副秘书长：
奚玉银　张家口市农业科学院处长、研究员
李　伟　河北省农林科学院谷子研究所副主任、副研究员
赵　宇　河北省农林科学院谷子研究所副主任、助理研究员

2. 本联盟理事长、副理事长、秘书长必须具备下列条件：

（1）坚持党的路线、方针、政策，政治素质好；

（2）在本联盟业务领域内有较大影响；

（3）理事长、副理事长、秘书长最高任职年龄一般不超过60周岁；

（4）身体健康，能坚持正常工作；

（5）具有完全民事行为能力。

3. 本联盟理事长、副理事长、秘书长如超过最高任职年龄的，须经理事会表决通过方可任职。

4. 本联盟理事长、副理事长、秘书长任期5年，任期原则上不超过两届。

5. 本联盟理事长行使下列职权：

（1）召集和主持理事会；

（2）检查联盟代表大会、理事会决议的落实情况；

（3）代表本联盟签署有关重要文件。

（二）理事会的职责

理事会是联盟代表大会的执行机构，在闭会期间领导本联盟开展日常工作，对联盟代表大会负责。

1. 执行联盟代表大会的决议；
2. 选举和罢免理事长、副理事长、秘书长；
3. 筹备召开联盟代表大会；
4. 向联盟代表大会报告工作情况；
5. 决定联盟成员的吸收和除名；
6. 领导本联盟各机构开展工作；
7. 决定其他重大事项。

（三）理事会议事规则

1. 理事会每年至少召开一次会议；情况特殊的，也可采用通讯形式召开；连续两次不参加理事会的，视为自动放弃理事资格。

2. 理事会须有1/2以上理事出席方能召开，其决议须经到会理事2/3以上表决通过方能生效。

（四）秘书处的职责

本联盟秘书处依托河北省农林科学院谷子研究所（国家谷子改良中心）设立，行使下列职权：

1. 协助理事长开展日常工作；
2. 协调各分支机构、成员单位开展工作；
3. 负责组织创新联盟与外部组织的交流与合作；
4. 处理其他日常事务。

（五）联盟理事长依托单位的职责

本协议各方共同约定联盟理事长依托单位河北省农林科学院谷子研究所作为联盟对外承担责任的主体，代表联盟与相关政府管理部门等单位签订科技计划项目任务书等文件；联盟对外签署的其他文件可由联盟相关成员就具体事项，共同出具授权委托书，委托创新联盟理事长单位签署。

联盟对外承担责任的主体超出授权范围、以联盟名义签订协议或进行其他行为的，由此产生的法律责任，在联盟内部由对该行为进行追认的联盟成员承担连带责任（或约定其他责任承担方式）；没有联盟成员予以追认的，则由作出该行为的联盟对外承担责任的主体自行承担。

联盟对外责任的主体在创新联盟授权范围内代表创新联盟签订协议或进行其他行为的，联盟对外承担责任的主体在实际承担相应责任后，该相应责任在联盟内部由全体成员平均分担（或约定其他责任分担方式）。

第四章　创新联盟成员

第九条　凡承认本联盟章程，提出书面申请的单位或个人，经批准后均可成为本联盟成员。

第十条　申请加入本联盟的成员，必须具备下列条件：

（一）拥护本联盟的章程；

（二）有加入本联盟的意愿；

（三）在本联盟的业务（行业、科学）领域内具有一定的影响。

第十一条 成员加入联盟的程序是：

（一）提交加入联盟申请书；

（二）经理事会讨论通过；

（三）由理事会发给联盟成员证。

第十二条 联盟成员享有下列权利：

（一）本联盟的选举权、被选举权和表决权；

（二）参加本联盟举办的各种活动；

（三）获得本联盟服务的优先权；

（四）对本联盟的工作提出批评、建议和监督的权利；

（五）入盟自愿，退盟自由。

第十三条 本联盟成员应履行下列义务：

（一）遵守本联盟章程，执行本联盟决议，保守本联盟秘密；

（二）维护本联盟的合法权益；

（三）提供本联盟所需的各种材料；

（四）完成本联盟委托的各项任务。

第十四条 联盟成员退盟须提出书面申请并交回联盟成员证件，经批准后即脱离本联盟。

第十五条 联盟成员如有严重违反本章程的行为，经理事会表决通过，予以除名。

第五章　创新联盟的项目管理

第十六条 项目立项

根据国家及省产业政策和重大科技项目规划及产业需求，由秘书处征集项目建议，经由专家论证、理事会同意后，由联盟秘书处组织向国家或地方相关部门推荐；外部企事业单位的委托项目或联盟成员间产学研合作项目，由联盟以择优或招标形式确定合作方。

第十七条 项目管理

项目的实施由联盟秘书处组织项目承担单位签订协议或合同。项目实行课题主持人负责制，课题主持人按计划进度定期向秘书处汇报。秘书处组织专家技术委员会相关专家进行项目评估、监督、检查。承担的政府项目接受相关的规定、监督、检查、评估、审计。

第十八条 项目经费管理

项目经费实行主持人负责制。主持人对具体项目经费的使用做出安排，报秘书处备案，接受秘书处管理、监督。联盟秘书处收取一定的管理费，用于秘书处日常工作和联盟公共开支。

第十九条 项目验收

根据国家的有关管理办法或协议/合同约定的方式进行验收。

第六章　创新联盟的经费管理

第二十条 联盟的经费来源

联盟经费来源于联盟成员会费、联盟成员投入、政府财政资助、银行贷款、捐赠资金和成果的部分技术转移收益及其他渠道等。

第二十一条　联盟的经费用途和使用

联盟的经费主要用于：完成国家和河北省等交给的谷子产业科技攻关等相关项目费用；完成联盟设立的科技攻关项目的费用；科技咨询、服务费；联盟办公经费等公共开支。

联盟的公共经费开支由秘书处提出预算，理事会讨论通过后执行，并接受理事会监督。

第二十二条　联盟公用办公经费的来源及管理和使用

（一）为保证联盟工作的顺利完成，联盟成员单位应按年度缴纳成员费，用于联盟的办公经费。同时，对联盟筹集的项目经费，按照国家和联盟规定提取一定数额的管理费。

（二）主要用于联盟的会议、资料、差旅、专家服务费和联盟秘书处人员工资等公共费用支出，接受理事会监督。

第二十三条　联盟研发经费的来源及管理和使用

（一）联盟研发经费来源于三方面：对国家和河北省等政府部门资助的科研项目，由联盟理事会委托联盟成员单位进行攻关；对联盟内涉及的共性技术问题，由联盟企业等共同出资进行研发；对联盟个别企业涉及的技术问题，由涉及企业出资，交联盟内科研院所和高校进行攻关。

（二）根据产业的共同需求，经秘书处征集项目建议，由专家论证、理事会同意后，确定在未来5年内共性技术研发经费需求及其具体来源。

（三）联盟科研项目经费必须纳入联盟理事会进行统一管理，拨入统一的银行账户，实行项目管理，统一核算，科技经费专款专用，任何单位和个人无权截留、挪用。

（四）联盟秘书处负责项目管理和合同管理，审查项目决算，监督、指导项目负责人按照项目立项书或合同约定以及有关财经法规在其权限范围内使用科研经费。

（五）项目经费管理实行课题主持人负责制。课题主持人按项目下达部门的有关管理办法和联盟的有关财务管理规定以及项目的经费预算计划，合理使用经费。项目负责人应自觉接受有关部门的监督检查，按有关规定及时办理科研项目结题，并对科研经费使用的真实性、有效性承担经济和法律责任。

第二十四条　政府资助资金的管理和使用

承担政府计划项目时，须执行相应计划项目管理和使用办法。

第七章　创新联盟收益分配原则和知识产权管理

第二十五条　联盟知识产权约定

（一）现有知识产权的投入和共享

1. 联盟成员在加入联盟前和在联盟组织的项目以外、未利用联盟资源和条件自行研发的现有技术成果，知识产权仍归其享有。

2. 在联盟组织的项目中，项目合作方应签订协议，明确各自投入的现有知识产权及其权利共享的范围和方式。

3. 在联盟组织项目的研发阶段，如项目合作一方在项目合作中需要使用联盟其他成员的专利技术，经授权可无偿合理使用；如需使用联盟其他成员的现有的非专利技术（如非公知技术信息、技术秘密等），项目合作方之间根据现有知识产权投入的约定范围和方式使用，项目合作方和非项目合作方的联盟其他成员之间可通过协商，签订技术许可或转让协议。

4. 在联盟组织项目的产业化阶段，如项目合作一方因项目研发成果的应用而需要使用联盟其他成员的现有知识产权，项目合作方之间根据现有知识产权投入的约定范围和方式，在公平合理条件下使用；项目合作方和非项目合作方的联盟其他成员之间可通过协商，签订技术许可或转让协议。

5. 联盟组织项目的合作方，未经许可不得将他人投入的知识产权用于联盟项目之外的其他用途。

（二）新知识产权的权利归属、使用和利益分配

1. 联盟承担的政府资助项目获得的新知识产权，归对所获知识产权有创造性贡献的联盟成员共有，联盟其他成员经授权可优先优惠使用。

2. 联盟组织部分成员合作的项目获得的新知识产权，归参加合作的联盟成员共有，未参加合作的其他联盟成员使用时，可通过协商，签订技术许可或转让协议优先优惠使用。

（三）联盟知识产权管理和保护

1. 在联盟项目启动前，由各承担单位与项目组织单位签署知识产权协议。遵守国家知识产权相关规定，事先约定所产生的知识产权归属问题及推广应用实际利益分配原则。

2. 联盟成员均有保护联盟知识产权及技术秘密的义务。联盟项目启动之前须签订技术保密协议，技术保密不得与联盟协议中相关规定矛盾。在联盟项目开发产生的技术成果中，对于符合技术秘密保护条件的技术，包括专利申请前技术，合作各方均应提出，经共同认定后成为合作各方的技术秘密进行保护。

3. 当联盟内某一成员单位主动退出联盟时，该单位将自动放弃与联盟的缔约关系，不再享受其在联盟内对归属联盟的知识产权的共享条件。

4. 联盟成员违反技术保密协议，造成的经济损失，责任方需向联盟其他成员赔偿双倍的损失。

5. 关于知识产权管理相关条款的修改，由联盟成员提出并经联盟理事会讨论通过方可生效。

6. 凡是涉及知识产权的争议须由理事会协调处理。

第八章　创新联盟的生效、解散、清算

第二十六条　协议的生效

（一）联盟各方因履行本协议而相互发出或者提供的所有通知、文件、资料，均应以在秘书处登记的地址、传真、电话、电子邮件、联系人进行联系，若有变更、应提前十五日通知相关各方。

（二）本协议自联盟各方授权代表签字和盖章之日起生效。协议的修改须经理事会通过后方可生效。本协议由联盟成员单位各执一份，联盟秘书处备案两份，同具法律

效力。

（三）各联盟成员单位应严格遵守和履行本协议内容，如违约应负相应的法律责任。

第二十七条 联盟因终止、解散或分立、合并等需要撤销的，由秘书处提出，经理事会表决且 4/5 以上（含）同意方能通过。

第二十八条 联盟终止前，须经省相关单位及有关机构指导下由理事会负责组织成立清算组织，清理债权债务，处理善后事宜。清算期间，不开展清算以外的活动。剩余财产按照国家有关规定决定用途。

第九章 违约责任

第二十九条 任何协议方违反本协议约定的义务，经联盟理事会决定，可从联盟中除名，并由秘书处追回其承担联盟研发项目中政府资助资金和联盟配套资金，违反协议方给其他联盟成员造成经济损失的，应承担赔偿责任。

第三十条 联盟成员被除名时，不再享受本协议约定的联盟成员权利，但仍应承担保守联盟及联盟成员技术秘密的义务；对已经许可联盟其他成员在联盟项目中使用的知识产权，相应联盟成员仍有权按原有条件继续使用；对其已投入联盟的各类资金不予退还。

第十章 其 他

第三十一条 河北省谷子产业技术创新战略联盟经费管理办法为本协议不可分割的组成部分。

第三十二条 本协议及其解释适用中华人民共和国法律。本协议的解释权属联盟理事会。

第三十三条 本协议经协议各方法定代表人签署并加盖公章后生效，协议各方各执一份，具有同等法律效力。对本协议的任何变更须经协议各方一致同意，并以书面形式出具。

第三十四条 因履行本协议而引起的任何纠纷应通过相关各方友好协商解决，或通过联盟理事会调解解决；协商或调解不成的，向联盟秘书处所在地的人民法院提起诉讼。

▲彩图 2-9　冀谷 37

▲彩图 2-10　冀谷 38

▲彩图 2-11　冀谷 39

▲彩图 2-12　冀谷 42

▲彩图 2-13　冀谷 T7

◀彩图 2-14　宫米 1 号

▲彩图 2-15　张杂谷 3 号

彩图 2-16　张杂谷 5 号

彩图 2-17　张杂谷 6 号

▲彩图 2-18 张杂谷 8 号

◀彩图 2-19 张杂谷 9 号

◀彩图 2-20 张杂谷 10 号

▲彩图 2-21　张杂谷 12 号

▲彩图 2-22　张杂谷 13 号

▶彩图 2-23　张杂谷 16 号

▲彩图 2-24　沧谷 6 号

◀彩图 2-25　沧谷 7 号

◀彩图 2-26　沧谷 9 号